高等职业教育交通土建类专业精品教材

施工与养路机械
（第2版）

主　编　徐光华
参　编　段显勇　胡国喜　魏　忠
　　　　徐光明　董世艳
主　审　牟晓峰

北京理工大学出版社
BEIJING INSTITUTE OF TECHNOLOGY PRESS

内 容 提 要

本书介绍了机械基础知识、铁路施工机械及铁路线养护机械，主要包括小型养路机械的结构、工作原理及使用，大型养路机械的综合运用，铁路施工机械的综合运用；还介绍了机械传动、常用机构、液压基础及内燃机等相关内容。

本书内容新颖，简明扼要，注重实用性，可作为高等院校铁道工程技术专业的教材，也可作为铁路工务系统业务培训教材及铁路施工及养护技术人员的参考用书。

版权专有　侵权必究

图书在版编目（CIP）数据

施工与养路机械 / 徐光华主编. -- 2版. -- 北京：北京理工大学出版社，2021.6（2021.8重印）

ISBN 978-7-5682-9980-0

Ⅰ. ①施… Ⅱ. ①徐… Ⅲ. ①铁路工程—筑路机械—高等学校—教材②铁路养护—养路机械—高等学校—教材 Ⅳ. ①U21

中国版本图书馆CIP数据核字(2021)第130845号

出版发行 / 北京理工大学出版社有限责任公司
社　　址 / 北京市海淀区中关村南大街5号
邮　　编 / 100081
电　　话 /（010）68914775（总编室）
　　　　　（010）82562903（教材售后服务热线）
　　　　　（010）68944723（其他图书服务热线）
网　　址 / http://www.bitpress.com.cn
经　　销 / 全国各地新华书店
印　　刷 / 北京紫瑞利印刷有限公司
开　　本 / 787毫米 × 1092毫米　1/16
印　　张 / 15.5　　　　　　　　　　　　　　　　责任编辑 / 封　雪
字　　数 / 376千字　　　　　　　　　　　　　　文案编辑 / 封　雪
版　　次 / 2021年6月第2版　2021年8月第2次印刷　责任校对 / 刘亚男
定　　价 / 45.80元　　　　　　　　　　　　　　责任印制 / 边心超

图书出现印装质量问题，请拨打售后服务热线，本社负责调换

第2版前言

随着铁路建设、铁路运营的快速发展，机械化施工与养护已经成为铁路安全发展的基础保障。为了适应铁路建设和铁路运输发展的需要，培养适合现代化铁路企业发展需求的专业技术人才，在基础调研的前提下，吉林铁道职业技术学院铁道工程技术专业教学指导委员会会同包头铁道职业技术学院针对《施工与养路机械》（第1版）教材进行修订。与包头铁道职业技术学院、中铁九局集团第二工程公司、中国铁路沈阳局集团有限公司吉林工务段、沈阳工务机械段等技术部门共同组建教材修订组，结合企业岗位工作过程，确定知识、能力构成，对教材内容的整合、实践环节的确定及标准要求，进行了充分论证，审定教材基本框架。

本书在注重基本知识和基本概念的基础上，强化了设备的运用，本着现场的实用性、适应性和先进性原则，对小型养路机械的操作、标准及维护作了详实的介绍，对大型养路机械及施工机械的运用作了重点阐述。

在内容设计上，充分体现了高等教学理念，在构建专业知识结构和专业技能方面，以适用性、实践性原则，与企业共同研讨，整合教学内容，强化对学生能力素质的培养，确保教材内容的针对性。在基础理论知识方面，以"必需、够用"为原则，构建相对宽而浅的知识结构，具备相关专业拓展的基本知识要求。

本书可作为高等院校铁道工程技术专业及相关专业的教材，也可作为铁路建设和运营维护企业员工的培训参考书。

本书由吉林铁道职业技术学院徐光华担任主编，由中国铁路沈阳局集团有限公司吉林工务段牟晓峰担任主审。参加编写人员编写分工为：吉林铁道职业技术学院段显勇编写第六章，包头铁道职业技术学院胡国喜编写第八章，沈阳工务机械段魏忠编写第十章、第十一章，吉林工务段徐光明编写第十二章，中铁九局集团第二工程公司董世艳编写第十三章、第十五章，其他章由徐光华编写。本书在修订过程中得到沈阳路邦机械有限公司的大力帮助，在此谨表感谢。

由于编者学术水平、经验有限，书中难免存在不足之处，敬请读者批评指正。

编 者

第1版前言

随着铁路建设、铁路运营的快速发展,机械化施工及养护已经成为铁路安全发展的基础保障。为了适应铁路建设和铁路运输发展的需要,培养适合现代化铁路企业发展需求的专业技术人才,经过认真调研,吉林铁道职业技术学院铁道工程技术专业教学指导委员会组织编写了这本《施工与养路机械》教材,作为铁道工程及相关专业的教学用书。与中铁九局集团第二工程公司,沈阳铁路局沈阳工务机械段、吉林工务段技术部门共同组建教材编审组,结合企业岗位工作过程,确定知识、能力构成,对教材内容的整合、实践环节的确定及标准要求,进行了充分论证,形成教材基本框架。

本教材在注重基本知识和基本概念的基础上,强化了设备的运用,本着现场的实用性、适应性和先进性原则,对小型养路机械的操作、标准及维护作了翔实的介绍,对于大型养路机械及施工机械的运用作了重点阐述。

在内容设计上,充分体现了高等教学理念,在构建专业知识结构和专业技能方面,以适用性、实践性原则,与企业共同研讨,整合教学内容,强化了能力素质的培养,确保教材内容的针对性。在基础理论知识方面,以"必需、够用"为原则,构建相对宽而浅的知识结构,具备相关专业渗透的基本知识要求。

本书可作为高等院校铁道工程技术专业及相关铁路施工建设专业的教学用书,也可作为铁路建设和运营维护企业员工的培训参考书。

本书由吉林铁道职业技术学院徐光华主编,吉林铁道职业技术学院王华主审。参加编写人员编写分工为:吉林铁道职业技术学院董殿威编写第七章,沈阳铁路局沈阳工务机械段魏忠编写第十章、第十一章,沈阳铁路局吉林工务段徐光明编写第十二章,中铁九局集团第二工程公司董世艳编写第十三章、第十五章,其他章由吉林铁道职业技术学院徐光华编写。在编写过程中得到了北京安通伟业铁路工务技术有限公司俞京科的大力帮助，在此谨表感谢。

由于编者学术水平、教学经验有限，书中难免存在不足之处，敬请读者批评指正。

编　者

目 录

第一篇 机械基础知识 ··············1

第一章 机械传动 ···············2
- 第一节 带传动 ···············2
- 第二节 链传动 ···············7
- 第三节 齿轮传动 ···········10

第二章 常用机构 ···············16
- 第一节 平面连杆机构 ·······16
- 第二节 凸轮机构 ···········22
- 第三节 轴系零件 ···········24

第三章 液压传动 ···············30
- 第一节 液压传动的基本概念 ···30
- 第二节 液压泵和液压马达 ···35
- 第三节 液压缸 ···············40
- 第四节 液压控制阀与液压辅件 ···44
- 第五节 液压基本回路 ·······51

第四章 内燃机 ···············55
- 第一节 内燃机分类及工作原理 ···55
- 第二节 曲柄连杆机构 ·······59
- 第三节 配气机构 ···········65
- 第四节 柴油机的燃料供给系统 ···67
- 第五节 润滑系统 ···········73
- 第六节 冷却系统 ···········75
- 第七节 内燃机启动与运转 ···78

第二篇 小型线路作业机械 ······80

第五章 捣固机械 ···············80
- 第一节 道床石砟的密实方法和捣固机分类 ···80
- 第二节 内燃捣固镐 ·········81
- 第三节 液压捣固机 ·········84
- 第四节 DG150型电动高频软轴捣固机 ···103

第六章 钢轨打磨设备 ···········108
- 第一节 钢轨打磨设备分类 ···108
- 第二节 NGM-6.0型内燃钢轨打磨机 ···109
- 第三节 NCM-4.0型内燃道岔打磨机 ···113

第七章 起道拨道设备 ···········117
- 第一节 YQB-1型液压起拨道器 ···117
- 第二节 YQB-400型液压道岔起拨道机 ···122

第八章 其他小型养路机械 ·······128
- 第一节 轨缝调整器 ·········128
- 第二节 液压方枕器 ·········130
- 第三节 液压直轨器 ·········131
- 第四节 钢轨切割机 ·········133
- 第五节 钢轨钻孔机 ·········134

第三篇 大型养路机械作业 ················136

第九章 自动抄平、起道、拨道捣固车 ····136
第一节 08-32型捣固车的结构及主要技术性能 ················137
第二节 捣固装置 ················141
第三节 起、拨道装置 ················145
第四节 铁道线路方向和水平检测原理及装置 ················147

第十章 全断面枕底清筛机 ················154
第一节 全断面道砟清筛机概述 ················154
第二节 工作装置 ················156
第三节 现场作业 ················161
第四节 RM80型清筛机故障与排除 ················162

第十一章 动力稳定车和配砟整形车 ····166
第一节 动力稳定车概述 ················166
第二节 稳定装置 ················169
第三节 SPZ-200型配砟整形车概述 ················173
第四节 SPZ-200型配砟整形车工作装置及功能 ················175

第十二章 养路机械作业管理 ················182
第一节 施工管理 ················182
第二节 质量控制 ················184
第三节 养路机械作业安全 ················192

第四篇 土方工程机械 ················196

第十三章 推土机 ················196
第一节 概述 ················196
第二节 推土机的构造 ················197
第三节 推土机的运用 ················203

第十四章 挖掘机 ················208
第一节 概述 ················208
第二节 单斗挖掘机构造 ················210
第三节 挖掘机的运用 ················214

第十五章 铲运机 ················218
第一节 概述 ················218
第二节 自行式铲运机结构 ················220
第三节 铲运机的运用 ················224

第十六章 装载机 ················230
第一节 概述 ················230
第二节 装载机构造 ················233
第三节 装载机的运用 ················236

参考文献 ················240

第一篇　机械基础知识

随着铁路向高速、重载、高密度方向的发展，铁路施工机械和养路机械的发展，已经成为铁路建设和运营安全的基础保障条件。本篇将主要介绍在铁路施工机械及养路机械中广泛采用的常用机构和传动形式。在这里首先说明机械基础的几个基本概念。

1. 机器

机器就是构件的组合，它的各部分之间具有确定的相对运动，并能用来代替人的劳动，完成有用的机械功或实现能量转换。机器中的构件，就是指相互之间能做相对运动的物体。而组成构件相互之间没有相对运动的物体叫零件。图 0-1 所示为单缸内燃机结构，汽缸 1、活塞 2、连杆 3 和曲轴 4 等就是构件；连杆 3 由螺栓 6、连杆盖 7 等零件组成。

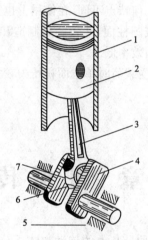

图 0-1　单缸内燃机
1—汽缸；2—活塞；3—连杆；4—曲轴；
5—轴承；6—螺栓；7—连杆盖

2. 运动副

使两构件直接接触又能产生一定相对运动的连接，称为运动副。运动副可分为高副和低副。低副是指两构件之间做面接触的运动副，按两构件的相对运动情况可分为三种。

(1) 转动副。两构件在接触处只允许做相对转动，如图 0-2(a)所示。

(2) 移动副。两构件在接触处只允许做相对移动，如图 0-2(b)所示。

(3) 螺旋副。两构件在接触处只允许做一定关系的转动和移动的复合运动，如图 0-2(c)所示。

图 0-2　低副
(a)转动副；(b)移动副；(c)螺旋副

高副是指两构件之间做点或线接触的运动副,如图 0-3 所示的齿轮接触、凸轮接触和滚动轮接触等。

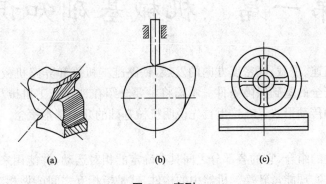

图 0-3　高副
(a)齿轮接触;(b)凸轮接触;(c)滚动轮接触

低副和高副由于接触部分的几何特点不同,在使用上也具有不同的特点。

低副的接触表面一般为平面或圆柱面,比较容易制造和维修,承受载荷时单位面积压力小,但低副是滑动摩擦,摩擦力大而效率低。

高副由于是点或线接触,在承受载荷时单位面积压力较大,构件接触处容易磨损,制造困难,但高副能传递较复杂的运动。

第一章　机械传动

在工业生产中,机械传动是一种最基本的传动方式。分析一台机器,其工作过程实际上包含着多种机构和零部件的运动过程。例如,经常应用带轮、链轮、齿轮、蜗轮和蜗杆等零部件,组成各种形式的传动装置来传递能量。本章将介绍铁路施工与养路机械设备中常用的机械传动形式及其工作原理。

第一节　带传动

带传动是一种应用很广泛的机械传动。它是利用带作为中间挠性件,依靠带与带轮之间的摩擦力或啮合来传递运动和动力。如图 1-1 所示,把一根或几根闭合成环形的带张紧在主动轮和从动轮上,使带与两带轮之间的接触面产生正压力(或使同步带与两同步带轮上的齿相啮合),当主动轴带动主动轮回转时,依靠带与两带轮接触面之间的摩擦力(或齿的啮合)使从动轮带动从动轴回转,实现两轴间运动和动力的传递。

带的传动比就是主动轮转速与从动轮转速的比值,也可用从动轮直径与主动轮直径的比值表达,用符号 i_{12} 来表示。

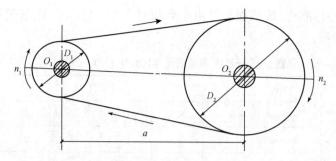

图 1-1 带传动示意图

$$i_{12} = \frac{n_1}{n_2} = \frac{D_2}{D_1}$$

式中 n_1——主动轮转速(r/min);
　　n_2——从动轮转速(r/min);
　　D_1——主动轮直径(mm);
　　D_2——从动轮直径(mm)。

带传动是由带和带轮组成传递运动和动力的传动装置,分摩擦传动和啮合传动两类。属于摩擦传动类的带传动有平带传动、V带传动、多楔带传动和圆带传动,如图1-2(a)、(b)、(c)、(d)所示;属于啮合传动类的带传动有同步带传动。在此对常用V带传动作以介绍。

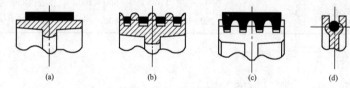

图 1-2 带传动类型(摩擦传动类)
(a)平带传动;(b)V带传动;(c)多楔带传动;(d)圆带传动

一、V带的结构及标准

V带是横截面为等腰梯形或近似为等腰梯形的传动带,依靠带的两侧面与带轮轮槽侧面相接触产生摩擦力而工作的,故工作表面是两侧面。

根据国家最新标准《一般传动用普通V带》(GB/T 1171—2017),删除了帘布结构普通V带,因此适于机械传动V带的分类,可根据其结构分为包边V带[图1-3(a)]和切边V带[图1-3(b)]两种,其结构均由胶帆布、顶胶、缓冲胶、抗拉体、底胶和底布组成,如图1-4所示;顶胶和底胶由橡胶制成,包布由帆布制成,主要起耐磨和保护作用。

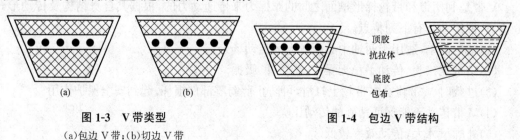

图 1-3 V带类型　　　　　　　　图 1-4 包边V带结构
(a)包边V带;(b)切边V带

普通V带已经标准化,按截面尺寸由小到大有Y、Z、A、B、C、D、E七种型号,见表1-1(GB/T 1171—2017)。

表1-1 普通V带截面尺寸(GB/T 1171—2017)

型号	Y	Z	A	B	C	D	E
b_p/mm	5.3	8.5	11	14	19	27	32
b/mm	6	10	13	17	22	32	38
h/mm	4	6	8	11	14	19	25
φ	40°						

普通V带是无接头的环形带,当其绕过带轮而弯曲时,顶胶受拉而伸长,底胶受压而缩短。抗拉体部分必有一层既不因为弯曲而受拉伸,也不受压缩的层面,称为节面。节面上带的宽度称为节宽,用 b_p 表示。带在轮槽中与节宽相应的槽宽称为轮槽的基准宽度,用 b_d 表示;带轮在此处的直径称为基准直径,用 d_d 表示,普通V带在规定的张紧力下,位于测量带轮基准直径上的周线长度称为基准长度(也称节线长度),用 L_d 表示,它用于带传动的几何尺寸计算。普通V带基准长度见表1-2。

表1-2 普通V带的基准长度系列(GB/T 11544—2012)

基准长度 L_d 基本尺寸	500 560 630 710 800 900 1000 1120 1250 1400
	1600 1800 2000 2240 2500 2800 3150 3550 4000

V带的标记示例:

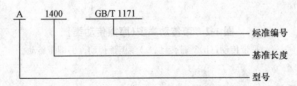

注:根据供需双方协商,可在标记中增加内周长度,有齿切边带在型号后加X。

每条V带应有水洗不掉的明显标志,包括制造厂名和商标、标记、配组代号、制造年月。储存时,库房内温度保持在 $-18\ ℃\sim +40\ ℃$ 之间;储存期间应避免使V带承受过大重量而变形,最好将V带悬挂或平整放在货架上,储存时间不宜超过一年。

二、V带的传动特点

V带是利用带和带轮梯形槽面之间的摩擦力来传递动力的,根据其自身结构及传动形式分析,V带传动具有下列特点。

(1)结构简单,适用于两轴中心距较大的传动场合。
(2)V带无接头,传动平稳无噪声,能缓冲、吸振。
(3)过载时V带将会在带轮上打滑,可防止薄弱零部件损坏,起到安全保护作用。
(4)V带传动不能保证精确的传动比。
(5)外廓尺寸大,传动效率较低。

三、V带传动的正确使用

正确的调整、使用和维护是保证 V 带传动正常工作和延长寿命的有效措施,因此在进行 V 带传动时必须注意下列几点:

(1)选用的 V 带型号和计算长度不要搞错,以保证 V 带截面在轮槽中的正确位置。V 带的外边缘应与带轮的轮缘取齐(新安装时可略高于带轮缘),如图 1-5(a)所示。这样 V 带的工作面与轮槽的工作面才能充分接触。如果 V 带的外边缘高出轮缘太多,如图 1-5(b)所示,则接触面积减小,使传动能力降低。如果 V 带陷入轮槽太深,如图 1-5(c)所示,则会使 V 带的底面与轮槽的底面接触,从而导致 V 带的两工作侧面接触不良,使 V 带与带轮之间的摩擦力减弱或丧失。

图 1-5 带与带轮的相对位置
(a)正确;(b)、(c)错误

(2)两带轮轴的中心线应保持平行,主动轮和从动轮的轮槽必须调整在同一平面内,如图 1-6(a)所示的两带轮的位置正确。如图 1-6(b)所示的两带轮的位置是不正确的,这样将会引起传动时 V 带的扭曲和两侧面过早磨损。

(3)V 带的张紧程度调整要适当。通常 V 带的张紧度,以大拇指能按下 15 mm 左右为合适,如图 1-7 所示。

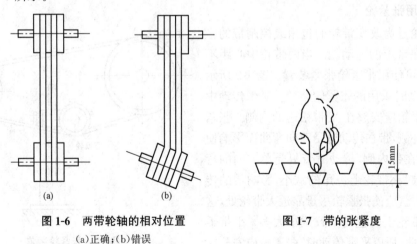

图 1-6 两带轮轴的相对位置   **图 1-7 带的张紧度**
(a)正确;(b)错误

(4)对 V 带传动应定期检查及时调整。如发现磨损严重的 V 带,要及时更换,以免加重其他 V 带的负担。更换时必须使一组 V 带中的各根带的实际长度尽量相等,以使各根 V 带传动时受力均匀。

(5)V 带传动装置还必须安装防护罩。这样既可以防止绞伤人,又可以防止润滑油、冷却液和其他杂物等飞溅到V带上而影响传动。另外,使用防护罩还可以防止V带在露天作业下的烈日曝晒和灰尘,避免过早老化。

四、带传动的张紧装置

带传动中,由于带长期受到拉力的作用,会产生永久变形而伸长,带由张紧变为松弛,张紧力逐渐减小,导致传动能力降低,甚至无法传动,因此,必须将带重新张紧。常用的张紧方法有两种,即调整中心距和使用张紧轮。

1. 调整中心距

调整中心距的张紧装置有带的定期张紧和自动张紧两种。带的定期张紧装置一般利用调整螺钉来调整两带轮轴线间的距离。如图1-8(a)所示,将装有带轮的马达固定在滑座上,旋转调整螺钉使滑座沿滑槽移动,将马达推到所需位置,使带达到预期的张紧程度,然后固定,这种张紧方式适用于水平传动或接近水平传动。自动张紧装置如图1-8(b)所示,依靠电机自重起到张紧作用,适用于传力不大的场合。

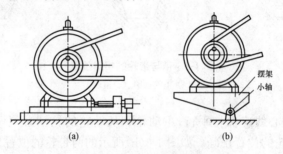

图1-8 V带的张紧装置
(a)定期张紧装置;(b)自动张紧装置

2. 使用张紧轮

张紧轮是为改变带轮的包角或控制带的张紧力而压在带上的随动轮。当两带轮中心距不能调整时,可使用张紧轮张紧装置。图1-9所示为V带传动时采用的张紧轮装置。V带传动中使用的张紧轮应安放在V带松边的内侧。张紧轮放在带外侧,带在传动时受双向弯曲而影响使用寿命;放在带内侧,传动时带只受单方向的弯曲,但会引起小带轮上包角的减小,影响带的传动能力,因此,应使张紧轮尽量靠近大带轮处,这样可使小带轮上的包角不致减小太多。平带柔软,易于弯曲,所以平带传动时,张紧轮应安放在松边的外侧,并要靠近小带轮处,这样可以增大小带轮上的包角,提高平带传动的传动能力。

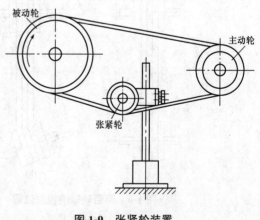

图1-9 张紧轮装置

第二节 链传动

一、链传动的工作原理及其传动比

链传动是由一个具有特殊齿形的主动链轮,通过链条带动另一个具有特殊齿形的从动链轮传递运动和动力的一套传动装置。如图 1-10 所示,它由主动链轮、从动链轮和链条组成。当主动链轮转动时,从动链轮也跟着旋转。

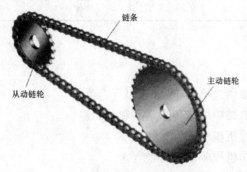

图 1-10 链传动

设在链传动中,主动链轮的齿数为 z_1,从动链轮的齿数为 z_2,主动链轮每转过一个齿,链条就移动一个链节,从而带动从动链轮转过一个齿。若主动链轮转 n_1 转时,其转过的齿数为 $n_1 z_1$,而从动链轮跟着转过 n_2 转,则转过的齿数为 $n_2 z_2$。显然两链轮转过的齿数相等。即 $n_1 z_1 = n_2 z_2$,并用 i_{12} 表示传动比,所以:

$$i_{12} = \frac{n_1}{n_2} = \frac{z_2}{z_1}$$

上式说明,链传动的传动比,就是主动链轮的转速与从动链轮的转速之比,也是等于两链轮齿数的反比。

链节是组成链条的基本结构单元。每个链节在链条的纵向(链条的长度方向)含有一个节距。节距是链条上相邻两销轴中心的距离。设计给定的节距称为基本节距(公称节距),用符号 p 表示,它是链条的主要参数之一(图 1-11)。

国家标准 GB/T 1243—2006 对传动用精密滚子链的基本参数和尺寸作了具体规定,分 A、B 两个系列,A 系列有 10 个链号,B 系列有 15 个链号。表 1-3 为 A 系列精密滚子链的主要尺寸摘录。

滚子链的标记示例如下:

24A—2×60 GB/T 1243—2006

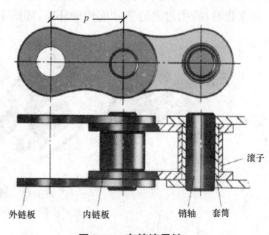

图 1-11 套筒滚子链

A系列,节距38.1 mm,双排,60节的滚子链。

表1-3 传动用滚子链(A系列)   mm

链号	节距 P	排距 P_t	链号	节距 P	排距 P_t
08A	12.70	14.38	24A	38.10	45.44
10A	15.875	18.11	28A	44.45	48.87
12A	19.05	22.78	32A	50.80	58.55
16A	25.40	29.29	40A	63.50	71.55
20A	31.75	35.76	48A	76.20	87.83

二、链传动的类型

链传动的类型很多,按用途不同,可分为以下三类:
(1)传动链。在一般机械中用来传递运动和动力。
(2)起重链。用于起重机械中提升重物。
(3)牵引链。用于运输机械驱动输送带等。
本节只介绍传动链。传动链的种类繁多,最常用的是滚子链。
滚子链(套筒滚子链)是由内链板、外链板、销轴、套筒和滚子组成,如图1-11所示。销轴与外链板、套筒和内链板分别采用过盈配合固定。而销轴与套筒、滚子与套筒之间则为间隙配合,这样当链节屈伸时,内链板和外链板之间就能相对转动。套筒、滚子和销轴之间也可以自由转动。当链条与链轮进入或脱离啮合时,滚子可以在链轮上滚动,两者之间主要为滚动摩擦,从而减少了链条和链轮齿之间的磨损。

当传递较大的动力时,可采用双排链或多排链,其中双排链应用较多。

为了使链板各截面积所受强度近似相等,减轻重量及惯性力,内、外链板均制成"8"字形。内、外链板交错连接而构成链条。链条的长度常用链节数表示。链节数一般为偶数,这样在构成环状时,可使内、外链板正好连接。接头形式可采用开口销或弹簧卡来固定。当链节数为奇数时,需用过渡链节才能构成环状,如图1-12所示。

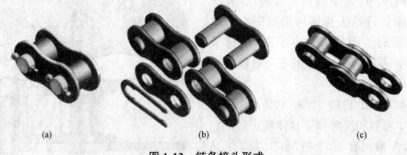

图1-12 链条接头形式
(a)开口销;(b)弹簧卡;(c)过渡链板

三、链传动的应用特点

与同属挠性类(具有中间挠性件的)传动的带传动相比,链传动具有下列优缺点。

1. 链传动的主要优点

(1)与带传动相比,无弹性滑动与打滑现象,平均传动比准确,工作可靠,效率较高。
(2)传动功率大,承载能力强,相同工况下的传动尺寸小。
(3)所需张紧力小,作用于轴上的力小。
(4)能在高温、多尘、潮湿、有污染的恶劣环境中工作。

2. 链传动的主要缺点

(1)仅能用于两平行轴间的传动。
(2)成本高,易磨损,易使链条节距变大,传动中链条容易脱落,传动平稳性差。
(3)运转时会产生附加动载荷、振动、冲击和噪声,不宜用在急速反向的传动中。

因此,链传动多用在不宜采用带传动和齿轮传动,且两轴平行、距离较远、功率较大、平均传动比准确的场合。在轻工机械、农业机械、石油化工机械、运输起重机械及机床、汽车、摩托车和自行车等的机械传动中得到广泛应用。

四、链传动的张紧

链传动的张紧作用不同于带传动的张紧,其目的是防止链条由于松边垂度过大而引起啮合不良和链条抖动。

链条松边的垂度,用 f 表示,合适的松边垂度是:
$$f=(0.01\sim 0.02)a$$

式中 a——链传动中心距(mm)。

当链条松边垂度过大时,可以采用图 1-13 所示的装置进行张紧。图 1-13(a)、(b)所示为利用弹簧的弹力或重锤的重力调整张紧轮的位置,实现对链条的自动张紧。一般应使张紧轮安装在靠近主动链轮一端松边的外侧,而且使张紧轮的直径与小链轮相近。图 1-13(c)所示为利用调节螺旋通过托板实现对链条的定期张紧。

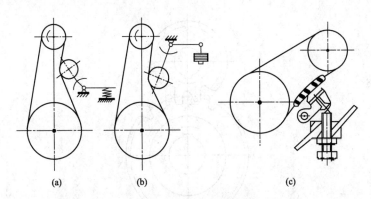

图 1-13 链传动的张紧装置
(a)、(b)链条的自动张紧;(c)链条的定期张紧

五、链传动的失效形式

由于链条的结构比链轮更复杂,强度也不如链轮高,所以一般链传动的失效主要是链条的失效。常见形式有以下几种。

1. 链条的疲劳破坏

在链传动中,由于松边和紧边的拉力不同,使得链条所受的拉力为变应力。当应力达到一定数值,且经过一定的循环次数后,链板、滚子、套筒等组件会发生疲劳破坏。在闭式传动中正常的润滑条件下,链条的疲劳破坏是主要的失效形式。

2. 链条铰链的磨损

链条与链轮啮合传动时,相邻链节之间发生相对转动,使销轴与套筒、套筒与滚子间产生磨损。磨损使链节变长,易造成跳齿或脱链,使传动失效。在开式传动或润滑不良的链传动中,链条铰链的磨损是主要的失效形式。

3. 链条铰链的胶合

在润滑不良或转速很高时,套筒与销轴的工作表面之间直接接触发生胶合的现象。

4. 链条静力拉断

在低速、重载或突然过载时,链条因静强度不足而出现被拉断的现象。

第三节 齿轮传动

齿轮传动指的是由齿轮副组成的传递运动和动力的一套装置。所谓齿轮副是由一对相啮合的齿轮组成的,两齿轮轴线相对位置不变,各绕其自身的轴线而转动,并传递运动和动力的一套装置。如图 1-14 所示,当一对齿轮相互啮合而工作时,主动轮的轮齿 1,2,3…,通过啮合点法向力的作用逐个推动从动轮的轮齿 $1',2',3'$…,使从动轮转动,从而将主动轮的动力和运动传递给从动轮。

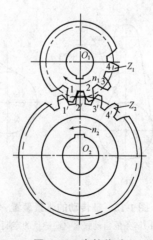

图 1-14 齿轮传动

一、齿轮传动的特点及传动比

1. 齿轮传动的特点

(1)与带传动和链传动等比较,齿轮传动具有如下优点:

①能保证瞬时传动比的恒定,传动平稳性好,传递运动准确可靠。

②传递的功率和速度范围大。传递的功率小至低于 1 W(如仪表中的齿轮传动),大至 5×10^4 kW(如蜗轮发动机的减速器),甚至高达 1×10^5 kW;其传动时圆周速度可达300 m/s。

③传动效率高。一般传动效率 $\eta=0.94\sim0.99$。

④结构紧凑,工作可靠,寿命长。设计正确、制造精良、润滑维护良好的齿轮传动,可使用数年乃至数十年。

(2)齿轮传动也存在以下不足:

①制造和安装精度要求高,工作时有噪声。

②齿轮的齿数为整数,能获得的传动比受到一定的限制,不能实现无级变速。

③中心距过大时将导致齿轮传动机构结构庞大、笨重,因此,不适宜中心距较大的场合。

2. 对齿轮传动的基本要求

用来传递运动和动力的齿轮,其啮合传动是一个比较复杂的运动过程。从传递运动和动力两方面考虑,齿轮传动应满足以下两个基本要求。

(1)传动要平稳。要求齿轮在传动过程中,任何瞬时的传动比保持恒定不变。这样可以保持传动的平稳性,避免或减少传动中的噪声、冲击和振动。

(2)承载能力强。要求齿轮的尺寸小、重量轻,而承受载荷的能力大。也就是要求强度高,耐磨性好,寿命长。

3. 传动比

传动比就是主动齿轮与从动齿轮转速(角速度)之比,与其齿数成反比。

$$i_{12}=\frac{n_1}{n_2}=\frac{z_2}{z_1}$$

一对齿轮的传动比不宜过大,否则会使齿轮的结构尺寸过大,不利于制造和安装。通常一对直齿圆柱齿轮的传动比 $i_{12}=5\sim8$。

二、齿轮传动的类型

齿轮传动的种类很多,可以按不同的方法进行分类,如图 1-15 所示。

(1)根据齿轮传动轴的相对位置,可分为平行轴齿轮传动、相交轴齿轮传动和交错齿轮传动。

(2)按齿轮传动在工作时的圆周速度不同,可分为低速传动($v<3$ m/s)、中速传动($v=3\sim15$ m/s)和高速传动($v>15$ m/s)。

(3)按齿轮传动的工作条件不同,可分为闭式齿轮传动和开式齿轮传动。

(4)按齿宽方向齿与轴的歪斜形式,可分为直齿传动、斜齿传动和曲齿传动。

(5)按轮齿的齿廓曲线不同,可分为渐开线传动、摆线传动和圆弧传动等几种。

(6)按齿轮的啮合方式分,可分为外啮合齿轮传动、内啮合齿轮传动和齿条传动。

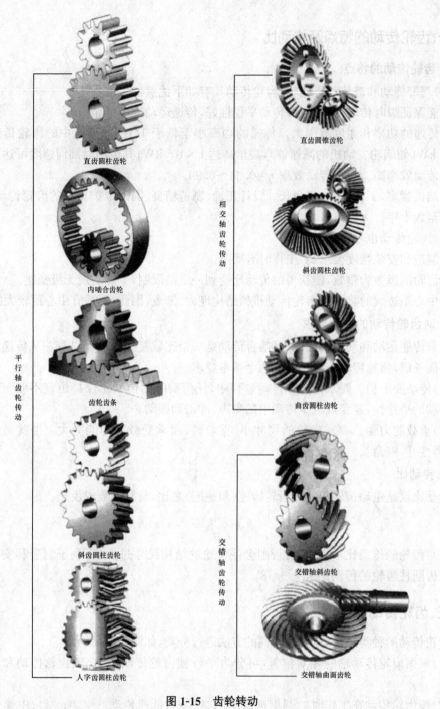

图 1-15 齿轮转动

三、齿轮的失效形式及维护

齿轮失效是指齿轮在传动过程中，由于载荷的作用使轮齿发生折断、齿面损坏等，而使齿轮过早地失去正常工作能力的情况。由于齿轮传动的工作条件和应用范围各不相同，影响失效的原因很多。齿轮传动出现失效的主要形式是齿根折断、齿面磨损、点蚀、胶合及塑性变形等。

开式齿轮失效常因为沙尘落入齿面,加快了轮齿磨损;闭式齿轮失效多由于轮齿强度、韧性不足,或是齿面硬度、接触强度不够所造成。

1. 轮齿的点蚀

轮齿在传递动力时,两工作齿面为线接触,实际因为弹性变形而形成很小的面接触,所以产生很大的接触应力,而且该应力又是从零增加到最大值,又由最大值降到零,即按脉动循环变化。当接触应力和重复次数达到一定限度时,在工作齿面产生细小疲劳裂纹,如果裂纹内夹入了润滑油,在另一个轮齿的挤压下,被封闭在裂纹中的油压增高,会加速裂纹的扩展,如图 1-16 所示。裂纹的扩展使表面层上有小块金属剥落,形成小坑,这种现象称为点蚀。点蚀通常先发生在靠近节线的齿跟面上,如图 1-17 所示。点蚀后,齿廓工作面被破坏,造成传动不平稳和产生噪声,从而使齿轮失效。

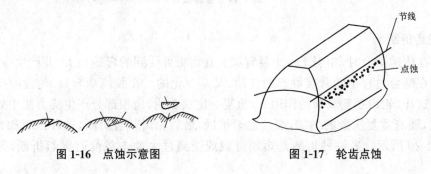

图 1-16 点蚀示意图　　图 1-17 轮齿点蚀

2. 齿面磨损

齿轮在传动过程中,轮齿上不仅受到载荷的作用,而且接触的轮齿面产生一定的相对滑动。所以轮齿在受力的情况下,两齿面间就产生滑动摩擦,使齿面发生磨损,如图 1-18 所示。如果磨损的速度符合预定的设计期限,则视为正常磨损。正常磨损的齿面很光亮,没有明显的痕迹。在规定的磨损界限内,并不影响齿轮的工作能力,但齿面磨损严重时,将使齿廓表面损坏,加大齿侧间隙而引起传动不平稳和冲击,甚至会因齿厚被过度磨薄,在受载时发生轮齿折断。

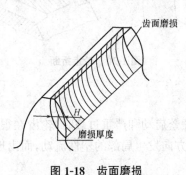

图 1-18 齿面磨损

3. 齿面胶合

在高速重载齿轮传动中,如果散热不好,使润滑油油温急剧上升,黏度降低,会造成齿面间油膜严重破坏。另外,在低速重载齿轮传动中,由于工作齿面间的压力很大,易将润滑油膜挤破,致使啮合齿轮两齿面金属直接接触。这时,齿面产生瞬时高温,较软齿的表面金属会熔焊在与之相啮合的另一齿轮的齿面上。当齿轮继续旋转时,由于两齿面的相对滑动,在较软工作齿面上形成与滑动方向一致的撕裂沟痕,这种现象称为齿面胶合。如图 1-19 所示。当齿面出现胶合时,齿轮将严重损坏而失效。

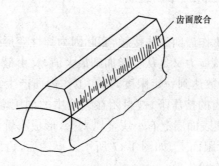

图 1-19　齿面胶合

4. 轮齿折断

轮齿在传递动力时,相当于一个悬臂梁。在齿根处受到的弯矩最大,并产生应力集中。而弯矩值在啮合过程中随着接触点的移动,又是变化的。在脱离啮合后,轮齿所受弯矩值变为零。这样,轮齿在变载荷的作用下,重复一定次数后,齿根部分产生应力集中处会产生疲劳裂纹,随着重复次数的增加,裂纹逐渐扩展,最后轮齿就被折断,这种折断称为疲劳折断,如图 1-20 所示。另一种折断是短期过载或受到过大冲击载荷时突然折断,称为过载折断。

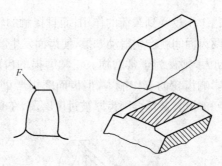

图 1-20　轮齿折断

5. 塑性变形

若轮齿的材料较软,当其频繁启动和严重过载时,轮齿在很大载荷和摩擦力的作用下,可能使齿面表面金属沿相对滑动方向发生局部的塑性流动,而出现塑性变形。

习题一

1. 名词解释:零件、构件、机构、机器。
2. 什么是运动副？运动副中如何区分高副和低副？它们在使用中各有怎样的特点？
3. V 带的结构有哪两种？它们各适用在哪些场合？
4. 压印在 V 带表面的"A2240""C3550"各表示什么含义？

5. V带的使用和调整要注意什么？
6. 为什么V带传动要有张紧装置？常用的张紧装置有哪些？
7. 套筒滚子链的组成有哪些？链传动的失效形式有哪几种？
8. 说明链标记08A—2×88的含义？
9. 齿轮传动的特点有哪些？
10. 对齿轮传动的基本要求是什么？
11. 齿轮轮齿失效的形式有哪些？
12. 说明轮齿点蚀的形成过程。

第二章 常用机构

第一节 平面连杆机构

平面连杆机构是由一些刚性构件用转动副或移动副相互连接而组成的在同一平面或相互平行平面内运动的机构。平面连杆机构中的运动副都是低副,因此平面连杆机构是低副机构。平面连杆机构能够实现某些较为复杂的平面运动,在生产中广泛用于动力的传递或改变运动形式。平面连杆机构构件的形状多种多样,不一定为杆状,但从运动原理来看,均可用等效的杆状构件来替代,最常用的平面连杆机构是具有四个构件(包括机架)的低副机构,称为四杆机构。四个运动副都是转动副的四杆机构称为铰链四杆机构,它是四杆机构的基本形式。

一、铰链连杆机构的组成

图 2-1(a)为一铰链四杆机构,由四根杆状的构件分别用铰链连接而成,图 2-1(b)为铰链四杆机构的简图表示。

铰链四杆机构中,固定不动的构件称为机架。机构中不与机架相连的构件称为连杆。机构中与机架用转动副相连的构件称为连架杆。在图 2-1(b)中,构件 4 为机架,构件 2 为连杆,构件 1 和构件 3 为连架杆。连架杆按其运动特征可分为曲柄和摇杆两种,能绕机架整周回转的连架杆是曲柄;只能相对机架做一定范围摆动的连架杆是摇杆。

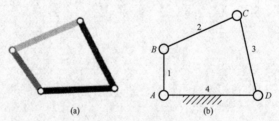

图 2-1 铰链四杆机构

二、铰链四杆机构的类型

铰链四杆机构一般可分为曲柄摇杆机构、双曲柄机构和双摇杆机构三种基本类型。

1. 曲柄摇杆机构

具有一个曲柄和一个摇杆的铰链四杆机构称为曲柄摇杆机构。如图 2-2 所示,取曲柄 AB 为主动件,并做顺时针等速转动,当曲柄 AB 的 B 端从 B 点回转到 B_2 点时,从动件摇杆 CD 上 C 端从 C 点摆动到 C_2 点,而当 B 端从 B_2 点回转到 B_1 点时,C 端从 C_2 点逆时针摆动到

C_1 点。当 B 端继续从 B_1 点回 B_2 点时,C 端将从 C_1 点顺时针摆回到 C_2 点。这样,在曲柄 AB 连续做等速回转时,摇杆 CD 将在 C_1C_2 范围内做变速往复摆动。即曲柄摇杆机构能将主动件(曲柄)整周的回转运动转换为从动件(摇杆)的往复摆动。

曲柄摇杆机构在生产中应用很广,如图 2-3 所示为剪板机、图 2-4 所示为雷达俯仰角度的摆动装置、图 2-5 所示为颚式破碎机,它们在曲柄连续回转的同时,摇杆可以往复摆动,完成剪切、雷达天线的俯仰摆动、矿石破碎等动作。

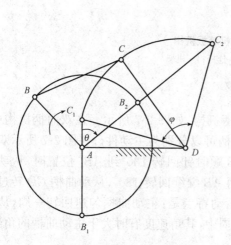

图 2-2 曲柄摇杆机构示意图

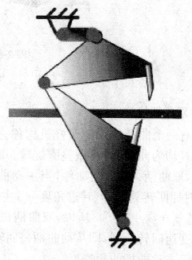

图 2-3 剪板机示意图

图 2-4 雷达俯仰角度的摆动装置

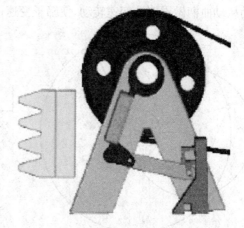

图 2-5 颚式破碎机示意图

在曲柄摇杆机构中,当取摇杆为主动件时,可以使摇杆的往复摆动转换成从动件曲柄的整周回转运动。在图 2-6 所示的缝纫机踏板机构中,踏板做往复摆动时,连杆驱动曲轴和带轮连续回转。

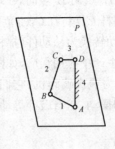

图 2-6 缝纫机踏板机构

1,3—连架杆;2—连杆;4—机架

2. 双曲柄机构

具有两个曲柄的铰链四杆机构称为双曲柄机构,如图 2-7 所示。在双曲柄机构中,两个连架杆均为曲柄,均可做整圈旋转。两个曲柄可以分别为主动件。在图 2-7 所示双曲柄机构中,取曲柄 AB 为主动件,当主动曲柄 AB 顺时针回转 180°到 AB_1 位置时,从动曲柄 CD 顺时针回转到 C_1D,转过角度 φ_1;主动曲柄 AB 继续回转 180°,从动曲柄 CD 转过角度 φ_2;显然 $\varphi_1+\varphi_2=360°$。所以,双曲柄机构的运动特点是:主动曲柄匀速回转一周,从动曲柄随之变速回转一周,即从动曲柄每回转的一周中,其角速度有时大于主动曲柄的角速度,有时小于主动曲柄的角速度。

图 2-8 所示为双曲柄机构在惯性筛中的应用。工作时,等速转动的主动曲柄通过连杆带动从动曲柄做周期性变速转动,使筛子变速往复移动。

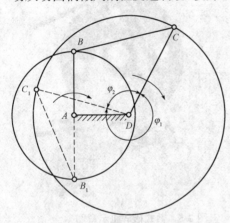
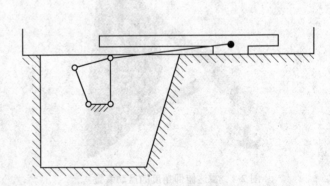

图 2-7 双曲柄机构示意图　　　　　　图 2-8 振动筛中双曲柄机构

当双曲柄机构连杆与机架的长度相等且两个曲柄长度相等时,若曲柄转向相同,称为平行双曲柄机构,如图 2-9 所示;若曲柄转向不同,称为反向平行双曲柄机构,简称反向双曲柄机构,如图 2-10 所示。

平行双曲柄机构的运动特点是两曲柄的回转方向相同、角速度相等。反向平行双曲柄机构的运动特点是两曲柄的回转方向相反、角速度不相等。平行双曲柄机构在运动过程中,主动曲柄 AB(图 2-9)每回转一周,两曲柄与连杆 BC 出现两次共线,此时会产生从动曲柄 CD 运动的不确定现象,即主动曲柄 AB 的回转方向不变,而从动曲柄 CD 可能顺时针方向回转,也可能逆时针方向回转,而使机构变成反向平行双曲柄机构,导致不能正常传动。为避免这一现象,常采用的方法有:利用从动曲柄本身的质量或附加一个转动惯量较大的飞轮,依靠其惯性作用来导向;增设辅助构件;采取多组机构错列等。

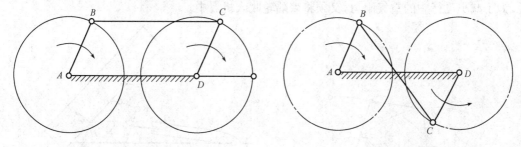

图 2-9　平行双曲柄机构　　　　　　　图 2-10　反向双曲柄机构

图 2-11 所示为机车车轮联动装置,它利用了平行双曲柄机构两曲柄回转方向相同、角速度相等的特点,使从动车轮与主动车轮具有完全相同的运动,为了防止这种机构在运动过程中变为反向平行双曲柄机构,在机构中增设了一个辅助构件(曲柄 EF)。图 2-12 所示为车门启闭机构,采用的是反向平行双曲柄机构。当主动曲柄 AB 转动时,通过连杆 BC 使从动曲柄 CD 反向转动,从而保证了两扇车门的同时开启和关闭至各自的预定位置。

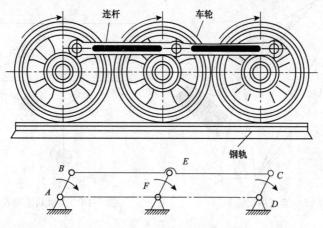

图 2-11　机车车轮联动装置

3. 双摇杆机构

具有两个摇杆的铰链四杆机构称为双摇杆机构。在双摇杆机构中,两摇杆可以分别为主动件,当连杆与摇杆共线时,机构处于死点位置,如图 2-13 中所示的 AB_1C_1D 与 AB_2C_2D,图 2-13 中的 φ_1 与 φ_2 分别为两摇杆的最大摆角。图 2-14 所示为利用双摇杆机构的自卸翻斗装置,杆 AD 为机架,当油缸活塞杆向右伸出时,可带动双摇杆 AB 与 CD 向右摆动,使翻斗中的货物自动卸下;当油缸活塞杆向左缩回时,则带动双摇杆向左摆动,使翻斗回到原来的位置。图 2-15 所

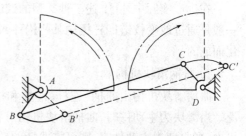

图 2-12　车门启闭机构

示为港口用起重机,也采用了双摇杆机构,该机构利用连杆上 A 点近似水平运动,从而实现货物的水平吊运。图 2-16 所示为采用双摇杆机构的飞机起落架收放机构,飞机要着陆前,着陆轮须从机翼(机架)中推放至图中左侧所示位置,该位置处于双摇杆机构的死点。飞机起飞后,为了减小飞行中的空气阻力,又须将着陆轮收入机翼中。

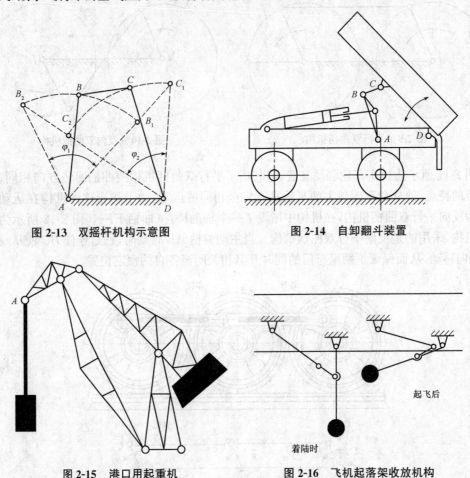

图 2-13 双摇杆机构示意图   图 2-14 自卸翻斗装置

图 2-15 港口用起重机   图 2-16 飞机起落架收放机构

三、铰链四杆机构的演化

在生产实际中,除上述三种类型的铰链四杆机构外,还广泛地采用其他形式的四杆机构,一般是通过改变铰链四杆机构某些构件的形状、相对长度或选择不同构件作为机架等方式演化而成的。

1. 曲柄滑块机构

曲柄滑块机构由曲柄、连杆、滑块和机架组成,如图 2-17 所示。它的结构简单,应用广泛。当滑块为主动件时,曲柄滑块机构可将滑块的往复移动变为曲柄的转动,被应用于内燃机中;当曲柄为主动件时,则可将曲柄的转动转变为滑块的往复移动,被用于活塞泵、冲床等各种机器设备中。

在曲柄滑块机构中,滑块的行程取决于曲柄的长度。若要求滑块的行程较小,需曲柄很短,这时可根据结构情况将曲柄制成盘状,从而得到如图 2-18 所示的偏心轮机构。偏心轮绕

回转中心 A 回转时,其几何中心 B 绕回转中心 A 做圆周运动,带动连杆使滑块做往复运动。回转中心 A 到偏心轮几何中心 B 的距离称为偏心距,它相当于曲柄滑块机构中曲柄的长度。

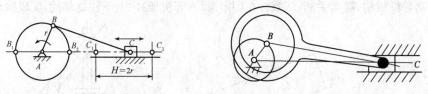

图 2-17　曲柄滑块机构　　　　　　　图 2-18　偏心轮机构

2. 导杆机构

导杆是机构中与另一运动构件组成移动副的构件。连架杆中至少有一个构件为导杆的平面四杆机构称为导杆机构。

导杆机构可以看成是改变曲柄滑块机构中固定件的位置演化而成。如图 2-19(a)所示的曲柄滑块机构,当取杆 1 为固定件时,即可得到如图 2-19(b)所示的导杆机构。在该导杆机构中,与构件 3 组成移动副的构件 4 称为导杆。构件 3 称为滑块,可相对导杆滑动,并可随导杆一起绕 A 点回转。在导杆机构中,通常取杆 2 为主动件。导杆机构分转动导杆机构与摆动导杆机构两种,当机架 1 的长度 L_1 小于杆 2 的长度 L_2 时,主动件杆 2 与从动件(导杆)4 均可做整周回转,即为转动导杆机构;当 $L_1 > L_2$ 时,主动件杆做整周回转时,从动件只能做往复摆动,即为摆动导杆机构。摆动导杆机构具有急回特性。

当取杆 2 为固定件(机架)时,即可得到图 2-19(c)所示的曲柄摇块机构。此机构一般以杆 1(或杆 4)为主动件。$L_1 < L_2$ 时,杆 1 可作整周回转;$L_1 > L_2$ 时,杆 1 只能作摆动。当杆 1 作整周回转或摆动时,导杆 4 相对滑块 3 滑动,并一起绕 C 点摆动。滑块 3 只能绕机架上 C 点摆动,称为摇块。当杆 4 为主动件在摇块 3 中移动时,杆 1 则绕 B 点回转或摆动。图 2-20 所示为应用曲柄摇块机构的自翻卸料装置,车厢(杆 1)可绕车架(机架 2)上的 B 点摆动,活塞杆(导杆 4)、液压缸(摇块 3)可绕车架上的 C 点摆动,当液压缸中的活塞杆运动时,车厢绕 B 点转动,转到一定角度时,货物自动卸下。

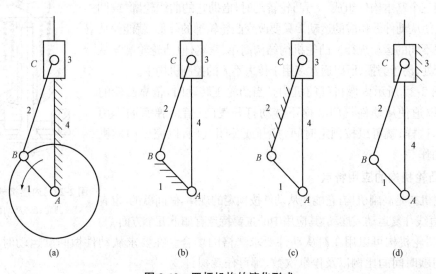

(a)　　　　　　　(b)　　　　　　　(c)　　　　　　　(d)

图 2-19　四杆机构的演化形式

当取构件3为固定件时,即可得到图2-19(d)所示的移动导杆机构,此机构通常以杆1为主动件,杆1回转时,杆2绕C点摆动,杆4仅相对固定滑块做往复移动。图2-21所示的抽水机即采用了移动导杆机构,摆动手柄,活塞杆在固定滑块(即机架)内上下往复移动,实现抽水的动作。

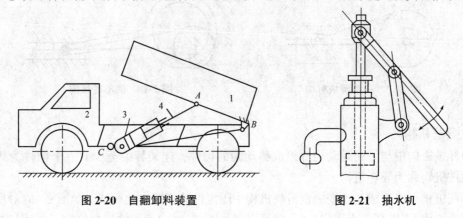

图2-20 自翻卸料装置　　　　　图2-21 抽水机

第二节 凸轮机构

在机械工业中,凸轮机构是一种常用的机构,特别是在自动化机械中,它的应用更为广泛。要使从动件的位移、速度和加速度按照预定的规律变化,尤其是当从动件需要按复杂的运动规律运动时,通常采用凸轮机构。

一、凸轮机构的应用

1. 凸轮机构的组成

凸轮是一个能够控制从动件运动规律的具有曲线轮廓(或凹槽)的构件,凸轮通常作主动件并等速运动。凸轮机构主要由凸轮、从动件和固定机架三个基本构件组成。当凸轮转动时,借助它的曲线轮廓(或凹槽),可以使从动件做相应的运动。只要改变凸轮轮廓的外形,就能使从动件实现不同的运动规律。凸轮机构结构简单、紧凑,但凸轮轮廓与从动件接触处,易于磨损,所以通常多用于传力不大的控制机构中。

如图2-22所示内燃机气门机构。当凸轮1转动时,依靠凸轮的轮廓,可以迫使从动件气门2向下移动打开气门(借助弹簧的作用力关闭),这样,就可以按预定时间,打开或关闭气门,以完成内燃机的配气动作。

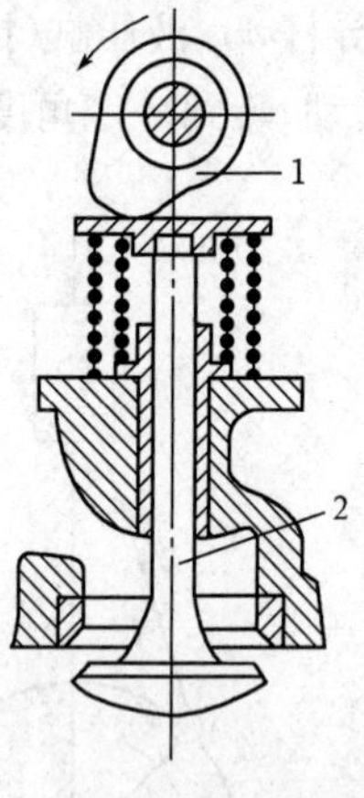

2. 凸轮机构的应用特点

凸轮机构是高副机构,它能使从动件按预定的规律,做间歇的(也有连续的)直线往复运动或摆动,其应用中的主要特点有如下五个方面。

图2-22 内燃机气门机构
1—凸轮;2—从动件气门

(1)凸轮机构可以用在对从动件要求严格的场合。在要求从动件做间歇运动时,其运动时间与间歇时间的比例以及停歇次数,都可任意拟订。

(2)凸轮机构可以高速启动,动作准确可靠。

(3)由于数控机床及电子计算机的广泛应用,凸轮的轮廓曲线加工较为方便。

(4)凸轮机构在高副接触处,难以保持良好的润滑,故易磨损,为了延长使用寿命,传递动力不宜过大。

(5)在高速凸轮机构中,运动特性较为复杂,因此精确分析和设计轮廓曲线比较困难。

二、凸轮机构的分类

凸轮机构的类型很多,其基本类型可由凸轮形状和从动件类型来区分。

1. 按凸轮形状分类

(1)盘形凸轮。这种凸轮是一个半径变化的盘形构件,它是凸轮的最基本形式。如图 2-23 所示的盘形凸轮机构,结构简单,应用最为广泛。这种形式当凸轮等速回转时,从动件在垂直于凸轮轴线的平面内运动。但从动件的行程或摆动不能太大,否则凸轮的径向尺寸变化过大,对工作不利,体积也同时较大,所以一般用于从动件行程或摆动较小的场合。

(2)移动凸轮。移动凸轮可以相对机架做直线往复运动。它相当于回转中心趋向无穷远时的盘形凸轮,如图 2-24 所示。当移动凸轮 3 做直线往复运动时,可推动从动件 2 得到预定要求的运动。图 2-24 就是利用靠模法车削手柄的移动凸轮机构。

上述两种凸轮组成机构时,凸轮与从动件的相对运动是平面运动,因此,这种凸轮机构称为平面凸轮机构,其凸轮称为平面凸轮。

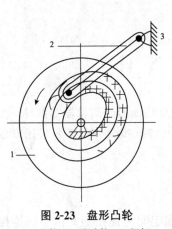

图 2-23 盘形凸轮
1—凸轮;2—从动件;3—机架

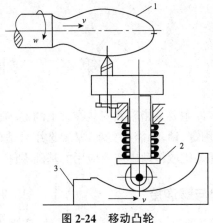

图 2-24 移动凸轮
1—工件;2—从动件;3—凸轮

(3)圆柱凸轮(柱体凸轮)。如图 2-25 所示的机构中,凸轮 1 是开有曲线沟槽的圆柱体构件,因此称为圆柱凸轮。在圆柱凸轮机构中,凸轮与从动件的相对运动是空间运动,因此,这种凸轮机构称为空间凸轮机构,由于从动件做轴向运动,可以从直径不大的圆柱凸轮中得到较大的行程。

2. 按从动件类型分类

根据从动件的运动形式和端部形式区分,基本类型分为如图 2-26 所示几种形式。

(1)尖顶从动件。如图 2-26(a)、(e)所示,尖顶能与复杂的凸轮轮廓保持接触,因而能实现预期任意的运动规律。但尖顶易磨

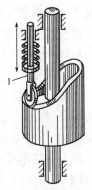

图 2-25 端面圆柱凸轮机构
1—凸轮

损,只适用于受力不大的场合。

(2) 滚子从动件。如图 2-26(b)、(f)所示,在从动件的顶尖处安装一个滚子,由于滚子与凸轮轮廓接触之间为滚动摩擦,磨损较小,可用来传递较大的动力,因而应用比较广泛。

(3) 平底从动件。如图 2-26(c)、(g)所示,在从动件与凸轮轮廓表面接触处的端面做成平底,结构简单,与凸轮接触面间易形成油膜,润滑状况好,磨损小。常用于高速传动,但要求凸轮轮廓仅能全部外凸。

(4) 球面底从动件。如图 2-26(d)、(h)所示,从动件的端部具有球形表面,可避免因安装位置偏斜或不对中而造成的表面应力和磨损增大,也可适应凹形凸轮,并有尖顶与平底从动件的优点,因此这种结构形式的从动件应用较多。

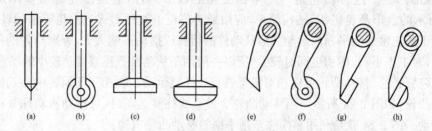

图 2-26　从动件的结构形式
(a)、(e)尖顶从动件;(b)、(f)滚子从动件;
(c)、(g)平底从动件;(d)、(h)球面底从动件

第三节　轴系零件

轴系零件主要是指轴和安装在轴上的键、轴承以及联轴器或离合器等部件。如轴和轮毂的连接,常用键、销;轴需要支承,常要选用合适的轴承;轴与轴相连,需要采用联轴器或离合器。这些都是机械传动中广泛应用的基础零件。

一、键与键连接

键连接主要用于连接轴和轴上零件,实现周向固定而传递扭矩。由于键连接的结构简单,工作可靠,装拆方便,并且键是标准零件,所以在生产中得到广泛应用。

键连接根据装配时的松紧度,可分为紧键连接和松键连接。

紧键连接有楔键连接和切向键连接,如图 2-27 所示。楔键连接能在轴上做轴向固定零件,可以承受不大的单方向的轴向力,键的上下两面为工作面,上表面制成 1∶100 的斜度,装配时将键打入轴与轴上零件之间的键槽内连成一整体,从而传递扭矩。键和键槽的两个侧面不接触,为非工作面。所以对中性差,在冲击或变载荷下容易脱落,常用在低速及对中性要求不高的场合,如图 2-27(a)所示。切向键连接是由一对具有 1∶100 单面斜度的键,沿斜面拼合而成,其上下两工作面互相平行。装配时一对键分别自轮毂两边打入,使两工作面分别与轴和轮毂上的键槽平面压紧,工作时主要靠工作面的挤压传递扭矩。切向键对轴的削弱较严重,且对中性不好,常用在轴径较大($d>60$ mm)、对中性要求不高和传递扭矩较大的场合,如图2-27(b)所示。

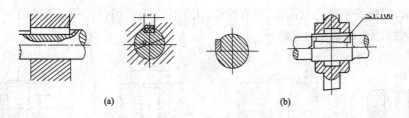

图 2-27 紧键连接
(a)普通楔键连接;(b)切向键连接

松键连接所用的键没有斜度,安装时也不需要打紧,常用的松键连接有平键、花键、导向键和半圆键。松键连接以键的两个侧面为工作面,所以键宽与键槽需要紧密配合,而键的顶面与轴上零件留有一定的间隙。因此,松键连接时,轴与轴上零件连接的对中性好,特别在高速精密传动中应用更为广泛。但松键不能承受轴向力,所以轴上零件需要轴向固定时,则需应用其他的固定方法。

平键连接,如图 2-28(a)所示。它的应用特点是依靠键的两个侧面为工作面来传递扭矩,对中性好,装拆方便。根据平键头部形状的不同,普通平键有圆头(A 型)、平头(B 型)和单圆头(C 型)三种,如图 2-28(b)所示。其中 A 型圆头平键,因为在键槽中不会发生轴向移动,应用最广,而 C 型单圆头平键,则多用在轴的端部。平键是标准件,其标记含义:B 键 16×70(GB/T 1096—2003),含义为 B 型键、键宽 16 mm、键长 70 mm。

半圆键连接,如图 2-29 所示。它的应用特点是:工作时靠键两侧的工作面传递扭矩,键为半圆形,可以在轴槽中绕槽底圆弧摆动,这样能自动适应轮毂的装配。半圆键由于键槽较深,对轴的削弱较大,一般用于轻载荷的连接,尤其用于锥形轴与轮毂的连接。

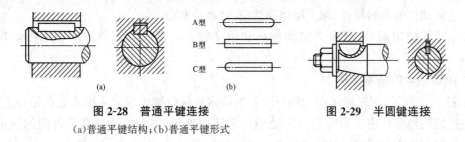

图 2-28 普通平键连接
(a)普通平键结构;(b)普通平键形式

图 2-29 半圆键连接

二、销连接

1. 销的基本形式

销有圆柱销和圆锥销两种基本类型,如图 2-30 所示,这两类销均已标准化。圆柱销利用微量过盈固定在销孔中,经过多次装拆后,连接的紧固性及精度降低,故只宜用于不常拆卸处。圆锥销有 1∶50 的锥度,装拆比圆柱销方便,多次装拆对连接的紧固性及定位精度影响较小,因此应用广泛。

2. 销的特殊形式

销还有许多特殊形式。如图 2-31(a)所示为大端具有外螺纹的圆锥销,便于装拆,可用于盲孔;如图 2-31(b)所示为小端带外螺纹的圆锥销,可用螺母锁紧,适用于有冲击的场合。开尾圆锥销如图 2-32 所示,销尾可分开,能防止松脱,多用于振动冲击场合。弹性圆柱销如

图2-33所示,用弹簧钢带卷制而成,具有弹性,用于冲击振动场合。开口销如图2-34所示,是一种防松零件,用于锁紧其他紧固件。

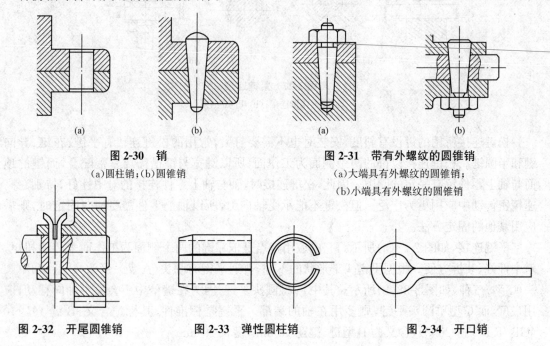

图2-30 销
(a)圆柱销；(b)圆锥销

图2-31 带有外螺纹的圆锥销
(a)大端具有外螺纹的圆锥销；
(b)小端具有外螺纹的圆锥销

图2-32 开尾圆锥销　　图2-33 弹性圆柱销　　图2-34 开口销

三、轴承

轴承是机械设备中的重要支承零件,其主要作用是支承转动(或摆动)的运动部件,保证轴与轴上传动件的回转精度,减少摩擦和磨损,并承受载荷。

轴承按其结构而言,可分为滑动轴承和滚动轴承。在此我们就滚动轴承的结构做以介绍。

1. 滚动轴承的基本结构

如图2-35所示,滚动轴承由内圈、外圈、滚动体和保持架组成。内圈安装在轴径上,外圈安装在机架的轴承孔内。通常是内圈随轴径旋转而外圈固定,滚动体在内外圈的滚道上滚动。保持架的作用是把滚动体均匀隔开,如图2-36所示。

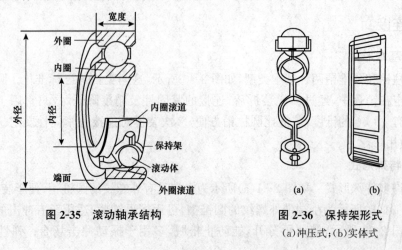

图2-35 滚动轴承结构　　图2-36 保持架形式
(a)冲压式；(b)实体式

滚动体则是轴承中形成滚动摩擦的基本零件。常用的滚动体形式有如图 2-37 所示的几种。

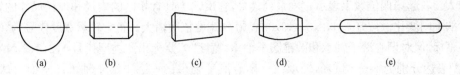

图 2-37 滚动体形式
(a)球;(b)圆柱滚子;(c)圆锥滚子;(d)鼓形滚子;(e)滚针

2. 滚动轴承的应用特点

滚动轴承具有摩擦阻力小、启动灵敏、效率高、润滑简便和互换性好等优点。主要缺点是抗冲击能力较差、高速时出现噪声和轴承径向尺寸大。

3. 滚动轴承的基本类型

滚动轴承的类型很多,并且是标准件,因此使用者主要是依据熟悉类型、标准及其应用特点来合理选用。按照轴承内部结构和能承受外载荷的方式不同,滚动轴承主要可分为向心轴承、推力轴承和向心推力轴承三大类。

主要承受径向载荷 R 的轴承,称为向心轴承,如图 2-38(a)所示。其主要特性:承受径向载荷,也能承受一定的轴向载荷,极限速度较高,承受冲击能力差,适用于刚性较大的轴上,常用于机床齿轮箱、小功率电机等。只承受轴向载荷 A 的轴承,称为推力轴承,如图 2-38(b)所示。能够同时承受径向、轴向载荷的轴承,称为向心推力轴承,如图 2-38(c)所示。

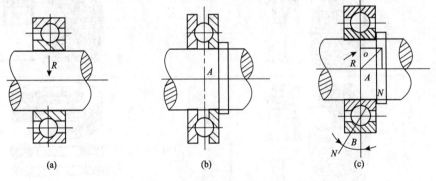

图 2-38 按承载情况的分类形式
(a)向心轴承;(b)推力轴承;(c)向心推力轴承

由于滚动轴承的类型和尺寸繁多,为了便于生产和选用,国家标准规定了轴承的代号,并打印在轴承的端面上。《滚动轴承代号方法》(GB/T 272—2017)规定的轴承代号由基本代号、后置代号和前置代号组成。基本代号用于表明滚动轴承的内径、直径系列及类型,一般最多为 5 位。在基本代号中,右起一、二位数字表示内径,轴承内径尺寸的确定见表 2-1。

表 2-1 轴承内径尺寸对应表

代号	00	01	02	03	04~99
内径/mm	10	12	15	17	数字×5

在轴承的表示方法中,右起第三位数字表示直径系列,它反映了具有相同内径的轴承在外径和宽度方面的变化。为了适应不同的载荷,需要在相同内径的轴承中使用不同大小的滚动

体,故引起外径尺寸的变化。按 7,8,9,0,1,2,3,4,5 的顺序,外径依次增大,轴承的承载能力也相应增大。右起第四位数字表示宽度系列代号,它反映了具有相同的内径和外径尺寸的轴承宽度尺寸的不同变化。按 8,0,1,2,3,4,5,6 的顺序,宽度依次增大。正常轴承宽度代号为"0"。一般省略不标,但对调心滚子轴承和圆锥滚子轴承,宽度"0"要标出。类型代号 1,2,3,5,NA,6,7,N。类型表达分别为:1—调心球轴承;2—调心滚子轴承;3—圆锥滚子轴承;5—推力球轴承;NA—滚针轴承;6—深沟球轴承;7—角接触球轴承;N—圆柱滚子轴承。表 2-2 列出了常用的滚动轴承类型。

轴承代号示例:

后置代号是用字母和数字等表示轴承的内部结构特点、公差等级、游隙等;前置代号用于表示轴承的分部件,用字母表示,在此不做介绍。

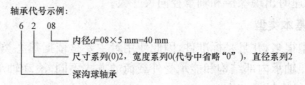

表 2-2　常用滚动轴承的类型

名称	类型代号	轴承结构,承载方向及结构简图	名称	类型代号	轴承结构,承载方向及结构简图
调心球轴承	1(1)		调心滚子轴承	2(3)	
圆锥滚子轴承	3(7)		推力球轴承	5(8)	单列51000(8000)
滚针轴承	NA(4)		深沟球轴承	6(0)	
角接触球轴承	7(6)		圆柱滚子轴承	N(2)	
注:类型符号括号中的数值为旧国家标准中的类型代号。					

4. 滚动轴承的装拆

进行轴承结构组合时必须考虑拆装的问题,不正确的安装和拆卸会降低轴承的寿命。装配小型轴承时,可使用手锤与简单的辅助套筒,而对于中、小型轴承,安装时可用液压机在内圈上施加压力,将轴承压套在轴颈上;对于较大的中、大型轴承,常采用温差法装配,即轴承放入热油中加热后,将轴承套入轴颈。加热温度一般为 80 ℃~100 ℃,不允许超过 120 ℃,注意防止轴承局部过烧。对于配合较松的小型轴承,可用手锤和铜棒从背面沿轴承内圈四周将轴承轻轻敲出。用压力法拆卸轴承,使用较多的是拉杆拆卸器(俗称拉马),它是靠两个或三个拉爪勾住轴承内圈而拆下轴承的。为此,应在内圈上留出足够的高度。

习题二

1. 说明铰链四杆结构的组成。
2. 试述机架、曲柄、摇杆和连杆在组成机构中的特征。
3. 试述四杆机构有哪些基本形式,基本形式是根据什么条件分类的。
4. 说明机构的急回特性。
5. 图示说明"死点位置"。
6. 凸轮机构由哪些基本构件组成?
7. 凸轮机构有哪些应用特点?
8. 凸轮机构中,常用的从动件形式有哪些? 各有什么特点?
9. 试述键连接的功用和种类。
10. 说明"键 16×100 GB/T 1096—2003""键 B16×100 GB/T 1096—2003"的含义。
11. 滚动轴承的基本结构是什么?
12. 根据轴承标记如何确定轴承内径?

第三章 液压传动

液压传动是以液体作为工作介质,利用液体压力来传递动力和进行控制的一种传动方式。由于这种传动具有明显的优点,近年来得到迅速的发展。用得最普遍的是各种机床。另外,如起重、运输、矿山、建筑、航空等各种机械,也越来越广泛采用这种传动。当前,液压传动已经成为机械工业发展的一个重要方面。

第一节 液压传动的基本概念

一、液压传动的原理及其系统的组成

油液是液压传动系统中最常用的工作介质,是液压元件的润滑剂。油液有许多重要的特性,最重要的是压缩性和黏性。压缩性是表示油液产生压力后其体积减小的性质。在液压传动常用的压力范围内,油液的压缩量是极其微小的,一般可忽略不计,近似地看作不可压缩。黏性是油液流动时,内部产生摩擦力的性质,黏性的大小用黏度来量度。黏度大,内摩擦力就大,油液就不易流动,显得比较"稠",反之油液就较"稀"。油液的黏度随着温度的变化而变化,油温升高,黏度变小,流动必然好,当压力不太高时,压力对黏度影响不大,一般不予考虑。

1. 液压传动原理

图 3-1 所示为常见的液压千斤顶的原理图。它由手动柱塞液压泵和液压缸两大部分所构成。大小活塞与缸体及泵体接触面之间,要维持良好的配合,不仅使活塞能够移动,而且形成可靠的密封。

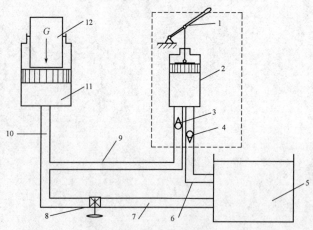

图 3-1 液压千斤顶原理图
1—杠杆;2—泵缸;3—排油单向阀;4—吸油单向阀;5—油箱;
6,7,9,10—油管;8—放油阀;11—液压缸;12—重物

液压千斤顶的工作过程为：工作时关闭放油阀 8，向上提起杠杆 1 时，泵缸活塞就被带动上升，泵缸油腔密封容积增大（此时单向阀 3 因受液压缸 11 中油液的作用力而关闭），形成局部真空。于是油箱 5 中的油液在大气压力的作用下，推开单向阀 4 中钢球并沿着吸油管道进入泵缸 2。接着用力压下杠杆 1，泵缸活塞下移，泵缸油腔的密封容积减少。油液受到外力挤压产生压力，迫使单向阀 4 关闭并使单向阀 3 的钢球受到一个向上的作用力。手压杠杆的力越大，油液压力越大，向上作用力就越大。当这个作用力大于液压缸 11 中油液对钢球的作用力时，钢球被推开，泵缸 2 中油液的压力就传递到液压缸油腔，油液就被压入液压缸，迫使它的密封容积变大，结果推动活塞连同重物 12 一起上升。反复提压杠杆，就能不断地将油液压入液压缸 11，使活塞和重物不断上升，从而达到起重的目的。显然，提压杠杆 1 的速度越快，则单位时间内压入液压缸 11 中的油液越多，重物上升的速度就越快，重物越重，下压杠杆所需的力就越大，于是油液的压力也越大。若将放油阀 8 旋转 90°，液压缸 11 中油液在重物 12 的作用下，流回油箱，液压缸活塞就下降并恢复到原位。

液压千斤顶虽然是一个简单的液压传动装置，但是从对它工作过程的简单介绍中，我们可以看出，液压传动的工作原理是以油液作为工作介质，依靠密封容积的变化来传递运动，依靠油液内部的压力来传递动力。液压传动装置实质上是一种能量转换装置，它先将机械能转换为便于输送的液压能，然后又将液压能转换为机械能，以驱动工作机构完成所要求的各种动作。

2. 液压传动系统的组成

(1) 液压传动系统组成部分的功能。由图 3-1 可以看出，一般液压传动系统除油液外，各液压元件按其功能可分成四个部分，各部分的名称、所包含的主要液压元件及其作用见表 3-1。

表 3-1　液压系统的组成及各部分作用

序号	组	成	作　用	图 3-1 中相应元件
1	动力部分	液压泵	将机械能转化为液压能，用以推动油缸等执行元件	由 1、2、3、4 组成的手动柱塞泵
2	执行部分	液压缸液压马达	将液压能转化为机械能并分别输出直线运动和旋转运动	液压缸 11
3	控制部分	控制阀	控制液体压力、流量和流动方向	放油阀 8
4	辅助部分	管路和接头油箱、滤油器密封件	输送油液、储存液体、密封、对液体进行过滤	管路 6、7、9、10油箱 5

(2) 液压元件的图形符号。图 3-1 反映的是一种结构式的工作原理图，它直观性强，容易理解，但绘制较复杂，特别是当系统中元件较多时更是如此，因此国家制定了一套液压元件图形符号(GB/T 786.1—2009)，可以方便而清晰地表达各种类型的液压系统。由于符号是表示元件的职能而不是结构，图形十分简洁，我们在介绍液压元件的同时，将逐一说明。

(3) 液压传动的特点。

①从结构上看，元件单位重量传递的功率大，结构简单，布局灵活，便于和其他传动方式联用，易实现远距离操纵和自动控制。

② 从工作性能上看，速度、扭矩、功率均可做无级调节，能迅速换向和变速，调速范围宽，动作快速性好，缺点是传动比不如机械传动准确，传动效率低。

③ 从维护使用上看，元件的自润滑性好，能实现系统的过载保护与保压，使用寿命长，元件易实现系列化、标准化、通用化，但对油液的质量、密封、冷却、过滤，对元件的制造精度、安装、调整和维护要求较高。

二、液压传动系统中压力的建立

1. 压力的概念

油液中的压力主要是由油液自重或油液表面受外力作用所产生的。在液压传动中前者与后者相比数值很小，一般忽略不计。以后所说油液压力主要就是指油液表面受外力作用所产生的压力。

如图 3-2(a)所示，油液充满于密闭液压缸的左腔，当面积为 A 的活塞受到外力 F 作用，由于油液不可压缩，密闭的油液又无处去，所以液压缸左腔的油液就处于挤压状态。对活塞作用一个向右的力，使活塞处于平衡状态。这个作用力的大小可以通过对活塞的受力分析得到，忽略活塞自重。如图 3-2(b)所示，作用在活塞上有两个力，一个是外力 F，一个是液体作用在活塞上的力 F_P。显然 $F=F_P$，所以，油液作用在活塞单位面积上的力应为 $F_P/A=F/A$。由力的作用和反作用定理可知，活塞反作用在油液单位面积上的力也应为 F/A。我们把垂直压向单位面积上的力称为压力，并用 p 表示。即

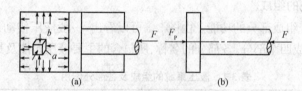

图 3-2 压力形成示意图

$$p=F/A$$

式中　p——油液的压力(N/m^2)，又称 Pa(帕)；

　　　F——作用在油液表面上的外力(N)(牛顿)；

　　　A——油液表面承压面积(m^2)(平方米)。

显然，压力为 p 的油液作用在面积为 A 的物体上，所产生的液压作用力 F_P 为

$$F_P=pA$$

式中　F_P——液压作用力；

　　　p——油液压力；

　　　A——油液表面承压面积。

压力的国际通用单位是 Pa(帕)，我国过去工程上以 kgf/cm²(千克力/平方厘米)为压力单位。1 kgf/cm²≈10^5 Pa。液压传动中的压力按其大小进行分级，表 3-2 为液压压力分级表。

表 3-2　液压压力的分级　　　　　　　　　　　　1×10^5 Pa

压力分级	低级	中压	中高压	高压	超高压
压力范围	0~25	≥25~80	≥80~160	≥160~320	≥320

2. 静止油液压力的特征

(1)静止油液中,任何一点所受到各个方向的压力都相等,如图3-2(a)所示。

(2)油液压力作用的方向总是垂直指向受压表面。

(3)根据帕斯卡原理,在密闭容器中的静止油液,当一处受到压力作用时,这个压力将通过油液传到连通器的任意点上,而且其压力值处处相等。这个原理又称静压传递原理。

由此,液压传动是依靠油液内部的压力来传递动力的,在密闭容器中压力是以等值传递,所以静压传递原理也是液压传动基本原理之一。

3. 压力的建立

在密闭容器内,静止液体受到外力挤压而产生压力。对于采用液压泵连续供油的液压传动系统,流动油液在某处的压力也是因为受到其后各种形式负载的挤压而产生的。如图3-3所示的液压系统中,进入液压缸左腔的油液可能直接来自液压泵,也可能自液压泵输出后,中间经过许多液压阀后流来的。

如图3-3(a)假定负载阻力为零,液压泵输入液压缸左腔的油液没有受到什么阻挡就能推动活塞向右运动,这样该处的压力就建立不起来。

如图3-3(b)中,输入液压缸左腔的油液由于受到外界负载F的阻挡,不能立即推动活塞向右移动,但液压泵总是不断地供油,液压缸左腔的油液必然受到挤压,随着泵的不断供油,挤压作用不断加剧,油液压力由小到大迅速升高,作用在活塞有效面积A上的液压作用力F_P也迅速增大。当这个力足以克服外界负载时,液压泵输出的油液就迫使液压缸左腔的密封容积增大,从而推动活塞向右运动。在一般情况下活塞的运动速度是均匀的,作用在其上的力相互平衡,所以液压作用力F_P等于负载阻力F,由此可知,油液对活塞的压力,也就是油液所产生的压力为$p=F/A$,如果活塞在运动过程中,负载保持不变,则油液就不再受到更大的挤压,压力也就不会继续上升。所以,液压传动系统中某处油液的压力是油液由于前面受到负载阻力的阻挡,后面受液压泵输出油液的不断推动,即所谓"前阻后推"的状态下产生的。

如图3-3(c)所示,运动着的活塞碰到固定挡铁,液压缸左腔的容积无法继续增大,但液压泵仍继续供油,且油液又是几乎不可压缩的,所以油液将受到极大的挤压,压力急剧升高。如果液压系统没有保护措施,则系统中的薄弱环节就将损坏。如果液压系统中有几个负载并联。如图3-3(d)所示,在液压泵出口处有两个负载并联。其中负载阻力F_C是溢流阀的弹簧力。当油液压力较小时,阀芯在弹簧力的作用下,处于最下端位置,把进油口与出油口堵死。假定油液压力达到P_C时,阀芯在作用于其底部的油液压力的推动下,克服弹簧力而上升,使进油口与出油口相通,液压泵输出的油液可由此流回油箱。另一负载阻力是作用在活塞杆上的F,假定使活塞运动所需的油液压力为P,且$P_C<P$,在这种情况下,液压泵出口处压力建立的过程是:压力由零值上升。当升到P_C值时,阀芯上移,进油口与出油口相通,油液由此回油箱。与此同时,此压力迅速传递到整个系统。但此压力作用在活塞上的力不足以克服负载阻力F,因此活塞静止不动。这样系统中的压力由负载F_C来决定。

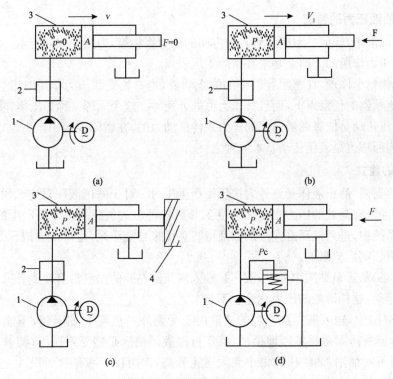

图 3-3 液压系统压力的形成
1—液压泵;2—液压阀;3—液压缸;4—挡铁

综上所述,液压系统中某处油液的压力是由于受到各种形式负载的挤压而产生的;压力的大小取决于负载,并随负载的变化而变化;当某处有几个负载并联时,则压力取决于克服负载的各个压力值中的最小值;压力建立的过程是从无到有、从小到大迅速进行的。

三、液压传动的压力、流量损失

1. 液阻和压力损失

我们把流动油液各质点之间以及油液与管壁之间的摩擦和碰撞所产生的阻力称为液阻。系统存在着液阻,油液流动时会引起能量损失,这主要表现为压力损失。压力损失可分为两种:一种为沿程损失,是油液在截面面积相同的直管中流动时的压力损失;另一种为局部损失,是油液流过管道截面积突然改变或管道弯曲等局部位置时所造成的压力损失,如图 3-4 所示。在液压系统中,由于各种液压元件的结构、形状、布局等原因,油管形式比较复杂,所以局部损失是主要的。油液流动产生的压力损失,会造成功率浪费、油液发热、泄漏增加,使液压元件因受热膨胀而"卡死"。因此应尽量减少液阻,以减少压力损失。

2. 泄漏和能量损失

在正常情况下,从液压元件的密封间隙漏过少量油液的现象叫作泄漏。由于液压元件总存在一定的间隙,当间隙两端有压力差时,有些油液就会从这些间隙中流出,所以液压系统中泄漏现象总是存在的。泄漏可分为内泄漏和外泄漏,内泄漏是元件内部高、低压腔间的泄漏;外泄漏是系统内部油液漏到液压系统外部,如图 3-5 所示。泄漏必然引起流量损失,使液压泵输出的流量不能全部流入液压缸等执行元件,这种损失称为能量损失。

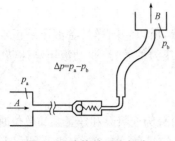

图 3-4 液体的压力损失

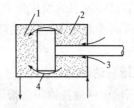

图 3-5 液压缸中的泄漏

1—低压腔；2—高压腔；3—外泄漏；4—内泄漏

第二节 液压泵和液压马达

液压系统是由液压元件——液压泵、液压马达、液压缸、液压控制阀及液压辅件等组成。

在液压系统中，液压泵和液压马达都是能量转换元件。液压泵将原动机的机械能转换成工作液体的液压能，即液压泵在传动中提供具有一定压力和流量的液体，所以它是动力元件。

液压马达是将液压能转换为机械能的能量转换元件。在液压系统中，液压马达用来驱动工作机构，实现旋转运动，所以它属于执行元件。

在液压传动中，液压泵和液压马达都是靠密封容积的变化进行工作的，所以又称为容积式液压泵和液压马达。

一、液压泵和液压马达工作原理

1. 液压泵的工作原理

图 3-6 所示为液压泵的工作原理图，活塞和泵体构成密封油腔，当提起杠杆，活塞随之上升，油腔容积增大，产生局部真空，油箱内的油液在大气压力的作用下顶开单向阀进入油腔，这时液压泵在吸油；当压下杠杆，活塞随之下移，油腔容积逐渐缩小，腔内的油液受到挤压顶开单向阀流到工作系统中去，这就是压油。由上可知液压泵是靠密封容积的变化来实现吸油和压油的，所以称为容积泵。它的工作过程就是吸油和压油的过程。其正常工作的必备条件如下：

(1) 应具备密封容积。
(2) 密封容积能交替变化。
(3) 应有配流装置。
(4) 在吸油过程中，油箱必须与大气相通，这是吸油的必要条件。在压油过程中，实际油压取决于输出油路中所遇到的阻力，即取决于外界负载，这是形成油压的条件。

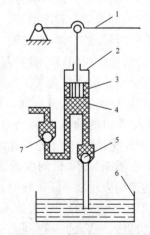

图 3-6 液压泵的工作原理

1—杠杆；2—泵体；3—活塞；4—油腔；
5,7—单向阀；6—油箱

2. 液压马达工作原理

液压马达也是靠密闭容积的变化来进行能量的转换,所以它同样具备液压泵正常工作的前三个条件。它输入的是液压能,通过密闭容积中液体压力的差异,驱动液压马达转子旋转,输出机械能。

3. 液压泵和液压马达种类

按单位时间内所输出的油液体积是否可调,液压泵可分为变量泵和定量泵。单位时间内所输出的油液体积可调节的液压泵是变量泵,不可调节的是定量泵。表3-3为液压泵的图像符号。

表3-3 液压泵的图像符号

单向定量	双向定量	单向变量	双向变量

液压泵和液压马达的种类很多,应用广泛,按其主要运动构件的形状和运动方式来分,主要有齿轮式、叶片式、柱塞式等几种类型。

二、齿轮泵和齿轮马达

1. 齿轮泵工作原理

图3-7所示为外啮合齿轮泵的工作原理图。泵体内装有一对外啮合齿轮,齿轮两侧靠端盖密封。泵体、端盖和齿轮的各齿间组成密封容积,两齿轮的齿顶和啮合线把密封容积分为两部分,即吸油腔和压油腔。当齿轮按图示方向旋转时,泵的右侧(吸油腔)由于齿轮脱开啮合,轮齿退出齿间,使密封容积逐渐增大,形成局部真空。油液在大气压作用下,由油箱经油管被吸入腔内,充满齿间。随着齿轮的旋转,吸入齿间的油液被带到泵的左腔(压油腔)。而左侧油腔,由于轮齿逐渐进入啮合,使密封容积不断减小,齿间的油液被压出泵外。当马达带动齿轮泵不断旋转时,轮齿脱开啮合的一侧,由于密封容积变大而不断地从油箱吸油;轮齿进入啮合的一侧,由于密封容积减小

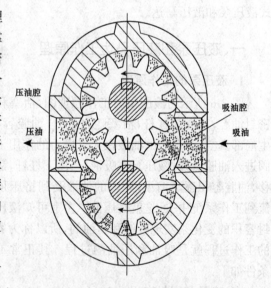

图3-7 外啮合齿轮泵工作原理图

则不断地压油。这就是外啮合齿轮泵的工作原理,内啮合齿轮泵的工作原理也是利用齿间密封容积的变化来实现吸油和压油的,它主要由内、外转子组成。这里不详细介绍。

为了保证齿轮泵能够正常地工作,必须保证始终有一对轮齿啮合,一般取重叠系数 $\varepsilon=1.05\sim1.1$。由于前一对齿尚未脱开啮合前,后一对齿就开始进入啮合,在两对啮合轮齿之间

就形成了封闭空间,称闭死容积。闭死容积中的油液随着轴的转动会使压力急剧上升,使齿轮轴受到很大的径向力。为了减小这种困油现象,在侧板上开有卸荷槽,卸荷槽与压油腔相通,如果齿轮泵出现故障拆卸时,一定要注意卸荷槽的位置,不能搞错。

作用在齿轮外圆上的液体压力是不相同的。吸油腔压力最低,压油腔压力最高,其结果产生一个合力始终作用在轴上,使齿轮轴的轴承在一个方向磨损,结果使齿轮顶部和壳体的间隙增大,降低了泵油的效率。这是影响齿轮泵磨损失效的主要原因。

外啮合齿轮泵结构简单,制造方便,价格低廉,工作可靠,自吸能力强,对油液污染不敏感,目前应用比较广泛。但这种齿轮泵噪声大,输油量不均,由于压油腔的压力大于吸油腔的压力,使齿轮和轴承受到径向不平衡的液压力的作用,其结果不仅加速了轴承的磨损,甚至使轴弯曲变形,造成磨损严重,泄漏大,尽管通常采用减小压油口的方法,以减小高压油在齿轮上的作用面积,来降低径向不平衡力,但也限制了工作压力的提高。

2. 齿轮马达工作原理

齿轮马达的工作过程与齿轮泵相反,如图3-8所示,输入高压油后,高压腔内的各轮齿均受高压作用,由于各齿廓面在两个方向的受力面积存在差异,而产生力矩,处于低压腔的各轮齿也产生液压力矩,与高压腔产生的力矩相反,它们的和就是马达输出的力矩。

图中 C 为两齿轮的啮合点。设轮齿高为 h,啮合点到齿根的距离分别为 a 和 b,在高压腔内的所有轮齿均受压力油作用,a 和 b 都小于 h,所以互相啮合的两个齿面,只有一部分使轮齿产生转矩,即齿面1上的作用力 $p_1 B(h-b)$,齿面 $1'$ 上的作用力 $p_1 B(h-a)$,其中 B 为齿宽。处于低压腔的各齿面也一样,作用力 $p_2 B(h-b)$ 作用在齿面1上,齿面 $1'$ 上的作用力 $p_2 B(h-a)$,对齿轮产生反转矩,由于 p_1 大于 p_2,两齿轮按图示方向旋转。随着齿轮的旋转,油液被带到低压腔排出。

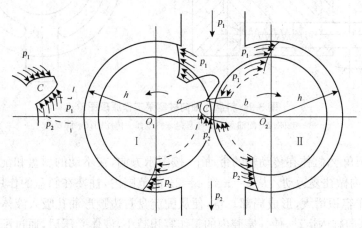

图3-8 齿轮马达的工作原理

3. 齿轮泵和齿轮马达的结构特点

齿轮泵和齿轮马达的结构基本一致,但齿轮马达需要带负载启动,要求能够正反运转,所以,齿轮马达在实际结构上与齿轮泵还是有差别的,其结构特点主要有以下三个方面。

(1)进、出油道对称,孔径相同,以便正反运转时性能一致。

(2)凡需卸荷处,均采用外泄露油孔。因为马达回油有背压,另一方面马达正反转时,其进、出油腔也互相变换,如采用内部泄油,易损坏轴端密封。

(3)卸荷槽是对称布置的,应用滚动轴承较多,改善启动性能。

三、轴向柱塞泵和轴向柱塞马达

轴向柱塞泵和轴向柱塞马达是指柱塞在缸体内轴向排列的,即柱塞轴线平行缸体旋转轴线,利用柱塞在有柱塞孔的缸体内往复运动,使密封容积发生变化而实现其功用的。

由于柱塞和柱塞孔均为圆柱面,容易得到高精度的配合,密封性能好,在高压下工作有较高的容积效率,同时,只要改变柱塞的行程就能改变泵的流量,故易于实现流量的调节及液流方向的改变,所以轴向柱塞泵和轴向柱塞马达具有压力高、结构紧凑、效率高以及流量调节方便等优点。缺点是结构复杂,价格较高。

按其结构不同可分为斜盘式和斜轴式两大类,现以斜盘式轴向柱塞泵和轴向柱塞马达的工作原理作一介绍。

1. 轴向柱塞泵工作原理

斜盘式轴向柱塞泵由缸体、配油盘、传动轴、柱塞、斜盘等主要零件组成,如图3-9所示。

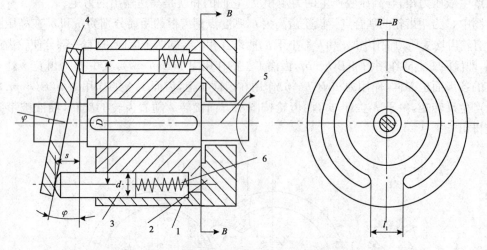

图3-9 斜盘式轴向柱塞泵工作原理图
1—缸体;2—配油盘;3—柱塞;4—斜盘;5—传动轴;6—弹簧

斜盘具有倾角 γ,缸体在传动轴的带动下,按图示方向,在不动的斜盘和配油盘之间转动时,柱塞在缸体内做往复运动。从 $\varphi=\pi$ 到 $\varphi=2\pi$ 的范围内,柱塞在斜盘的作用下向外伸出,柱塞腔内的工作容积增大,形成局部真空,便从配流盘右边腰形油孔吸入液体,在从 $\varphi=0$ 到 $\varphi=\pi$ 之间,柱塞向缸内运动,使柱塞腔内的工作容积减小,液体受压后,通过配流盘左边的腰形油孔排出。

2. 轴向柱塞马达工作原理

同类型的泵和马达只是使用的目的不同,马达是将液压能转换为机械能的装置,是泵的可逆元件。轴向柱塞马达与泵相比在结构上略有差异,但从原理上讲它们之间是可逆的,它们的组成零件也只是大同小异。如图3-10所示为斜盘式轴向柱塞马达的工作原理图。

轴向柱塞马达工作时斜盘和配流盘是固定的,柱塞放置在缸体中,缸体与轴连接。压力油输入液压马达的进油腔,压力油把处于压力油腔位置的柱塞推出,压在斜盘端面上;同时斜盘把处于低压回油腔位置的柱塞推入缸体,并把油挤回油箱。通过对斜盘和滑靴之间的受力分析可以看到,斜盘通过滑靴给柱塞一个作用力,它分解成两个分力,分力沿柱塞轴线向右,与柱塞所受液压力平衡,另一分力与柱塞轴线垂直向上,处于压油腔的柱塞切向分力大于处于回油腔的柱塞的切向分力,所以将产生力矩用以驱动液压马达做功。液压泵的输出压力是由负载决定的,液压马达的输出扭矩也是随负载而变化的。

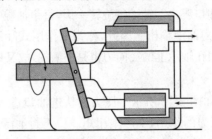

图 3-10　轴向柱塞马达工作原理图

四、叶片泵和叶片马达

1. 叶片泵的结构及工作原理

叶片泵和叶片马达在捣固车的液压系统中应用较广,而且其选用型号均为国外品牌,现结合捣固车上采用的 T6DC 系列双联叶片泵和 T2SDCB 系列三联叶片泵作以介绍。

该系列叶片泵为双作用、卸荷式液压泵,其结构如图 3-11 所示。

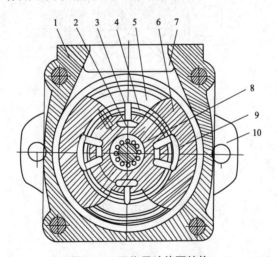

图 3-11　双作用叶片泵结构
1—泵体;2—弹簧;3—叶片;4—转子;5—定子;6—配流盘;7—进油口;8—轴;9—出油口;10—法兰盘

叶片泵的定子 5、配流盘 6 和转子 4 之间用销钉固定,左右配流盘和定子所形成的空间内装有转子 4,在转子 4 上均匀布有叶片槽,槽中装有配合很好的叶片 3,为了使叶片与定子接触紧密,叶片下部有弹簧 2,这样转子、叶片、定子和左右配流盘所包围的空间就形成了密闭的工作容积。配流盘上对称地开有进油口 7 和出油口 9,转子 4 用花键与轴 8 连接。轴的末端支承在配流盘上的轴承套上,另一端装有滚珠轴承。

双联叶片泵是在同一泵体和轴上装有两套定子、转子及配流盘。三联叶片泵是在同一泵体和轴上装有三套定子、转子及配流盘。

发动机运转时,油泵离合器接合后,油泵转子旋转,叶片在转子内受到离心力和弹簧的作用下,紧贴定子内表面,定子、转子和配流盘所形成的密封容积被叶片分割成若干块。当叶片通过左右两个进油口时,两叶片与定子和转子之间所形成的容积由小变大开始吸油。之后容积由大变小使油液产生压力,从出油口压出。转子每旋转一周,每个油腔完成两次吸油和两次压油,转子连续旋转就产生连续的压力油液输出。因此,称为双作用式叶片泵,由于两个进油口和出油口对称于旋转轴,压力油作用在轴承上的径向力也是平衡的,故又称为卸荷式液压泵。

2. 叶片马达工作原理

叶片马达的工作原理,如图3-12所示。压力油从进油口进入叶片之间时,位于进油腔处的叶片5由于两面受到油压力的作用,不产生扭矩。位于封油区的叶片1、3,一面受高压油的作用,另一面受回油路的低压油作用,由于压力不等,因而产生扭矩。同时,叶片1、3和叶片2、4的受力方向相反,叶片1、3产生的扭矩使转子顺时针旋转,叶片2、4产生的扭矩使转子逆时针旋转。但是叶片1、3的伸出长度大、作用面积大,产生的扭矩大于叶片2、4所产生的扭矩,因而转子作顺时针旋转。叶片1、3和叶片2、4的扭矩差,就是液压马达的输出扭矩。这种叶片马达是双作用式定量马达。

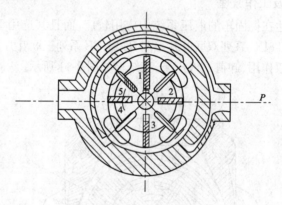

图3-12 叶片马达工作原理

第三节 液 压 缸

液压缸是液压系统中的一种执行元件,它是将液压能转变为机械能的转换装置。一般用于实现直线往复运动或摆动。

一、活塞式液压缸的常见类型

常见活塞式液压缸的类型及特点见表3-4。

表 3-4 常见活塞式液压缸的类型及特点

分类	名 称	符 号	说 明
单作用液压缸	柱塞形液压缸		柱塞仅单向运动,返回行程是利用自重或负荷将柱塞推回
	单活塞杆液压缸		柱塞仅单向运动,返回行程是利用自重或负荷将柱塞推回
	双活塞杆液压缸		活塞的两侧都装有活塞杆,只能向活塞单侧供压力油,返回行程通常利用弹簧力、重力或外力
	伸缩液压缸		它以短缸筒获得长行程。活塞为多段套筒形的单作用油缸。利用外力实现返回行程
双作用液压缸	单活塞杆液压缸		活塞两侧供油,活塞一侧装有活塞杆,活塞双向运动
	双活塞杆液压缸		活塞两侧装有活塞杆,两侧供油,活塞左右移动速度和行程相等
	双活塞杆液压缸	A B A	两个活塞同时反向移动,由 A 进油两个活塞杆同时缩回;由 B 进油两个活塞杆同时伸出
	伸缩液压缸		它以短缸筒获得长行程。活塞为多段套筒形的单作用油缸。返回行程也用油压力

二、活塞式液压缸的构造

1. 双出杆活塞式液压缸

双出杆活塞式液压缸的特点是:被活塞分隔开的液压缸两腔中都有活塞杆伸出,且两活塞杆直径相等;当流入两腔中的液压油流量相等时,活塞的往复运动速度和推力相等。它由缸体、活塞、端盖、两个活塞杆等组成。当液压缸右腔进油,左腔回油时,活塞左移,反之活塞右移,如图 3-13 所示。

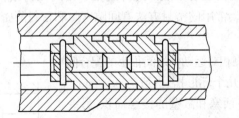

图 3-13 双出杆活塞式液压缸

2. 单出杆活塞式液压缸

单出杆活塞式液压缸仅一端有活塞杆,所以两腔工作面积不相等。图 3-14 所示为实心单出杆活塞式液压缸结构,它由无缝钢管缸体、整体式活塞、两个端盖组成。右腔进油,活塞向左运动;左腔进油,活塞向右运动。

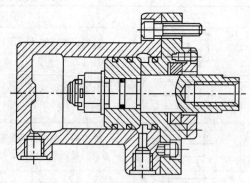

图 3-14　单出杆活塞式液压缸

3. 单出杆活塞式液压缸与双出杆活塞式液压缸的区别

单出杆活塞式液压缸与双出杆活塞式液压缸比较,有如下特点:
(1)活塞往复运动速度不相等。
(2)活塞两个方向的作用力不相等。
(3)液压缸的运动范围小。

4. 活塞

活塞在缸筒内做往复运动。因此,必须具备很好的滑动性能,并且在规定压力下,保证良好的密封,以使泄漏减到最小,在运动时不能损伤缸筒的内表面。同时,活塞受到高压以及端盖冲击力的作用,因而活塞的材料和结构必须有足够的强度。通常活塞的材料采用铸铁或钢,一般要求比缸筒材料稍软,活塞上装有密封件及减磨材料,按照使用压力、运动速度及用途的不同,活塞密封件的种类和活塞部分的构造也是不同的,而活塞的宽度则由所采用的密封件形式和数量来决定。活塞上也常采取一些缓冲的结构措施。活塞与活塞杆的连接一定要安全可靠。

三、液压缸的密封

液压缸密封性能的好坏直接影响液压缸的工作性能和效率,因此要求液压缸所选用的密封元件,在一定工作压力下具有良好的密封性能。并且,密封性能应随着压力升高而自动提高,使泄漏不致因压力升高而显著增加。此外还要求密封元件结构简单、寿命长、摩擦力小,不致产生卡死、爬行现象。常用的密封方法有间隙密封和密封圈密封。

1. 间隙密封

如图 3-15 所示,它依靠相对运动件之间很小的配合间隙来保证密封。活塞上开几个环形槽(一般为 0.5 mm × 0.5 mm),一方面可以减少活塞和缸壁的接触面积,另一方面,由于环形槽中的油压作用,活塞处于中心位置,减小由于侧压力所造成活塞与缸壁之间的摩擦,并可减少泄漏。这种密封方法的摩擦力小,但密封性能差,加工精度较高,只适用于尺寸较小、压力较低、运动速度较高的场合。其间隙值可取 0.02~0.05 mm。

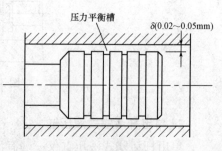

图 3-15　间隙密封

2. 密封圈密封

密封圈密封是液压系统中应用最为广泛的一种密封方法。密封圈是用耐油橡胶、尼龙等制成，其截面通常做成 O 形、Y 形、V 形、U 形、L 形等。它具有制造容易、使用方便、密封可靠、能在各种压力下可靠工作等一系列优点。

O 形密封圈是一种断面形状为圆形的密封元件。它应用广泛，可用于固定件密封，亦可用于运动件的密封。O 形密封圈结构简单，密封性能好，有自动提高密封效果的作用。这种密封圈的缺点是当压力较高或沟槽尺寸选择不当时，密封圈容易被挤出而造成剧烈磨损。为此，当工作压力大于 10 MPa 时，要在其侧面放置挡圈。如图 3-16 所示，在运动速度较高的液压缸中，可采用 Y 形密封圈，这种密封圈适应性强，可用于液压缸和活塞密封，以及活塞杆的密封，如图 3-17 所示。

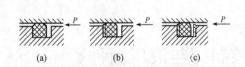

图 3-16 O 形密封圈的正确使用

(a) $p<10$ MPa；(b) 单向压力 $p>10$ MPa；(c) 双向压力 $p>10$ MPa

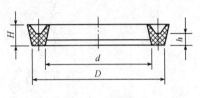

图 3-17 Y 形密封圈

V 形密封圈由形状不同的支承环、密封环和压环组成，如图 3-18 所示。这种密封圈接触面大，密封性能好，但摩擦力大，所以在移动速度不高的液压缸中应用较多。

Y 形和 V 形密封圈的密封性能是通过压力油作用，使它们两边张紧在密封表面而实现的，油压越大密封性能就越好。在使用时要注意安装方向，使其在压力油作用下能够张开。

四、液压缸的缓冲和排气

1. 液压缸的缓冲

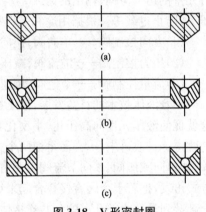

图 3-18 V 形密封圈

液压缸的缓冲结构是为了防止活塞在行程终了时，由于惯性力的作用与缸盖发生撞击。缓冲原理是活塞在接近缸盖时，增大回油阻力，以降低活塞运动阻力，从而避免活塞撞击缸底。常用缓冲结构如图 3-19 所示，它由活塞凸台和缸盖凹槽构成。当活塞移近缸盖时，凸台逐渐进入凹槽，将凹槽内的油液经凸台和凹槽之间的缝隙挤出，增大回油阻力，产生制动作用，从而实现缓冲。

2. 液压缸的排气

液压系统中渗入空气后，会影响运动的平稳性，引起活塞低速运动时爬行和换向精度下降等，甚至开车时，会产生运动部件突然冲击现象。为了便于排除积留在液压缸内的空气，油液最好从最高点进入和引出。对运动平稳性要求较高的液压缸常在两端装有排气塞，如图 3-20 所示为排气塞结构。工作前拧开排气塞，使活塞全行程空载往复数次，空气即可通过排气塞排出。空气排净后，需把排气塞闭死再进行工作。

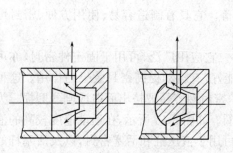
图 3-19 液压缸缓冲结构

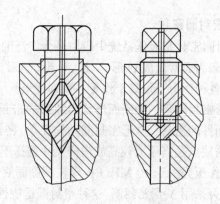
图 3-20 液压缸排气塞结构

第四节 液压控制阀与液压辅件

液压控制阀是液压系统的控制元件,用来控制和调节液流方向、压力和流量,从而控制执行元件的运动方向、输出的力或力矩、运动速度、动作顺序,以及限制和调节液压系统的工作压力,防止过载等。根据用途和工作特点的不同,控制阀可分为以下三大类。

(1)方向控制阀——单向阀、换向阀。
(2)压力控制阀——溢流阀、减压阀、顺序阀。
(3)流量控制阀——节流阀、调速阀。

随着液压技术的日益发展,液压控制阀的用量越来越多,要求尽量减小它们的几何尺寸,这就促使液压元件向高压化、小型化和集成化发展,从而使液压控制元阀的结构亦发生相应的改进。在改进中,一方面是把两个或多个液压控制阀装在一个公用的阀体内组成一种复合阀,如单向减压阀、单向节流阀以及由若干个单向阀组成的逻辑阀等;另一方面是从改进连接方式出发,把若干个阀直接叠合起来组成无连接管路的叠加阀,如多路换向阀;或是把许多阀全部装到具有内部孔道的公共连接体上组成一个整体,称为集成块。另外,为了便于生产、使用和维护,国内外的液压控制阀均以按压力等级、额定流量或公称通径等组成各种规格的标准系列。

液压控制阀,还可按压力高低、控制方式、结构形式和连接方式等不同来分类,在此不做介绍。

一、方向控制阀

控制油液流动方向的阀称为方向控制阀,简称方向阀,它分为单向阀和换向阀两大类。

1. 单向阀

单向阀的作用是只许油液按一个方向流动,不能反向流动。图 3-21 所示为常用单向阀。它由阀体 1、阀芯 2 和弹簧 3 等零件构成。阀芯可分为钢球式和锥阀式两种。钢球式阀芯结构简单,如图 3-21(a)所示,但密封性能不如锥体式,锥体式阀芯结构如图 3-21(b)所示。

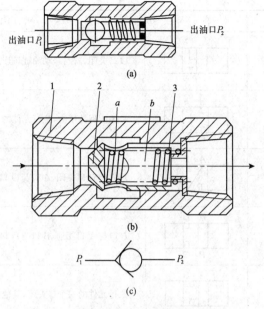

图 3-21 单向阀结构
(a)钢球式阀芯;(b)锥体式阀芯;(c)图形符号
1—阀体;2—阀芯;a—径向孔;b—内孔

单向阀一般只在低压、小流量的系统中使用。下面以锥体式为例说明单向阀的工作原理。当压力油从进油口 P_1 流入时,克服弹簧 3 的作用力,顶开阀芯 2,经过阀芯 2 上的四个径向孔 a 及内孔 b 从出油口 P_2 流出。当油液反向流动时,在弹簧和压力油的作用下,阀芯 2 的锥面压紧在阀体 1 的阀座上,使油液不能通过。弹簧 3 用于克服摩擦力,做得很软。一般单向阀开启压力为 $0.35×10^5$ ~ $0.5×10^5$ Pa。图 3-21(c)所示为单向阀的图形符号。

2. 换向阀

换向阀的作用是利用阀芯和阀体间的相对位置的改变,来控制油液的流动方向,接通和关闭油路,从而改变液压系统的工作状态。现就三位四通滑阀作以介绍,表 3-5 为三位四通滑阀形式表。

表 3-5 三位四通滑阀形式表

代号	特点	符号	作用机能
O	中间封闭	A B / P O	全部关闭,油不流动
M	PO 连接	A B / P O	A、B 口关闭,P 与 O 相遇,泵卸载
H	中间开启	A B / P O	全部接通,液压泵卸载,执行元件成浮动状
Y	ABO 连接	A B / P O	P 口关闭,执行元件成浮动状

续表

代号	特点	符号	作用机能
P	PAB 连接		O 口关闭,若与差动油缸口连通,成差动回路
J	BO 连接		P 关闭保持压力,执行元件的 A 口关闭,B 口通回 O 口
N	AO 连接		P 口与 B 口关闭,A 口与 O 口相通
C	PA 连接		P 口与 A 口相通,B 口与 O 口关闭
K	PAO 连接		执行元件的一个口关闭,其他接通,用于油泵卸荷
X	半开启连接		四口半开启相通,P 口的油保持一定压力

为了改变液流方向,阀芯在阀体内停留的工作位置称为"位";所谓"通"就是阀体与液压系统主油路相连接的油口。表中图形符号中的方框表示"位"数,方框内的→表示阀内部的油路相通及油液流动方向,符号⊥表示阀内部油道隔断不通。图 3-22 所示为手动换向阀,在图示位置,P、O、A、B 油口互不相通,当搬动手柄使阀芯向右时,P 通 A,B 通 O;当搬动手柄使阀芯向左时,P 通 B,A 通 O 实现换向,手离开手柄时,阀芯在弹簧力的作用下自动复位。

手动换向阀是利用手动杠杆改变阀芯位置来控制液流方向和油路通断的。图 3-22 为弹簧自动复位式,搬动手柄时阀芯移动,即可实现换向;松开手柄时阀芯在弹簧的作用下自动复位。

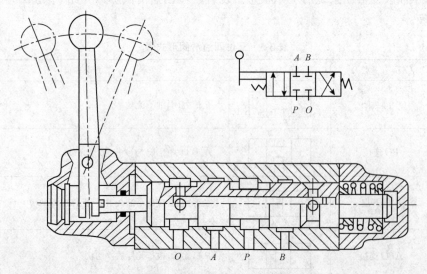

图 3-22 弹簧自动复位手动换向阀

二、压力控制阀

在液压系统中,控制工作液体压力的阀称为压力控制阀,简称压力阀。常用的压力控制阀有溢流阀、减压阀、顺序阀等。它们的共同特点是:利用油液压力和弹簧力相平衡的原理来进行工作。在此就养路设备中普遍采用的溢流阀作一介绍。

溢流阀的作用主要有两个方面:①起溢流和稳压作用;②起限压保护作用(又称安全阀)。溢流阀一般接在液压泵出口的油路上。由于结构不同分为直动式和先导式。

1. 工作原理

图 3-23 所示为溢流阀的工作原理示意图。图中 $F_{簧}$ 为溢流阀调节的弹簧力,p 为作用在滑阀端面上的液压力,滑阀在弹簧力的作用下往下移,阀口关闭,没有油液流回油箱。当系统压力升高到一定限度,使作用在滑阀上的力足以克服弹簧力时,阀体上移,阀口打开,部分油液流回油箱,限制系统压力继续升高,使系统压力值保持恒定。调节弹簧压力,即可调节系统压力的大小,所以溢流阀工作时阀芯随着系统压力的变化而上下移动,从而维持系统压力近于恒定。

2. 直动式溢流阀

直动式溢流阀是使作用在阀芯上进油压力直接与弹簧力相平衡。图 3-24(a)是直动式溢流阀的结构图。P 为进油口,O 为出油口,进口压力油经阀芯中间小孔 a 作用在阀芯底部端面上。当进油压力较小时,阀芯在弹簧的作用下处于下端位置,将 P 和 O 口隔开。当压力升高,在阀芯下端所产生的作用力超过弹簧力时,阀芯上移,阀口被打开,将多余的油液排回油箱,保持进口压力近于恒定。阻尼孔 a 用来避免阀芯动作过快造成振动,以提高阀的工作平稳性。调整螺帽可以改变弹簧力,也就调整了溢流阀进口压力 p。直动式溢流阀的滑动阻力大,当流量较大时,阀的开口大,使弹簧有较大的变形量,这样,阀所控制的压力,随着溢流流量的变化而有较大的变化,故只适用于低压系统中。图 3-24(b)所示为溢流阀的图形符号。

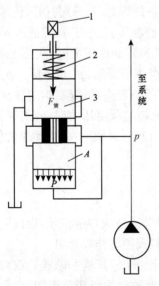

图 3-23 溢流阀工作原理
1—调压螺钉;2—弹簧;3—滑阀

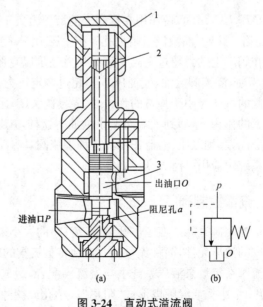

图 3-24 直动式溢流阀
(a)直动式溢流阀;(b)图形符号
1—调压螺钉;2—弹簧;3—滑芯

3. 先导式溢流阀

如图 3-25 所示，先导式溢流阀由先导阀和主阀组成。先导阀为锥阀式，用来控制压力；主阀是滑阀式，用来控制溢流流量。如图 3-26 所示，为先导式溢流阀工作原理图，压力油 p 经通道 a 进入主阀芯下端油腔 A，并经节流小孔 b 进入其上腔，再经通道 c 进入先导阀右腔 B，给锥阀以向左的作用力，调压弹簧给锥阀以向右的弹力。在稳定状态下，当压力 p 较小时，锥阀上的液压作用力小于弹簧的弹力，先导阀关闭。此时，没有油液流过节流小孔 b，腔 A 和腔 B 压力相同，在弹簧的作用下，主阀阀芯处于最下端位置，主阀关闭，没有溢油。因为弹簧只需要克服阀芯的摩擦力，故可以做得很软，称为平衡弹簧（主阀弹簧）。

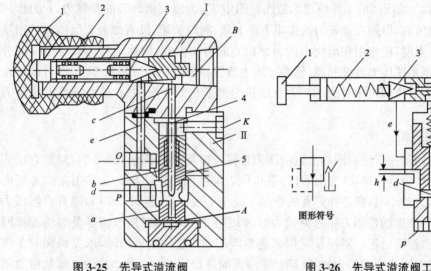

图 3-25 先导式溢流阀
1—调节螺钉；2—调压弹簧；
3—锥阀；4—主阀弹簧；5—阀芯

图 3-26 先导式溢流阀工作原理
1—调节螺钉；2—调压弹簧；
3—锥阀；4—主阀弹簧；5—阀芯

如果压力 p 增大，使作用在锥阀上的液压力大于弹簧的弹力，先导阀打开，使油液经通道 e 流回油箱。这时，油液流过阻尼孔 b 产生压力降，使 B 腔油压 p_1 小于 A 腔油压 p，当此压力差作用在阀芯上的力超过主阀弹簧的弹力且足以克服其自重和摩擦力时，阀芯上移，使 P 口和 O 口相通，溢流阀溢油，使油压 p 不超过调定压力。当 p 下降时，p_1 也下降。p_1 降低到作用在锥阀的液压力小于弹簧的弹力时，先导阀关闭，阻尼孔 b 没有油液流过，$p_1=p$，主阀芯在平衡弹簧的作用下，移到下端而停止供油。这样，在系统超过调定压力时，溢流阀溢油，不超过则不溢油，起到限压、溢流作用。这种溢流阀具有压力稳定、灵敏度高、波动小的优点，在中压液压系统中应用广泛。

三、流量控制阀

流量控制阀是靠改变工作开口（节流口）的大小来调节通过阀口的流量，以改变执行机构运动速度的液压元件，简称流量阀。在此将节流阀的结构及原理作以介绍。

节流阀在定量泵液压系统中与溢流阀配合，组成调速系统，其基本原理是在油液的通道上，设置一个小孔或缝隙以形成"阻尼"。小孔或缝隙可调的称为可调节流阀；小孔或缝隙不可调的称为固定节流阀。节流阀和单向阀可组合成单向节流阀。

图 3-27 所示为 L 形节流阀（普通节流阀）。压力油从进油口 P_1 进入阀内，经孔 b、阀芯 1

左端的轴向三角槽(节流口)进入孔道 a,从出油口 P_2 流出。调节手柄 3 通过推杆 2 使阀芯 1 移动,调节节流口的大小,从而达到调节流量的目的。

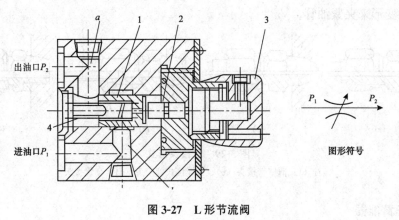

图 3-27　L 形节流阀
1—阀芯;2—推杆;3—手柄;4—弹簧

四、液压辅件

1. 油箱

油箱用来储油、散热、分离油中空气和杂质。在液压系统中,可以利用机床床身或底座内的空间作油箱,也可以采用单独的油箱,如图 3-28 所示。

油箱设置吸油口、回油口、注油口、放油口、油标、通气孔及滤网等。油箱四周要密封。

2. 油管和管接头

液压传动中,常用的油管有钢管、铜管、塑料管、尼龙管、橡胶软管等。使用时,可根据用途选择,具体见表 3-6。

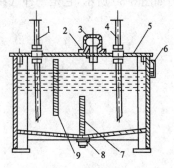

图 3-28　油箱结构
1—吸油管;2—滤网;3—盖;4—回油管;5—盖板;6—油标;7,9—隔板;8—放油塞

表 3-6　管子材料及应用场合

种类	用　　途	特　　点
钢管	在压力较高的管道中优先采用,常用 10 号、15 号冷拔钢管	能承受高压,油液不易氧化,价格低廉,但装配弯曲困难
紫铜管	在中低压系统中采用,常配以扩口管接头,机床上应用较多	装配时弯曲方便,抗振能力较弱,易使油液氧化
尼龙管	中低压系统采用,耐油压可达 $25×10^5$ Pa	能代替部分紫铜管,价格低廉,寿命短
橡胶软管	高压软管是由耐油橡胶夹 1~3 层钢丝编织网或钢丝绕层做成,用于中压	装配方便,能减轻液压系统的冲击,但价格较高,寿命不长

管接头是油管与油管、油管与液压元件间的连接件。管接头的种类很多,按接头的通路分为直通、直角、三通等形式;按油管与管接头的连接方式有焊接式、卡套式、管端扩口式和扣压式等形式。图 3-29(a)所示为扩口式薄壁管接头,适用于铜管和薄壁管连接,也可用于连接

尼龙管和塑料管。图3-29(b)、(c)所示是焊接式管接头，它适用于连接管壁较厚的油管，用于压力较高的系统中。图3-29(d)是卡套式管接头，当旋紧螺帽时，利用卡套两端的锥面，使卡套产生弹性变形来夹紧油管。

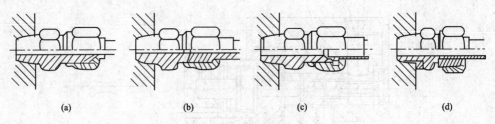

图 3-29 管接头形式
(a)扩口式薄壁管接头；(b)、(c)焊接式管接头；(d)卡套管接头

3. 液压蓄能器

液压蓄能器是一种能够储存液体压力能，并在需要时将它释放出来的能量储存装置。蓄能器在液压系统中有吸收脉冲压力和冲击压力的作用，使执行元件运动平稳。液压蓄能器的结构如图3-30所示，它是一种气囊式蓄能器，由钢制的壳体、充气阀、气囊和提升阀组成。

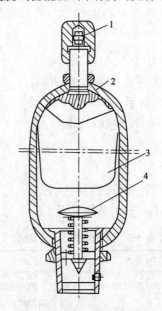

图 3-30 液压蓄能器结构
1—充气阀；2—壳体；3—气囊；4—提升阀

气囊用耐油橡胶制成与充气阀压制在一起，固定在壳体内的上半部。充气阀只在液压蓄能器不工作时向气囊中充气，液压蓄能器工作时充气阀始终关闭。气囊外部有压力油液，气囊内部充有一定压力的氮气，气体的体积随着蓄能器内的油液压力的升降而变化。

蓄能器并联在液压系统的油路中，液压系统工作时压力油液从蓄能器下部进入，通过提升阀进入蓄能器内，随着油液压力增大气囊被压缩，气囊内的氮气压力升高，使液压能变为气体的压缩能储存起来。当液压系统中的压力降低时，气囊膨胀，把蓄能器内的油液挤出，补偿系统中的压力降，保持系统油压力稳定。

液压系统卸荷后,蓄能器内的油液将完全排出时,膨胀的气囊将挤压提升阀门,克服弹簧的作用力使其关闭,避免损坏气囊。

第五节 液压基本回路

液压基本回路是用液压元件组成并能完成特定功能的典型回路。对于任何一种液压系统,不论其复杂程度如何,实际上都是由一些液压基本回路组成的。常用的基本回路按功能可分为方向控制回路、压力控制回路、速度控制回路和顺序控制回路四大类。

一、方向控制回路

控制液流的通断和流动方向的回路称为方向控制回路。

1. 换向回路

液压系统中执行元件的换向动作大都是由换向阀实现的。图3-31所示为换向回路,其原理不再赘述。根据执行元件的换向要求,选择相应的换向阀即可。

2. 闭锁回路

为了使执行元件在任意位置停止及防止其停止后窜动,可采用闭锁回路。如图3-32所示为三位四通O形机能换向阀的闭锁回路。当阀芯处在中间位置,液压缸的工作油口被封闭。由于缸的两腔都充满油液,而油液又是不可压缩的,所以向左或向右的外力都不能使活塞移动,于是活塞被双向闭锁。通过控制换向阀,可使活塞锁紧在任何位置。这种闭锁回路结构简单,方便可靠,但由于换向阀密封性差,存在泄漏问题。

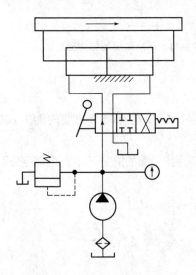

图3-31 用换向阀的换向回路

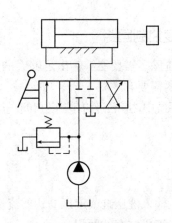

图3-32 O形机能换向阀的闭锁回路

二、压力控制回路

压力控制回路主要是调节系统或系统的某一部分压力。可用来实现调压、减压、增压、卸载等控制,满足执行元件在力或力矩上的要求。在此就调压和卸载回路做以介绍。

1. 压力调定回路

很多液压传动机械在工作时,要求系统的压力能够调节,以便与负载相适应,这样才能节省动力消耗,减少油液发热。还要求整个系统或系统的某一部分的压力保持恒定,或者限定其最高值,这就需要应用主要由溢流阀组成的调压回路。常用图 3-33 所示压力调定回路来调节与恒定系统压力,其工作原理在介绍溢流阀时已详述了。由溢流阀的工作原理可知,为了使系统压力近于恒定,液压泵输出的油液除满足系统用油和补偿泄漏外,还必须保证有油液经溢流阀流向油箱。这种压力调定回路,结构简单,一般用于流量不大的系统中。

2. 卸载回路

当液压系统中的执行元件停止运动后,卸载回路可使液压泵输出的油液以最小的压力流回油箱,这样就可以节约驱动液压泵马达的动力消耗,减小系统发热,并延长液压泵的使用寿命。图 3-34 所示为采用三位换向阀的卸载回路,其滑阀机能为 M、H 等类型,当滑阀处于中间位置时,液压泵输出的油液可以直接经换向阀的中间通道流回油箱,实现液压泵卸载。

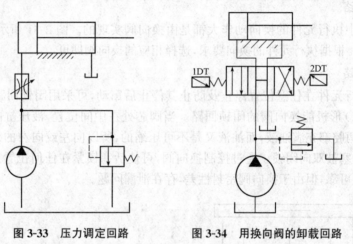

图 3-33　压力调定回路　　　图 3-34　用换向阀的卸载回路

三、速度控制回路

液压系统除了需要能够输出足够大的力和力矩外,还要具有调节速度的能力,以适应外载速度变化的需要。

在液压系统中,执行元件有液压缸和液压马达。在不考虑泄漏的情况下,它们的速度分别为:

液压缸
$$v = \frac{Q}{A}$$

液压马达
$$n = \frac{Q}{q}$$

式中　Q——输入液压缸或液压马达的流量;
　　　A——液压缸有效面积;
　　　q——液压马达排量。

由此可知,要想调速,可通过改变流量、几何尺寸或排量来实现,改变流量的方法是使用变量泵或流量控制阀;改变排量的方法是使用变量马达,改变液压缸的有效面积比较困难,一般不采用。液压调速方法一般有以下几种。

(1)节流调速。以定量泵供油,利用流量控制阀调节进入执行元件的流量 Q 来实现调速的方法。

(2) 容积调速。用改变变量泵和变量马达排量的方式进行速度的调节。

(3) 容积节流调速。它是综合以上两种基本调速方法的特点,并在此基础上合成的一种调速方法。

(4) 分级调速。将几台液压泵并联,采用单独供油或集中供油,或改变液压马达的串、并联等方法得到多种速度。

1. 进油节流调速回路

如图 3-35 所示为节流阀装在执行元件的进油路上的进油节流调速回路,定量泵输出的流量为定值,其输出压力由常开式溢流阀调定为定值。活塞的运动速度由节流阀输出的流量大小控制,多余的流量经溢流阀分流。液压缸活塞在工作腔油液压力作用下,克服负载向右移动(即压力油进入无杆腔)。

2. 变量泵-定量马达的容积调速回路

图 3-36 所示为变量泵 3 与定量马达 5 组成的容积调速回路。通过改变变量泵的排量就可以调节液压马达的转速。安全阀 4 用以防止高压管路的过载,低压辅助泵 1 用以向变量泵的低压管路补油,并在低压溢流阀 6 的作用下保持一定的补油压力,以改善泵的吸油状况。

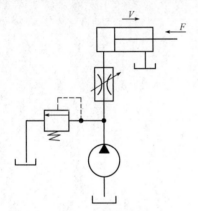

图 3-35 进油节流调速回路

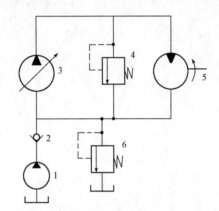

图 3-36 容积调速回路
1—低压辅助泵;2—单向阀;3—变量泵;
4—安全阀;5—定量马达;6—低压溢流阀

另外,除上述的方向控制回路、压力控制回路和速度控制回路外,还有顺序控制回路。关于顺序控制回路的内容,可参考相关书籍,本节不做系统介绍。

习题三

1. 液压传动系统应具备哪些基本性能?
2. 液压系统可分为哪些部分?各部分包括哪些元件,其作用是什么?
3. 液压传动的原理是什么?
4. 液压系统的压力是如何建立的?
5. 试述液压泵的工作原理,正常工作必须具备的条件。

6. 外啮合齿轮泵的特点有哪些？
7. 试述轴向柱塞马达的工作原理。
8. 试述液压缸的作用及常用密封方法。
9. 液压缸为什么要设置缓冲和排气机构？
10. 换向阀的"位"和"通"表示什么？
11. 溢流阀的作用是什么？图形符号有哪些？
12. 油箱的作用及结构特点有哪些？
13. 试述蓄能器的作用。
14. 试述闭锁回路的作用。
15. 试述压力控制回路的作用。
16. 画出变量泵-定量马达的容积调速回路。

第四章 内 燃 机

养路机械是流动的作业设备,在区间作业地点通常没有可供使用的动力电源,施工作业多采用内燃机直接或间接地提供动力。因此,内燃机在养路机械中占有十分重要的地位。

第一节 内燃机分类及工作原理

一、概述

凡是通过燃烧把燃料所释放出的热能转化为机械能的机器,统称为热机。内燃机是热机的一种,它的特点是燃料在机器内部(气缸)燃烧,燃烧放出大量的热使气体膨胀推动机械做功。蒸汽机与内燃机不同,燃料在机器外部的锅炉内燃烧,将水变为高温、高压的蒸汽,再送至机器内部膨胀做功。燃料在机器外部燃烧,所以蒸汽机又称为外燃机。本章介绍的是往复活塞式内燃机。

1. 内燃机分类

内燃机有许多不同形式,同一台内燃机从不同的角度看所属的类别又有所不同,通常所说的内燃机主要按下列四种方式分类。

(1)按所用的燃料不同分为汽油机和柴油机。
(2)按点火方式不同分为点燃式和压燃式。
(3)按工作循环过程的不同分为四行程和二行程。
(4)按冷却方式不同分为风冷和水冷内燃机。

另外,内燃机还可按气缸数、气缸的排列方式等分类。

2. 内燃机常用术语(参考图 4-1)

(1)上(下)止点。活塞距曲轴旋转中心线最远(近)的点。

(2)行程(冲程)。上下止点间的距离,用符号 S 表示。每当活塞移动一个行程,曲轴就转过半圈(180°)。若用 R 表示曲柄半径,则 $S=2R$。

(3)燃烧室容积。用符号 V_r 表示,活塞在上止点时,指由活塞顶、气缸壁及气缸盖所围成的空间。

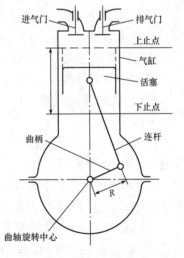

图 4-1 内燃机基本名词术语

(4)工作容积(排量)。用符号 V_s 表示,单缸机为上下止点间的容积,多缸机则是单缸工作容积×气缸数。工作容积表示了内燃机的做功能力,工作容积越大,输出功率越大。

(5)压缩比。用符号 ε 表示,它是气缸最大容积与最小容积的比值,即

$$\varepsilon=(V_s+V_r)/V_r$$

压缩比表示了气体被压缩的程度，压缩比越大，表示压缩终了的气体温度、压力越高。不同的内燃机对压缩比的要求是不一样的，柴油机采用压燃式时，要求的压缩比大一些，ε＝12～22。而汽油机因采用点燃式，故压缩比可小一些，ε＝8～10。

（6）工作循环。内燃机每完成一次吸气、压缩、做功和排气称一个工作循环。完成一个工作循环后若曲轴旋转了720°，则称为四行程内燃机；若曲轴旋转了360°，则称为二行程内燃机。

3. 内燃机的型号表示方法

国家标准《内燃机产品名称和型号编制规则》(GB/T 725—2008)对内燃机的名称和型号编制规则作了统一规定。该规定的主要内容如下。

(1) 内燃机的名称按照所采用的主要燃料命名，如柴油机、汽油机、煤气机等。

(2) 内燃机型号由阿拉伯数字、汉语拼音字母或国际通用的英文缩略字母组成。

(3) 内燃机型号依次包括四部分：第一部分由制造商代号或系列符号组成；第二部分由气缸数、气缸布置形式符号、冲程形式符号、缸径符号组成；第三部分由结构特征符号、用途特征符号组成；第四部分为区分符号，同系列产品需要区分时，允许制造商用适当符号表示。第三部分与第四部分可用"-"分隔。

常见内燃机型号编制示例。

G12V190ZLD 柴油机——12缸、V形、四冲程、缸径190 mm、冷却液冷却、增压中冷、发电用(G为系列代号)。

R175A 柴油机——单缸、四冲程、缸径75 mm、冷却液冷却、(R为系列代号，A为区分符号)。

YZ6102Q 柴油机——六缸直列、四冲程、缸径102 mm、冷却液冷却、车用(YZ为扬州柴油机厂代号)。

8E150C-1 柴油机——8缸、直列、二冲程、缸径150 mm、冷却液冷却、船用主机、右机基本型(1为区分符号)。

IE65F/P 汽油机——单缸、二冲程、缸径65 mm、风冷、通用型。

492Q/P-A 汽油机——四缸、直列、四冲程、缸径92 mm、冷却液冷却、汽车用(A为区分符号)。

12V190ZL/T 燃气机——12缸、V形、四冲程、缸径190 mm、冷却液冷却、增压中冷、燃气为天然气。

16V190ZLD/MJ 燃气机——16缸、V形、四冲程、缸径190 mm、冷却液冷却、增压中冷、发电用、燃气为焦炉煤气。

G12V190ZLS 双燃料发动机——12缸、V形、缸径190 mm、冷却液冷却、增压中冷、燃料为柴油/天然气双燃料(G为系列代号)。

12V26/32ZL/SCZ 双燃料发动机——12缸、V形、缸径260 mm、行程320 mm、冷却液冷却、增压中冷、燃料为柴油/沼气双燃料。

二、内燃机工作原理

1. 四行程汽油机的工作原理

汽油机的燃料是汽油，汽油具有黏度小、挥发性好、点燃温度低(－10 ℃)、自燃温度高(380 ℃左右)等性质。利用汽油的这些性质，让汽油与空气混合而形成可燃混合气，再送至气缸中用电火花点燃,其工作原理如图4-2所示。

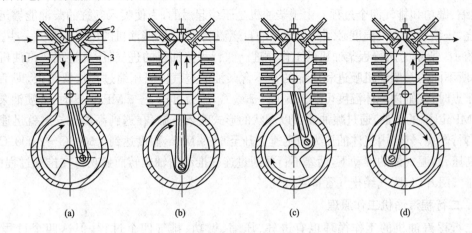

图 4-2 四行程汽油机工作原理
(a)进气过程;(b)压缩过程;(c)做功过程;(d)排气过程
1—进气门;2—火花塞;3—排气门

(1)进气过程[图4-2(a)]。在进气过程中,活塞由上止点向下止点移动,进气门开启,排气门关闭。这时活塞上方的气缸容积增大,形成了一定的真空度。在外界大气压力的作用下,空气经空气滤清器进入化油器,并在化油器内与汽油混合成可燃混合气,经进气管和进气门进入气缸。由于进气系统对气流有一定阻力,所以进气终了时,气缸内的气体压力要低于大气压力,为0.7~0.9倍大气压力。

进入气缸的新鲜混合气,在与气缸壁、活塞顶等高温机件接触的同时又与前一循环残留的高温废气混合,使得它的温度很快升高至80 ℃~130 ℃。当活塞到达下止点时,进气过程终了。

(2)压缩过程[图4-2(b)]。为了使气缸中的可燃混合气能迅速燃烧,以产生较大的压力,使发动机发出较大的功率,在燃烧前必须将混合气压缩,提高其温度和压力。进气过程终了时,进、排气门均已关闭,曲轴在惯性作用下继续旋转,使活塞由下止点向上止点移动而压缩气缸中的混合气。随着气缸容积的减小,混合气密度增大,温度和压力也随之升高。在压缩过程终了时,混合气的压力可升至0.8~2 MPa,温度可升至300 ℃~450 ℃。

(3)做功过程[图4-2(c)]。这个过程是混合气燃烧、膨胀和做功的过程。当压缩过程终了时,活塞到达上止点,火花塞发出电火花将混合气点燃。燃烧的混合气释放出大量的热,使气缸内的温度和压力骤增,温度可达2 000 ℃~2 500 ℃,压力可达3~5 MPa。这时进、排气门都仍处于关闭状态。气缸中的活塞在气体压力的作用下,向下止点移动,并通过连杆使曲轴旋转而输出机械功。

(4)排气过程[图4-2(d)]。气缸中的可燃混合气在燃烧做功后成为废气,只有将其排出而吸入新的可燃混合气,才可能进入新的工作循环。所以在做功过程结束后,必须有一个排气过程。排气过程的实现是随着曲轴的旋转,活塞由下止点再往上止点移动,排气门打开,废气就被活塞从排气门排出。这一过程直至活塞到达上止点时结束。当活塞再次下行时,便开始第二个工作循环的进气过程。

2. 四行程柴油机的工作原理

柴油机使用的燃料是柴油。柴油具有黏度大、挥发性差、点燃温度高(40 ℃~86 ℃)、自燃温度低(300 ℃左右)等性质。与汽油机一样,四行程柴油机的每个工作循环同样包括进气、压缩、做功和排气四个过程。由于柴油机是压缩起燃的,为使喷入气缸的柴油能够迅速着火燃烧,压缩后的空气温度必须高于柴油的自燃温度。因此,柴油机的压缩比要大一些。

图 4-3 所示为四行程柴油机的工作原理。四行程柴油机的进气、压缩过程与汽油机大致相同,所不同的是柴油机吸进和压缩的是不含柴油的空气。当压缩过程快要结束,即活塞接近上止点时,气缸内气体温度可达 500 ℃～700 ℃,压力可达 3～5 MPa。这时,被喷油泵加压到 10 MPa 以上的柴油,通过喷油器 2 以雾状的形式喷入气缸,在遇到高温空气后就迅速地混合而自行燃烧,气缸内气体的压力则迅速上升至 6～9 MPa,温度达到 1 500 ℃～2 000 ℃。在这种高压、高温气体的推动下,活塞下行并通过连杆推动曲轴旋转而做功。在排气过程中,同样是排气门开启,废气经排气管排入大气。

3. 二行程汽油机工作原理

二行程汽油机的工作循环也有进气、压缩、做功、排气四个过程,但这四个过程是在活塞两个行程(即曲轴转动一周)内完成的。小型养路机械设备多以二行程汽油机为主。如图 4-4 所示,这种汽油机的气缸上有 3 个气孔,即进气孔、排气孔和扫气孔。它们分别在不同的时刻被运动的活塞所启闭。进气孔与化油器相连,排气孔与排气管连通,扫气孔可连通曲轴箱。

(1)换气、压缩行程。活塞自下止点向上止点运动,如图 4-4(a)所示,当进气孔、排气孔和换气通道都关闭时,开始压缩上一循环被吸入气缸的可燃混合气,与此同时,活塞下面的曲轴箱内形成部分真空。当活塞上移到其下部超过进气孔时,进气孔打开,在大气压力作用下,可燃混合气自化油器被吸入曲轴箱内,如图 4-4(b)所示。

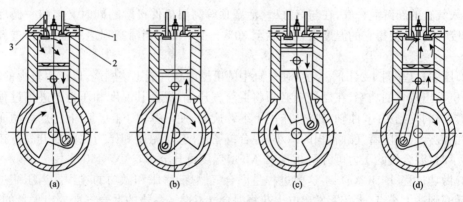

图 4-3 四行程柴油机的工作原理
(a)吸气过程;(b)压缩过程;(c)做功过程;(d)排气过程
1—排气门;2—喷油器;3—进气门

(2)做功、换气行程。当活塞将要到达上止点时,火花塞发出电火花,点燃被压缩的可燃混合气,如图 4-4(c)所示,膨胀的高温高压气体迫使活塞向下移动,进气孔逐渐被关闭,流入曲轴箱内的可燃混合气因活塞下移而预先压缩。当活塞将要到达下止点时,排气孔打开,如图 4-4(d)所示,废气经排气孔、排气管、消声器排入大气,随即扫气孔也被打开,受到预压缩的新鲜可燃混合气便自曲轴箱经扫气孔流入气缸内,并将废气驱逐出气缸。用有压力的新鲜可燃混合气驱除气缸中的废气称为扫气。扫气时,新鲜可燃混合气取代废气留在气缸中而实现了换气,并为下一个工作循环做好准备。

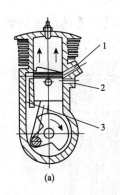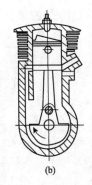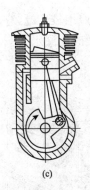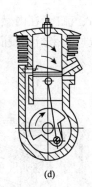

图 4-4 二行程汽油机工作原理
(a)、(b)换气压缩过程;(c)、(d)做功换气过程
1—排气门;2—进气孔;3—扫气孔

第二节 曲柄连杆机构

尽管内燃机的型号和类型千差万别,但其结构都大同小异,基本上都是由两大机构、四大系统和一个装置所组成的,即曲柄连杆机构、配气机构、燃料供给系统、润滑系统、冷却系统、电气系统和启动装置。

曲柄连杆机构是内燃机的主要工作机构,其作用是通过活塞的往复运动将燃气能转换成曲轴输出的旋转机械功。根据各部件工作状态不同,曲柄连杆机构可分成固定件和运动件两部分。

一、固定件

内燃机的固定件由机体、气缸套、气缸盖、气缸垫、油底壳等组成。

1. 机体

机体是气缸体和曲轴箱整体的总称,它是整个内燃机的骨架和安装基础,如图 4-5 所示。内燃机的所有主要零部件和附件,均安装在机体的内腔和周围,机体中用来安装活塞的部位称为气缸套。气缸套下面用来安装曲轴的空间称为曲轴箱。曲轴箱下面连接油底壳。机体前端装有正时齿轮室,后端连接飞轮箱。机体外侧挂有燃油、冷却、润滑和电系统等的部件。

2. 气缸套

气缸套的功用是和活塞顶及气缸盖底面共同构成内燃机的燃烧室,对活塞的往复运动起到导向作用,向周围的冷却介质传递热量。

气缸套结构如图 4-6 所示。气缸套的工作条件很恶劣,这就要求气缸套的内壁能耐高温、耐磨和非常光滑,其内径尺寸和椭圆度是内燃机大修的主要参数之一。气缸套有干式和湿式两种,干式缸套不直接与冷却水接触,对于采用铝合金材料做气缸体的风冷式内燃机,为了保证耐磨性,必须在气缸体内压入铸铁的干式气缸套;湿式缸套因外表面直接与冷却水接触,故要求缸套与机体有很好的密封,在湿式气缸套的上、下凸缘处有耐热耐油的橡胶圈,用于密封冷却水。

湿式气缸套在内燃机中应用较广泛,它的优点是冷却效果好,气缸套的装拆和维修也较方便;缺点是密封橡胶圈失效时会漏水。

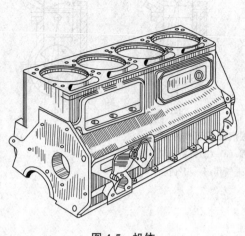

图 4-5 机体

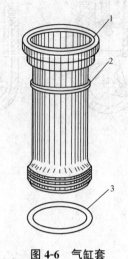

图 4-6 气缸套

1—气缸套;2—上密封圈;3—下密封圈

3. 气缸盖

气缸盖的主要功用是封闭气缸上部并构成燃烧室。气缸盖上装有进气门、排气门、气门摇臂和喷油器等零部件。气缸盖内部布置有进、排气和冷却水等通道,由于形状和内部结构复杂,故要求气缸盖有足够的刚度和强度。

多缸内燃机的气缸盖有整体式、分体式和单体式三种。气缸直径较小的内燃机大多采用整体式气缸盖,其优点是气缸中心距较小,内燃机结构紧凑;缺点是刚度差,局部损坏时需要更换整个气缸盖。分体式气缸盖是两个或三个气缸共用一个气缸盖(如 6135 型柴油机,每两个气缸合用一个气缸盖),这样气缸盖的刚度可提高,如图 4-7 所示。大缸径的柴油机都采用单体式气缸盖,即每缸一个气缸盖。这种气缸盖的密封性好,各气缸之间互不干扰。

4. 气缸垫

气缸垫是气缸盖和气缸体结合面之间的密封件,其功用是补偿结合面处的不平,保证可靠密封。汽油机因压缩比较小,气缸垫多用石棉外包软钢皮制成。这种气缸垫有一定的弹性,可利用其弹性变形来弥补气缸盖与气缸体之间的不平,起到密封气体的作用,如图 4-8 所示。而柴油机因其压缩比较大,常采用低碳钢板做气缸垫,这种气缸垫承受的爆发压力大,寿命较长且不易损坏,但对气缸盖和气缸体结合面的平整度和刚度要求较高。

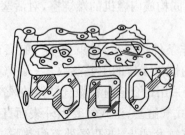

图 4-7 气缸盖

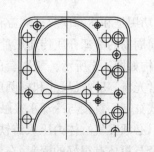

图 4-8 气缸垫

5. 油底壳

油底壳的功用是密封曲轴箱,并储存润滑油(图4-9)。油底壳一般采用薄钢板冲压而成,在最低部位设有放油堵。油底壳与机体间有密封垫,用螺栓与机体相连。油底壳侧面通常插有油标尺,用于检查润滑油油面的高低,油标尺上有两道刻线,内燃机静止时,润滑油的油面应在两道刻线之间。油面过高会使润滑油消耗增多,过低则润滑不良会引起故障或使零件损坏。

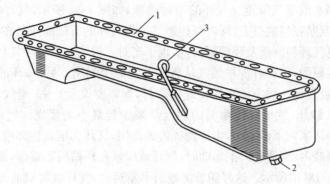

图 4-9 油底壳
1—密封垫;2—放油堵;3—油标尺

二、运动件

内燃机的运动件包括活塞组、连杆组和曲轴飞轮组等。

1. 活塞组

活塞组由活塞、活塞环、活塞销和卡环等组成。

(1)活塞。活塞的主要功用是构成燃烧室,承受气缸中燃气的压力,并将该力通过活塞销、连杆等部件传给曲轴,使曲轴旋转。

如图 4-10 所示,活塞由顶部、头部和裙部等部分组成。

活塞的顶部形状由燃烧室的结构所决定,由于汽油机吸入的是汽油和空气的混合气,压缩时混合气不需要扰动,所以汽油机的活塞多制成平顶。而柴油机为了使被压缩的空气与喷入气缸的柴油充分混合,就需要让压缩的空气扰动起来,因而柴油机活塞多采用凹顶。而二行程的汽油机为了加强扫气效果,常采用凸顶活塞。

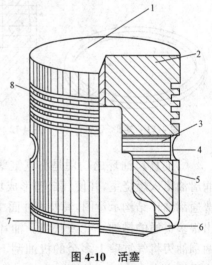

图 4-10 活塞
1—顶部;2—头部;3—活塞销;4—卡环;
5—裙部;6—回油孔;7—油环;8—气环

活塞头部加工有若干道用于安装活塞环的环槽,断面一般成矩形,上面的环槽用来安装密封燃气的气环,下面的环槽安装油环,在油环槽底面上钻有许多小孔,使油环从气缸壁上刮下的润滑油经这些小孔流回油底壳。

活塞裙部是指自油环槽下端面至活塞底面的部分。其作用是为活塞在气缸内运动导向,并将连杆的侧向力传给气缸壁。裙部的活塞销座,可将活塞承受的燃气压力通过活塞销传递给连杆。活塞销座两头设有安装卡环用的环槽。

活塞的工作条件十分恶劣,所以要求其强度高、重量轻且导热性好。为此,内燃机多采用铝合金活塞。

(2)活塞环。活塞环按其功用可分为气环和油环两类。

①气环。如图4-11所示,气环的断面多为实心矩形,它的主要功用是密封活塞和气缸壁的缝隙,防止燃气漏入曲轴箱,同时还将活塞顶部的热量传给气缸壁(活塞头部不和气缸壁直接接触),再由冷却水或空气带走。气环的密封原理,如图4-12所示,气环装入气缸后,在自身弹力的作用下,紧贴在气缸壁上,同时高压燃气又将气环的下端面压紧在活塞槽中,这样高压燃气就不能通过气环与缸壁及环槽漏出,实现了密封。但实际上由于气环和气缸壁的加工误差及表面不平等原因,仍会有少量燃气从微小的缝隙中漏出。另外,环的切口也会泄漏燃气。因此,依靠一道气环一般不能实现良好的密封,而需要设置2~3道气环。在装配时,将各气环的切口相互错开,就可以使泄漏的燃气量减少到最小的程度。气环的泵油现象,如图4-13(a)所示,当活塞向下运动时,由于摩擦力的作用,气环会压紧在环槽的上端面,则机油沿端面间隙流入侧隙内;当活塞向上运动时,气环就压紧在环槽的下端面,而将间隙中的机油挤向燃烧室,如图4-13(b)所示。这样随着活塞的不断运动,气环就将机油源源不断地挤入燃烧室中,这种现象称为气环的"泵油现象"。泵油会使机油消耗量增多,增加燃烧室的积炭。

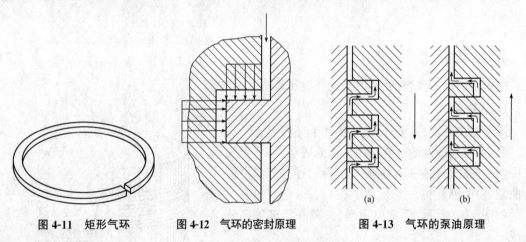

图4-11 矩形气环　　图4-12 气环的密封原理　　图4-13 气环的泵油原理

②油环。油环的功用是将气缸壁上多余的润滑油刮下,防止润滑油窜入燃烧室,并使气缸壁形成均匀的油膜。图4-14所示为普通刮油环结构示意图,其外圆柱面中间切有一道凹槽,槽底加工出很多贯通的排油小孔或狭缝。油环随活塞上下往复运动时,其两刮油刃将气缸壁上多余的机油刮下,经活塞油环槽的回油小孔流回油底壳。

(3)活塞销。活塞销的功用是连接活塞和连杆小头,将活塞承受的燃气压力传递给连杆。活塞销一般做成空心管状,中部与连杆小头配合,两端装在活塞销座中。

图4-14 油环

活塞销与活塞销座和连杆小端衬套孔的连接方式多采用"浮动式",即在内燃机运转过程中,活塞销可以在连杆小端衬套和销座孔内缓慢地自由转动,这样既避免了活塞销沿固定方向承受对称弯曲载荷,又可使活塞销沿长度方向和圆周方向的磨损比较均匀。

（4）卡环。为防止活塞销在销座中沿轴向窜出,在销座两端装有固定活塞销的卡环。

2. 连杆组

如图 4-15 所示,连杆组包括连杆、小端衬套、连杆盖、连杆瓦和连杆螺栓等。

连杆组的作用是将活塞承受的力传递给曲轴,并把活塞的往复直线运动转变为曲轴的旋转运动。

连杆杆身是连杆连接大端与小端的中间部分,为了增加连杆的刚度和减轻重量,一般采用工字形断面。

连杆小端孔内压入一锡青铜衬套作为减摩轴承,用于与活塞销配合。

连杆大端与曲轴的连杆轴径相连,考虑到安装的需要,连杆大端必须做成剖分式。连杆盖用连杆螺栓连接在连杆上。

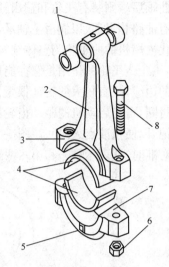

图 4-15　连杆组
1—小端衬套；2—连杆；3—连杆大头；4—连杆瓦；
5—凸键；6—连杆螺母；7—连杆盖；8—连杆螺栓

在连杆大端内装有剖分式滑动轴承,称为连杆瓦。连杆瓦分成上下两块。连杆瓦是用薄钢板冲压成瓦背,内浇一层铅锡合金,瓦的中心有油孔及储油槽。为防止连杆瓦随着轴转动,在轴瓦上冲出高出背面的定位凸键,在连杆瓦装入大端孔时,两个凸键应分别嵌入连杆杆身和连杆盖的相应凹槽中。

连杆螺栓用于连接连杆盖与连杆。连杆螺栓拧紧时,应保证轴瓦与瓦座因过盈而很好地密贴。因此,连杆螺栓在工作中绝对不能松动,拧紧后要用开口销或其他防松装置锁紧。内燃机工作一段时间后,要经常检查其拧紧状态。连杆螺栓常用优质合金钢精制。

3. 曲轴飞轮组

如图 4-16 所示,曲轴飞轮组包括曲轴和飞轮。

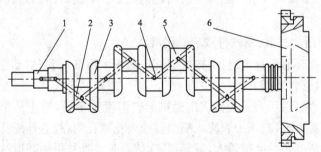

图 4-16　曲轴和飞轮
1—曲轴前端；2—润滑油道；3—曲柄臂；4—主轴颈；5—连杆轴颈；6—飞轮

（1）曲轴。曲轴由主轴颈、连杆轴颈、曲柄臂、前端（自由端）、后端（输出端）和平衡块等组成。

曲轴的作用是将连杆传来的压力转变为转矩,通过传动装置输出机械功。另外,内燃机各辅助机构的动力,也是由曲轴通过相应的传动机构驱动的。

曲轴通过主轴承安装在机体的曲轴箱内。平衡块的作用是平衡曲轴的不平衡惯性力,减轻主轴承的负荷,使曲轴运转平稳。曲轴前端装有齿轮,它与正时齿轮室中的各传动齿轮相啮合。曲轴后端则装有飞轮和输出轴,用于平衡曲轴转速和输出动力。在曲轴的主轴径和连杆径内有油路相贯通,以润滑主轴承和连杆轴承。

现代内燃机的曲轴均为整体结构,其尺寸小、强度高、重量轻而可靠性高。

(2)飞轮。飞轮的作用是储存能量,平衡转速。飞轮多用铸铁制造,它的大部分质量集中在轮缘的边缘,故有较大的转动惯量。飞轮用螺栓连接在曲轴的输出端上,在飞轮的外缘上有一个齿圈,可与启动机的驱动齿轮相啮合,供启动内燃机用。飞轮上通常刻有第一缸点火正时标记,以便校准点火时间。图4-17所示为某6缸发动机的记号,当这个记号与飞轮壳上的刻线对准时,即表示第一和第六两缸的活塞正好位于上止点。

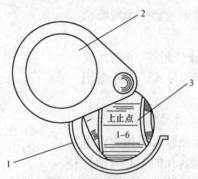

图4-17 飞轮上止点标记
1—飞轮壳刻线;2—观察孔盖;3—飞轮标记

三、曲柄连杆机构的故障与排除

曲柄连杆机构由许多零件组成,出现的故障也是多种多样的。但是,只要我们认真分析,不断地总结,就会逐步提高分析问题和解决问题的能力。下面对曲柄连杆机构的常见故障与排除方法进行简要介绍。

1. 气缸内压缩压力过低、漏气导致启动困难

气缸、活塞、活塞环磨损过大时,会造成气缸压缩压力很低,因而启动困难。同时,机油窜入气缸内燃烧,排气管冒蓝烟。

气缸的压缩压力可用压力表检查。内燃机运转温度正常后,停止某个缸的供油或供电,将其喷油器或火花塞拆下,把压力表旋入喷油器或火花塞孔内,检查压缩压力。如压力过低,则说明气缸、活塞、活塞环的磨损过大,漏气严重,应及时检查并更换磨损过大的部件。

2. 活塞、活塞销和连杆衬套及连杆小端轴瓦、主轴瓦和曲轴的磨损

活塞、活塞销和连杆衬套及连杆小端轴瓦、主轴瓦和曲轴的磨损过大时,由于配合间隙过大而产生敲击声,破坏正常的运转。内燃机低速运转时响声较弱,在突然加速时声音也随之加大加快。

有敲击声时,应拆开检查零件的磨损情况和配合间隙,若超过允许限度,应予修复或更换。轴瓦磨损过大或烧损时应更换新瓦,调整配合间隙。

3. 经常检查连杆螺栓的紧固状况

连杆螺栓是柴油机中最重要的运动件之一。如果连杆螺栓断裂，会导致连杆失去约束，将内燃机打烂，甚至会发生人身伤亡事故，故操作者必须十分注意。因此，在检查和维修内燃机时，应经常检查连杆螺栓的紧固状况，一旦发现连杆螺栓有松动、裂纹等现象，应立即处理。在更换连杆螺栓时，应保持材料的力学性能一致，不可用别的材料代用。

第三节 配气机构

配气机构的功用是按照内燃机工作循环和点火次序的要求，定时开启和关闭各气缸的进、排气门，并使之进气充分，排气彻底。

一、配气机构的类型

内燃机的配气机构有气门式、气孔式和气门—气孔式三种形式，气门式多用于四行程内燃机；气孔式多用于二行程汽油机；气门—气孔式多用于二行程柴油机。

气门式配气机构又可分为顶置气门式和侧置气门式两种。

1. 顶置气门式配气机构

顶置气门式配气机构的特点是进、排气门都安装在气缸盖上，其结构和组成如图4-18所示。

内燃机工作时，曲轴通过正时齿轮驱动凸轮11旋转，当凸轮的凸缘顶起挺杆10时，通过推杆9使摇臂6绕摇臂轴7摆动，压缩气门弹簧3使气门1开启。当凸轮的凸缘离开挺杆时，气门便在气门弹簧力的作用下上升而关闭气门。顶置气门式配气机构具有进、排气通道短，气流阻力小，气门升程大等优点。因此，在汽油机和柴油机上得到了广泛的应用。

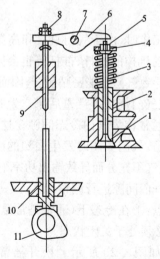

图4-18 顶置气门式配气机构
1—气门；2—气门导管；3—气门弹簧；4—弹簧；5—气门锁片；6—摇臂；
7—摇臂轴；8—调整螺钉；9—推杆；10—挺杆；11—凸轮

2. 侧置气门式配气机构

侧置气门式配气机构的特点是进、排气门都安置在气缸体的一侧,其结构和组成如图 4-19 所示。

侧置气门式配气机构中气门 1 的开启与关闭,是由凸轮 8 的凸缘通过挺杆 7 直接控制的,凸轮轴和气门相距较近,因此其传动机构比较简单。

侧置气门式配气机构虽具有零件少、结构简单、工作比较平稳等优点,但其燃烧室结构不紧凑,进、排气通路弯道多,气流阻力大,影响发动机的进气和排气,因而该类型内燃机的动力性和经济性远不及顶置式气门内燃机优越。在现代内燃机设计中将逐渐被顶置式气门所取代。

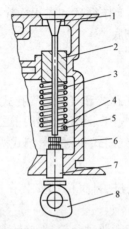

图 4-19 侧置气门式配气机构
1—气门;2—气门导管;3—气门弹簧;4—气门锁片;5—弹簧座;6—调整螺钉;7—挺杆;8—凸轮

二、气门间隙

进、排气门特别是排气门在工作时,由于气门直接和高温燃气接触,且冷却条件较差,因此气门杆受热后会伸长,气门驱动机构的挺杆、推杆等也会因受热伸长。加之经过一段时间使用后,气门座面的磨损等都会导致气门不能密贴闭合,因而产生气门漏气,致使内燃机的功率下降,工作性能恶化,甚至造成气门烧损等严重后果。为此,冷机状态下,应在气门杆和摇臂间预留一定的气门膨胀间隙,通常称为气门冷态间隙。这个间隙过小,不能保证气门在任何工况下紧密闭合;间隙过大,导致气门关闭时发生强烈的冲击,造成严重的磨损和噪声,同时,还会使气门升程减小,因而进气不充分而导致输出功率下降。所以,内燃机在重新装配或使用一段时间后,必须对规定的气门间隙进行调整。

调整气门间隙时,要注意两点:①在冷态下(通常是常温下的内燃机,或停机后自然通风 4 h 以上)才能调整;②被调气门必须处于关闭状态。

气门间隙的具体调整方法如图 4-20 所示。松开摇臂上的锁紧螺母与调节螺钉,用气门间隙测量片(出厂时附带)或厚薄规片插入摇臂和气门杆的间隙中,边调节螺钉边来回移动测量片,当感觉到测量片和上下接触面有摩擦但仍能移动时,保持调节螺钉不动将锁紧螺母锁紧。调整完毕后再用测量片复查,如仍能有上述感觉,则气门间隙就调整好了。

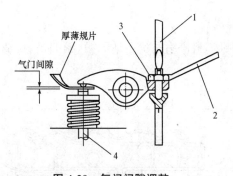

图 4-20　气门间隙调整
1—起子；2—扳手；3—锁紧螺母；4—气门

三、配气机构的故障与排除

配气机构的工作好坏直接影响内燃机的性能，配气机构的故障诊断和主要排除步骤如下。

1. 检查配气机构的工作状况

内燃机怠速时，打开气门室盖，观察机件运动情况和润滑情况，如果发现异常响声，应立即停机检查。

2. 停机检查、调整气门间隙

停机后首先检查气门间隙。由于磨损，气门间隙会变大，使气缸内充气不足，排气不尽，造成内燃机的性能下降。

3. 检查气门的密封性

气门密封不严，压缩压力下降，内燃机燃烧不充分，造成内燃机的输出功率下降。可采用甩缸测量压缩压力的方法判别，先将内燃机的摇臂拆下，使气门处于关闭状态，启动内燃机测量气缸压缩压力并记下该值，停机后向缸内倒些清洁机油，重新启动内燃机并测量压缩压力，若气缸压力仍无变化，说明与活塞无关，可能是气门密封不严，应拆开检查，重新研磨气门。

第四节　柴油机的燃料供给系统

一、燃料供给系统的功用与组成

1. 燃料供给系统的功用

柴油机燃料供给系统的功用，是根据柴油机的工作要求，定时、定量、定压地将雾化质量良好的柴油按一定的要求喷入气缸内，并使这些燃油与空气迅速地混合和燃烧。

柴油机工作的平稳性要求各缸的供油量要均匀一致，在不同的转速、负载和功率下，燃油的供给量应能控制。当负载变化时，能自动地调节供油量，低速空转时不熄灭，高速突然卸载时运转稳定不"飞车"。柴油机的许多故障大多是由燃油系统的工作不正常造成的。例如不能启动、怠速性能差、功率不足、噪声大以及冒黑烟等，所以，柴油机燃料供给系统对柴油机的工作有着重要的影响。

2. 燃料供给系统的组成

如图 4-21 所示,柴油机燃料供给系统包括油箱、输油泵、输油管、滤清器、喷油泵、高压油管、喷油器、回油管等部件。

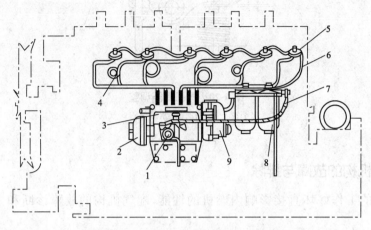

图 4-21 柴油机燃料供给系统示意图

1—输油泵;2—供油提前角自动调节器;3—喷油泵;4—高压油管;5—喷油器;
6—回油管;7—低压油管;8—滤清器;9—调速器

柴油机工作时,输油泵 1 将储油箱内的柴油压送到滤清器 8 过滤后,输送到喷油泵 3 内,再由喷油泵增压,经高压油管 4 和喷油器 5 喷入气缸。剩余的柴油经回油管 6 流回油箱。

二、柴油机燃料供给系统主要部件

1. 喷油泵

(1)喷油泵的功用。喷油泵(又称高压泵)是柴油机燃料系统的关键部件。其功用是根据柴油机不同的工况,将一定量的柴油提高到一定的压力,并按规定的时刻通过喷油器把高压柴油喷入气缸。

(2)柱塞式喷油泵的原理与结构。柱塞式喷油泵利用柱塞的往复运动进行吸油与压油,每个气缸都有一套泵油机构向其供油。对于大型柴油机,每缸一个独立的喷油泵,称为单体泵,而中小型柴油机,则把多套泵油机构组装在同一壳体中,称为组合泵,而把其中每组泵油机构称为分泵。

如图 4-22 所示是柱塞分泵的结构,主要由柱塞偶件、出油阀偶件和出油阀座等组成。柱塞上部的出油阀 3 由出油阀弹簧 2 压紧在出油阀座 4 上,柱塞下端与滚轮体 10 中的垫块接触。柱塞弹簧 8 通过弹簧座 9 将柱塞推向下方,并使滚轮 12 与凸轮轴的凸轮 11 保持接触。柱塞套 6 用夹紧螺钉 16 固定,以防止周向转动。柱塞泵凸轮由曲轴正时齿轮来驱动。

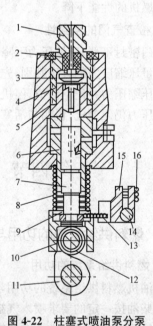

图 4-22 柱塞式喷油泵分泵

1—出油阀弹簧座;2—出油阀弹簧;3—出油阀;
4—出油阀座;5—垫片;6—柱塞套;7—柱塞;
8—柱塞弹簧;9—弹簧座;10—滚轮体;11—凸轮;
12—滚轮;13—调节臂;14—供油拉杆;
15—调节叉;16—夹紧螺钉

柱塞泵的供油原理如图 4-23 所示。柱塞 1 的圆柱表面上铣有直线形（或螺旋形）的斜槽 3，斜槽内腔和柱塞上面的压油腔用孔道相连通。柱塞套筒上有两个油孔 4 和 8，都与喷油泵体上的低压腔相通。柱塞由凸轮驱动，在柱塞套内作往复运动，并可绕自身轴线转动。在柱塞弹簧的作用下，当柱塞下移到图 4-23(a)所示位置时，柴油经油孔 4 和 8 进入压油腔。随着滚轮压上凸缘，柱塞上移将两个油孔 4 和 8 完全封闭，则压油腔的燃油压力迅速上升，如图 4-23(b)所示，当油压增加到一定数值足以克服出油阀弹簧 7 的作用力时，出油阀 6 打开，高压燃油便经高压油管到达喷油器，喷油器则开始喷油。当柱塞继续上升到图 4-23(c)所示的位置时，斜槽 3 与油孔 8 接通，压油腔的柴油经油孔 8 流回低压腔，则出油阀在弹簧压力的作用下立即回位，此时，虽然柱塞依然向上移动，但已停止向高压油管供油。喷油器也不再喷油。随着凸轮的转动，柱塞便开始周而复始的供油过程。

由图 4-23(e)可以看出，在供油过程中，柱塞上下往复运动的行程 h 取决于凸轮的行程，这个行程是不能变的。从图 4-23(a)中柱塞完全封闭油孔 4 和 8 之后，到图 4-23(c)柱塞斜槽 3 和油孔 8 开始接通之间的这一段柱塞行程 h_g，称为柱塞的有效行程。柱塞向高压油管的供油量就取决于柱塞有效行程的长短。

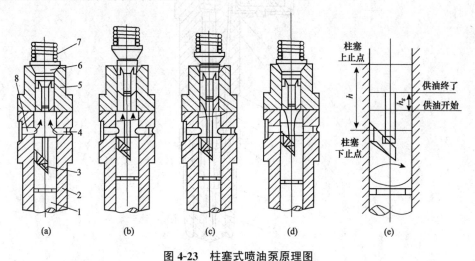

图 4-23 柱塞式喷油泵原理图

1—柱塞；2—柱塞套；3—斜槽；4,8—油孔；5—出油阀座；6—出油阀；7—出油阀弹簧

通过改变柱塞斜槽与柱塞套油孔 8 的相对位置即可调节供油量。这一过程是由供油拉杆 1 控制的调节臂 3 来完成的，如图 4-24 所示。实际的油量调节机构有两种：一种是图 4-23 所示的柱塞转动柱塞套不动的调节机构，称为拨叉式；另一种则是柱塞套转动而柱塞不动的调节机构，称为齿杆式。

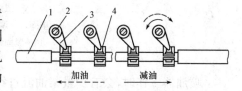

图 4-24 拨叉式油量调节机构

1—供油拉杆；2—柱塞；3—调节臂；4—拨叉

2. 喷油器

喷油器（又称喷油嘴）的主要作用，是将喷油泵送来的柴油雾化成细小的颗粒送入燃烧室，通过与空气的混合，形成良好的混合气。

喷油器分为开式和闭式两种，开式喷油器的高压腔通过喷油孔直接与燃烧室相通，而闭式喷油器在喷油和燃烧室之间用针阀隔开。现在的柴油机大都采用闭式喷油器。

(1) 闭式喷油器的结构和工作原理。闭式喷油器结构如图 4-25 所示,主要由针阀、调压弹簧、调压螺钉和壳体等组成。

喷油器的工作过程如下:柴油机工作时,喷油泵输出的高压柴油,从进油管接头 4 经过喷油器壳体的油道进入针阀体 11 中部的环状高压油腔。当油压升高到一定值时,作用在针阀锥面上的轴向液压推力大于调压弹簧 7 的预紧力,使针阀向上移动,打开针阀密封锥面,高压柴油便从针阀体下端的喷油孔喷出;当喷油泵停止供油时,由于油压迅速下降,针阀在调压弹簧作用下回位,将喷孔关闭。喷油器开始喷射的压力,取决于调压弹簧的预紧力,调压弹簧的预紧力可用调压螺钉 3 调节。

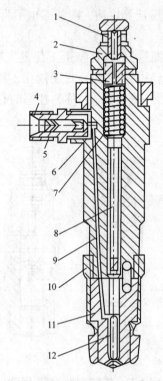

图 4-25 闭式喷油器
1—回油管接头;2—护帽;3—调压螺钉;
4—进油管接头;5—进油滤芯;
6—垫圈;7—调压弹簧;8—顶杆;9—喷油器体;
10—紧固螺套;11—针阀体;12—针阀

喷油器工作时,会有少量柴油流过针阀与针阀体配合表面之间的间隙,这部分柴油对针阀起润滑作用,并沿顶杆周围的空隙上升,然后经回油管接头 1 流回油箱。

(2) 闭式喷油器喷油嘴结构。闭式喷油器的喷油嘴结构主要有孔式和轴针式两种基本形式。

① 孔式喷油嘴。孔式喷油器的喷油嘴结构如图 4-26(a) 所示,其特点是喷孔数较多,孔径较小。

② 轴针式喷油嘴。轴针式喷油器的喷油嘴结构如图 4-26(b) 所示。

轴针式喷油嘴与孔式喷油嘴的主要区别在于喷嘴头部的结构不同。孔式喷油嘴的针阀前端为圆锥形,而轴针式为圆柱形并且伸出针阀体外。轴针式喷油嘴的针阀体不仅起到启闭作用,还可用来清除针阀座中的积炭和杂物。轴针式喷油嘴仅有一个喷孔。

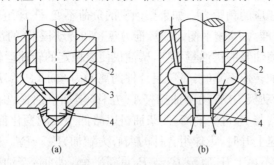

图 4-26 闭式喷油器喷油嘴结构
(a)孔式喷油嘴;(b)轴针式喷油嘴
1—针阀;2—针阀体;3—高压油腔;4—压力室

3. 调速器

(1)调速器的功用。调速器的功用是根据柴油机负载的变化,自动调节喷油泵的供油量,以保证柴油机在各种工况下稳定运转。

柴油机工作时,燃烧一定量的燃油所放出的能量,应与柴油机克服负载所做的功相平衡,如果燃油量不变,而负载减小,则能量无法平衡就会导致转速上升;反之,则会导致转速下降。如果无负载时,柴油机仍燃烧了非常多的燃油,则转速就会不可控制地无限上升,直至发生柴油机结构性破坏,这种情况就称为"飞车"。与此相反,当负载增大,如不能及时增加供油量,则柴油机的转速就会越来越低最后导致"熄火"。因此,柴油机必须配置可靠的调速器,使之随着负载的变化而自动调节供油量,以保持转速基本稳定。

(2)调速器的种类。按照调速器调节机构的不同,可分为机械离心式、液压式和气压式。机械离心式调速器结构简单,工作可靠,广泛用于小功率及部分中等功率柴油机。液压式调速器机构较复杂,制造精度要求高,但调节灵敏,推动调节机构的力较大,多用于大功率及部分中等功率的柴油机。气压式调速器适用于小功率内燃机,但由于进气管中要设节流阀,增加了进气阻力,所以目前采用不多。

(3)机械离心式全程调速器。如图 4-27 所示为机械离心式全程调速器工作原理。该调速器主要由飞球组合件、弹簧组、操纵机构和停车手柄等组成。这种调速器可以保证柴油机在全部允许转速范围内的任何转速下稳定地工作。

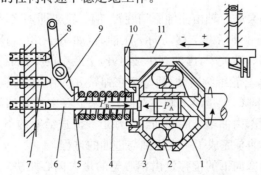

图 4-27 机械离心式全程调速器工作原理
1—传动斜盘;2—球座;3—推力盘;4—调速弹簧组;5—后弹簧座;6—调节螺杆;
7—急速调节螺钉;8—高速调节螺钉;9—调速叉;10—传动板;11—供油拉杆

柴油机工作时,操纵供油手柄使摇臂转到一定位置不动时,调速叉9随之转到一定位置并给调速弹簧组4一个相应的预紧力。如果柴油机的负荷不变,飞球组合件产生的离心力的轴向分力P_A与弹簧组的推力P_B相平衡,此时,推力盘3和传动板10的位置不变,从而供油拉杆11的位置也不变,使喷油泵的供油量不变,柴油机便以稳定的转速运转。

当柴油机因负载增加转速下降时,飞球组合件的离心力减小,$P_A<P_B$,在调速弹簧P_B的作用下,推力盘3通过传动板10带动供油拉杆11左移,增加供油量,由于供油量增加,柴油机转速不再下降,直至P_A与P_B再次平衡,使柴油机以略低于负载变化前的转速运转。同理,当柴油机负载减小而转速上升时,飞球组合件的离心力增加,$P_A>P_B$。使供油拉杆11右移,减小供油量,柴油机转速不再上升,直至P_A与P_B重新平衡。此时,柴油机以略高于负载变化前的转速运转。

由此可知,当操纵摇臂在某一个固定位置时,由于调速器的作用,供油量随柴油机负载的变化而自动调节,使柴油机转速稳定在某一个变化不大的范围内工作。

4. 输油泵

输油泵的功用是保证柴油自油箱输送到喷油泵,克服柴油滤清器和管道中的阻力,并保持一定的供油压力。

由于输油泵和喷油泵共用同一根凸轮轴(凸轮不同),因此输油泵一般安装在喷油泵的外侧。常用的活塞式输油泵其工作原理如图4-28所示。

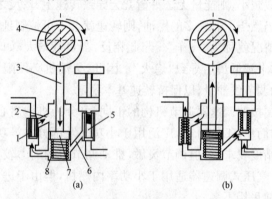

图4-28 活塞式输油泵工作原理
(a)压油;(b)进油
1—出油阀;2—上出油道;3—推杆;4—偏心轮;5—进油阀;6—进油道;7—活塞;8—活塞弹簧

柴油机工作时,喷油泵凸轮轴由曲轴驱动旋转,偏心轮4即随之转动,当偏心轮凸起将活塞弹簧8压缩,推动推杆3使活塞7移动向下压油时,如图4-28(a)所示,由于活塞下腔中的柴油压力提高,则进油阀5被关闭,出油阀1被打开,下腔中的柴油就经出油阀1和上出油道2进入活塞的上腔。当偏心轮继续转动,活塞7在弹簧8的作用下,向上移动时,活塞上腔的压力提高而下腔的压力下降,于是出油阀1关闭,活塞上腔中的柴油经上出油道2压向喷油泵,同时,进油阀5被打开,由油箱来的柴油经进油道6流进活塞的下腔,使下腔充满柴油,如图4-28(b)所示,至此,输油泵完成了一次压油与进油的过程。

由以上分析可知,活塞向下的位移量由偏心轮的最大偏心距决定,故每次向下的位移量相同。而活塞向上的位移量就直接决定了输油泵的输出流量。如果活塞能向上移到上止点,说明此时柴油机的负载较大,需要的油量较多,输油泵输出的油压相对较低。如果柴油机的负载减小，需要的油量减少时，输油泵输出的油压就会升高，活塞上腔的液压力因而增大，由于活塞下腔的弹簧力与活塞的位移是成正比的，所以上腔的液压力越大，则活塞向上的位移量就越小，也就是输出流量越少。这就实现了输出流量与供油压力的自动调节。

输油泵上的手动油泵是在柴油机尚未启动时，用人工向供油系统内压油，以排除管道中的空气。

三、柴油机供给系统的故障排除

1. 排气颜色不正常

正常排气颜色为浅灰色，重负载时为深灰色，排气不正常时颜色有黑色、蓝色和白色。

排气冒黑烟说明燃油燃烧不充分，主要原因有柴油机负载过大、柴油雾化不良、喷油时间过迟或过早、空气滤清器堵塞、进气不足、气门间隙过大或过小、气门密封不严等。

排气冒蓝烟说明有过量的机油被烧掉了，其原因有油底壳油面过高、活塞环不密封、空气滤清器堵塞、进气不畅或滤清器中机油过多等。

排气冒白烟说明有水在燃烧，这可能是燃油中混有水、气缸盖裂纹或气缸垫损坏造成燃烧室漏水等。

2. 着火不均匀、转速不稳

如果柴油机油路中有空气、喷油器积炭或滴漏、喷油泵柱塞弹簧或出油阀弹簧折断及喷油器雾化不良等，均会造成柴油机着火不均匀、转速不稳的故障。

3. 功率不足

喷油压力过低雾化不良、喷油时间不正确、供油不足等是导致燃油系统功率不足的主要原因。

第五节　润　滑　系　统

内燃机润滑系统的任务，就是把清洁、温度适宜的润滑油以一定的压力送至各摩擦表面进行润滑，使内燃机各零件能正常工作。

一、润滑系统的作用和组成

1. 润滑系统的主要作用

(1) 减摩作用。减少零件之间的摩擦，延长零件的使用寿命。

(2) 冷却作用。通过循环的润滑油带走零件所吸收的热量，降低内燃机的工作温度。

(3) 清洗作用。通过润滑油带走零件间因磨损产生的金属细末和其他杂质。

(4) 密封作用。利用润滑油的附着性和产生的油膜，增加活塞环与气缸的密封性。

(5) 防锈作用。润滑油附着零件表面，防止加工零件表面氧化和锈蚀。

2. 润滑系统的组成

不同类型的内燃机，其润滑系统不完全一样，主要的润滑方式有以下三类。

(1) 压力润滑。通过机油泵使机油产生一定的压力，连续不断地送到各个摩擦表面。

(2) 飞溅润滑。利用运动零件激溅或喷溅起来的油滴或油雾润滑摩擦表面。

(3) 复合润滑。将上述两种润滑方式综合利用的润滑方式。

目前,养路机械所用的内燃机多为复合润滑,主要的部件有机油泵、机油滤清器、安全阀和油底壳等。

二、基本润滑油路和主要部件

1. 6135 柴油机的润滑油路

6135 柴油机的润滑油路如图 4-29 所示。机油泵 3 将机油从油底壳 1 抽出,分两路分别送入机油精滤清器和机油粗滤清器。机油精滤清器与主油路并联,经其过滤后的机油又流回油底壳,作用是不断提高油底壳机油的质量。机油粗滤清器与主油路串联,所有参与润滑的机油全部通过粗滤清器后,被分成三路送到各个部位进行润滑。

第一路进入主轴承 7、连杆轴承并经连杆喷向各活塞内腔,润滑活塞销及衬套、气缸壁等后,飞溅落回油底壳。

第二路经机体先输送凸轮轴轴承 9,然后通过摇臂箱润滑通道润滑配气机构的摇臂 11、气门 13 等部件。

第三路经喷油管喷出,润滑正时齿轮室的各传动齿轮 8。

2. 润滑系统主要部件介绍

(1)机油泵。润滑系统的机油泵通常采用齿轮式和转子式两种。

齿轮式机油泵结构简单、制造容易、工作可靠,广泛用于各种中小型内燃机。有关齿轮泵的内容,在前边液压传动中已经介绍,这里不再赘述。

转子式机油泵如图 4-30 所示,它由内转子、外转子、油泵壳体等组成。

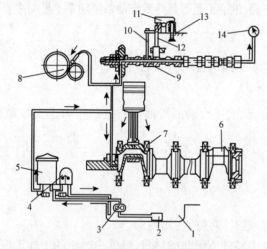
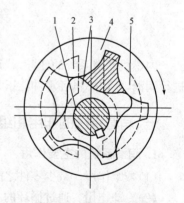

图 4-29 6135 柴油机的润滑油路
1—油底壳;2—集滤器;3—机油泵;4—精滤器;5—粗滤器;
6—曲轴;7—主轴承;8—正时齿轮;9—凸轮轴轴承;10—摇臂箱润滑油道;
11—摇臂;12—推杆;13—气门;14—压力表

图 4-30 转子式机油泵
1—泵轴;2—吸油腔;3—内转子;
4—外转子;5—压油腔

转子式机油泵工作原理如下:油泵工作时,内转子带动外转子向同一方向转动(如图中箭头所示)。内转子有四个凸齿,外转子有五个凹齿,它们可以看作是一对只相差一个齿的内啮合齿轮传动,其传动比为 5:4。故转子泵又称为星形内啮合转子泵。无论转子转到任何角度,内外转子各齿形之间总有接触点,分隔成五个空腔。进油道一侧的空腔,由于转子脱开啮合,封闭容积逐渐增大,压力降低,机油被吸入空腔内。转子继续旋转,封闭容积逐渐减小,机油压力逐渐升高并从齿间挤出,这样机油就被压入了油道。

转子泵的优点是结构紧凑,供油均匀,噪声小,吸油真空度高,泵体的加工比较简单。

(2)机油滤清器。为了既能达到良好的滤清效果,又不使油路阻力过大,在内燃机润滑系统中,一般都设有机油集滤器、粗滤器和精滤器。

①机油集滤器。机油集滤器装在机油泵进油口之前,能阻止较大的杂质进入机油泵。

②机油粗滤器。用以滤去机油中较大的杂质,常采用缝隙式机油滤清器,由于它的流通阻力较小,串联在机油泵与主油道之间。

③机油精滤器。用以清除机油中较小的杂质。常采用离心式机油滤清器,由于它的流通阻力较大,故与主油道并联。

(3)限压阀。限压阀的作用是自动调节机油压力,避免润滑系统的油压过高或过低,保证润滑系统的油压在允许的范围内工作。

三、润滑系统的故障与排除

1. 机油压力过低

机油压力过低的原因是机油量不足、机油滤清器太脏或机油油道堵塞等。另外,如果限压阀关闭不严或失灵,机油油面过高致使机油变稀等,也会造成机油压力过低。

2. 机油温度过高

机油温度过高会使机油黏度下降,润滑不良,机油容易氧化变质。机油温度过高的原因有内燃机载荷过大、冷却系统失灵,连续工作时间过长或机油量严重不足,机油油路堵塞等。

3. 机油消耗量过大或排气管喷机油

这种情况说明活塞环已破碎,或活塞环与气缸壁磨损过度而导致活塞环间隙过大。如果油底壳加油量过多,也会造成排气管喷机油。

第六节 冷 却 系 统

一、冷却系统的作用

内燃机工作时,有大量的热被燃烧室周围的部件吸收,冷却系统的任务就是强制地将部件吸收的热量散发出去,保证内燃机在适宜的温度下工作。内燃机在刚启动时,机体温度很低同样不利于内燃机工作,要求冷却系统在冷机启动后应尽快达到适宜的温度。

1. 温度过高对内燃机的影响

(1)进入气缸的气体吸热后密度下降,充气量减少至使内燃机功率降低,并可能引起不正常的燃烧。

(2)在高温下,受热使零部件膨胀变形,导致摩擦机件的配合间隙发生变化,破坏了内燃机的正常工作。

(3)机油黏度降低,失去润滑作用,加剧机件的磨损。

2. 温度过低对内燃机的影响

(1) 燃料燃烧不充分,燃油消耗增加,经济效益差。
(2) 气缸温度低,未经燃烧的燃料凝结成液体流入曲轴箱,造成机油稀释破坏了润滑。
(3) 热量散失过多,内燃机功率降低,经济性差。

二、冷却方法

内燃机的冷却方法一般可分为风冷和水冷两种。

1. 风冷

风冷是直接利用高速空气吹过气缸体和气缸盖表面进行散热。为增加散热面积,其表面布满了散热片。

2. 水冷

水冷是利用循环水散热,有强制式和自然式两种,工程用内燃机广泛采用强制式水冷的方法进行冷却。

三、水冷却系统的组成

如图4-31所示,水冷却系统由散热器、水泵、风扇、节温器等部件组成。

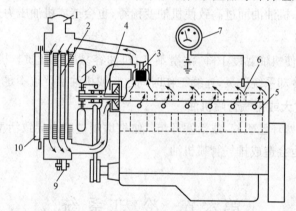

图4-31 强制循环冷水冷却系统
1—散热器盖;2—散热器;3—节温器;4—水泵;5—出水总管;6—气缸管;
7—水温表;8—风扇;9—放水开关;10—机油冷却器

水冷却系统工作过程如下:冷却水泵的进水口与散热器2的出水口及节温器3的小循环通道相连,出水口与机油冷却器10相连。在曲轴通过V带传动的驱动下,冷却水泵4和冷却风扇8同时运转,由水泵压出来的水,先进入机油冷却器冷却机油,然后进入气缸体内冷却气缸,再由气缸体顶部的出水孔进入气缸盖,冷却气缸盖后经出水总管5到达节温器。当冷却水温高于规定的冷却水温时,冷却水经过节温器的大循环通道进入散热器散热,冷却后的水又回到了水泵的进水口。当水温较低时,冷却水经节温器的小循环通道直接回到水泵进水口,不经过散热器而直接进行再循环。小循环的目的是尽快提高机体的工作温度。由于这种冷却方式是由水泵提供能量强制冷却水流动循环,故称之为强制式循环冷却。

散热器的作用是使内燃机循环水的热量通过散热器得到迅速冷却。水泵的作用是使冷却水进行强制循环。内燃机使用的水泵多为离心式。节温器的作用是改变水的循环路线,达到自动调节冷却强度,使冷却水温度经常保持在最适宜的温度范围。

节温器的核心是一个随温度变化可改变伸长量的伸缩筒。伸缩筒控制着两个同步移动但作用相反的主、副阀门。节温器有一个进水口和两个出水口,进水口与气缸盖的出水总管连接,两个出水口则分别与散热器进水口和水泵进水口相接,其工作过程如图4-32所示。

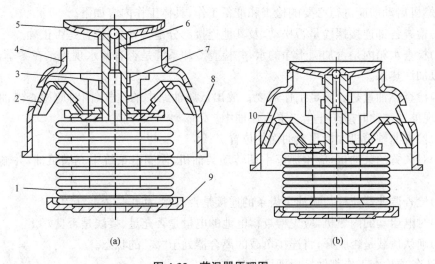

图 4-32 节温器原理图
1—伸缩筒;2—副阀门;3—杆;4—阀座;5—主阀门;6—通气孔;
7—导向支架;8—外壳;9—下支架;10—旁通孔

当内燃机温度较低时,节温器伸缩筒处于收缩状态。这时通往散热器的主阀门关闭,而通往水泵的副阀门打开,循环水便经副阀门及相应水道流回水泵,进行小循环流动,使内燃机温度迅速上升。

当内燃机冷却水达到一定温度时,伸缩筒逐渐伸长,从而顶开通往散热器的主阀门。这时循环水便经主阀门流往散热器,冷却后再由水泵压入循环系统,进行大循环。

四、水冷却系统的故障与排除

1. 水温过高

不温过高的主要原因有:冷却系统漏水或冷却水量不足;冷却系统水垢过多或脏物堵塞水道;散热器表面被脏物黏附;水泵、风扇V带过松或损坏;内燃机长期超负荷运行;供油或点火时间过迟,后燃期长;节温器失灵;水温表不准;润滑不良,机油温度过高。

2. 水温过低

这种故障在冬季常见,主要原因有保温设备使用不当或节温器失灵。

3. 漏水

水管接头松动或破裂,水箱漏,水泵漏;缸体和缸盖结合不严;缸垫损坏;缸套水封圈损坏等。

第七节　内燃机启动与运转

一、启动前的准备

内燃机启动前应进行必要的检查和准备工作，具体工作内容如下。

(1)检查各部连接螺栓是否松动，及其他连接部分是否齐全，位置是否正确。

(2)检查水箱内是否加满干净的水，并检查冷却系统是否有漏水现象。在冬季，如启动困难，可以加注热水。

(3)检查燃油量是否满足工作需要。放出低压油路中的空气，同时应检查燃油系统是否有漏油现象。加油时应防止尘土混入燃油中。

(4)检查曲轴箱机油标尺上油面的位置。

(5)对久置的柴油机，应用摇车手柄转动柴油机，使润滑系统中充满机油，并输送到各润滑部位。

(6)检查调速器拉杆与喷油泵齿条的连接是否可靠，动作是否灵活。

(7)对电启动的内燃机，应先检查蓄电池的电量是否充足、接线是否良好。

(8)确认负载是否脱开，将连接负载的离合器处于"离"的状态。

上述各项检查工作都做好后即可准备启动。

二、内燃机的启动

1. 柴油机的启动

电启动柴油机时，将减压手柄放到减压位，供油手柄置于中等偏下供油量的位置，闭合启动电路开关，当柴油机的转速已升高，听到气缸内喷油器发出"格格"的喷油声时，将减压手柄推到运转位置，柴油机即可启动。启动后，立即断开启动电路开关，并回调供油手柄，使柴油机处于怠速状态。

2. 汽油机的启动

汽油机电启动时，微开化油器的阻风门，半开节气门，开启电路，合上启动开关，即可启动汽油机。汽油机启动后立即断开启动电路开关、打开阻风门并回调节气门手柄，使汽油机处于怠速状态。

三、内燃机启动和运转时应注意的问题

(1)在使用电启动内燃机时，如果启动途中断电，则在内燃机还没有停止转动时，不能再次按下启动电钮，否则就会有打坏启动机齿轮的危险；如按下启动电钮内燃机不能一次发动，则按电钮的时间不能太长，否则会使蓄电池过热而损坏。

(2)冬季启动时，由于气温低，机油黏度较大，内燃机不容易转动。特别是柴油机，由于柴油的黏度较大，不易喷成雾状，所以在启动前应先将热水注入冷却水系统以提高机体温度。有预热塞的内燃机，先用预热塞预热，再启动。

(3)内燃机启动后，应进行暖车，不能立即带负载运转，以防因负载突然增大，内燃机本身

的温度太低,造成零件因承受较大的热应力而破裂。一般应在中等转速空车运转 5~10 min,夏季可短一些,冬季可长一些,使冷却水温升高到 60 ℃后,方可加负载运转。

(4)内燃机启动后,应检查机油压力是否升高到了规定的范围内,冷却水是否正常循环,内燃机是否有不正常的声响等。如果发现不正常的现象,应停车检查排除,确认无问题时,再加大负载运转。

习题四

1. 什么是工作容积?什么是压缩比?其大小各表示了什么?
2. 四行程内燃机与两行程内燃机的工作原理有何不同?
3. 大功率内燃机为什么采用多缸机?
4. 内燃机的固定件分成哪几部分?它们之间是如何连接的?
5. 对气缸套有何要求?为什么它的内径尺寸是确定内燃机是否需要大修的标志?
6. 油标尺油面的突然变化说明了什么?
7. 气缸垫损坏后对内燃机会造成什么影响?
8. 内燃机的运动件分成哪几部分?它们之间是如何连接的?
9. 活塞由哪几部分构成?其顶部形状说明了什么?
10. 气环是如何密封的?什么是气环的泵油现象?
11. 连杆组包括哪些部件?它们是如何组装的?
12. 什么是"浮动式"活塞销?为什么采用"浮动式"活塞销?
13. 什么情况下连杆螺栓会发生断裂?连杆螺栓断裂后会造成什么后果?
14. 曲轴和飞轮的作用是什么?飞轮外侧的刻线有何用途?
15. 配气机构的作用是什么?它有哪些类型?
16. 顶置式和侧置式配气机构在结构上有什么不同?各有何利弊?
17. 柴油机燃料供给系统由哪些部分组成?该系统的作用是什么?
18. 在喷油泵柱塞行程不变的情况下,喷油泵是如何改变供油量的?
19. 喷油器有哪两种形式?各有何特点?现在多采用的是哪种?
20. 调速器有何作用?

第二篇　小型线路作业机械

小型线路作业机械用于完成线路工作的某一项或几项作业项目。例如，捣固机承担线路的捣固作业；清筛机承担线路的边坡或全断面的石砟清筛工作；起道机承担线路起道作业。在这一篇中，我们将介绍线路作业中经常应用的一些小型线路作业机械。

第五章　捣固机械

铁道线路由于列车作用的结果或者自然环境的作用，部分道床石砟出现下沉现象，使线路出现超限处所。将下沉的线路抬至原有的高度，然后在枕下补充石砟，并串实打紧，后一项工作称捣固作业。

新建铁路铺轨之后，为了使轨面满足设计标高，使道床满足所应有的承载能力，也要进行捣固作业。捣固作业是线路修理、大修或新建线路的一项十分重要的工作。所谓捣固机械就是完成捣固作业项目的一种机械设备。

第一节　道床石砟的密实方法和捣固机分类

一、道床石砟的密实方法

为了达到使道床石砟捣固密实的目的，首先，要通过实验的方法进行测试。在实验中，对一定容积的石砟施加某种外力。在外力的作用下，石砟颗粒将改变原有分布状态而重新分布，使石砟密度增大。对于捣固作业，在一定的时间内，道床石砟下沉量的多少和均匀程度是衡量捣固机械捣固密实性能优劣的标准。一般的实验方法有两种，一种是压实方法；另一种是振动密实法。下面分别进行介绍。

1. 压实法

对道床石砟施加某种静压力，实验证明，石砟下沉量的大小取决于作用时间的长短和作用力的大小。单位面积的作用压力增加，则下沉量增大；持续的时间增加，下沉量也增大。

2. 振动密实法

振动密实法的实验是将石砟装入一个箱内，然后放在具有一个自由度的振动台上，如图5-1所示。

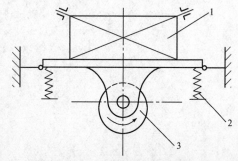

图 5-1　振动装置结构
1—箱子；2—弹簧；3—偏心轮

在图中，当偏心轮 3 转动之后，由于不平衡离心力的作用，箱内石砟就会随同装置进行振动。石砟振动的结果是：使石砟间的空间变小，密度增大；使箱内石砟的高度下降。如果改变振动装置的振动频率，石砟下沉的多少会不同。通过实验测得：当振动的加速度为重力加速度的 5 倍、转动频率为 3 100 r/min 时，石砟密度最大。如果增大石砟的颗粒度，则需要更大的振动加速度才能使道砟达到最大的密实度。

应当指出，轨枕下的道砟在捣固机械的作用下，其密实情况会与振动台上的实验情况有所区别。在这方面还需要进一步进行实验研究。

二、捣固机械的分类

捣固机械的分类是根据捣固机对石砟所施加作用力的性质不同来区分的。根据不同的作用力，捣固机械可分为以下三种类型。

1. 冲击式捣固机

冲击式捣固机是利用捣镐的冲击力将道床石砟密实。利用的是冲击密实原理。这种类型捣固机作业过程和人工手镐捣固原理基本相同。由于这种捣固机体积小、便携性好，目前在线路保养过程中应用较广。

2. 振动式捣固机

振动式捣固机是利用振动的动载荷作用于石砟，将道床石砟密实。它利用的是振动密实原理。各种电动捣固机、高频软轴捣固机和道砟夯拍机就是利用这种原理。这种类型的捣固机机械效率不是很高，但由于它的体积较小、重量较轻，来车时下道比较方便，因此在列车密度较大的情况下仍然被使用。

3. 振动夹实式捣固机

振动夹实式捣固机是利用联合密实原理。这类捣固机利用捣镐振动的动载荷和静载荷的压力联合作用于石砟，将道床石砟密实，各种液压捣固机就是利用这种原理工作的。

在振动夹实式捣固机中，根据对枕下石砟夹实的方式不同，这种捣固机又可分为同步捣固机和异步捣固机两种。同步捣固机在捣固作业时，每个镐头夹石砟时，要求行进的距离相同。因此，每个镐头上所承受的压力由于枕下石砟的情况不同会有所不同，这样就会使捣固后的枕下石砟均匀程度不一致。目前，我们使用的小型液压捣固机是同步作业捣固机。异步捣固机在捣固时，每个镐头的动作完全是由独立液压系统控制产生的。由于枕下石砟情况不同，但镐头所承受的压力是相同的，因此，镐头所移动的距离就不会相同，但捣固后枕下石砟的密度比较均匀。因此在振动夹实式捣固机中，异步捣固机要比同步捣固机优越。

第二节 内燃捣固镐

随着列车运行速度的提高，列车运行密度的增大，线路修理的快捷性已经成为保证运输安全的基础要素之一，养路机械的小型化和便携化已经成为新的发展趋势。内燃捣固镐是在原有电动捣固镐的基础上，伴随高速铁路的发展而研发的一种新型、便携的捣固设备。本节以瑞典阿特拉斯柯普柯 BEREMA 有限公司生产的眼镜蛇 TT 型捣固镐为例，介绍该机的结构及运用。

眼镜蛇 TT 捣固机为内燃手持冲击式捣固机，由一部二冲程发动机驱动，可让发动机怠速运转而不触发冲击机构,广泛应用于铁路工务系统,尤其适用于提速线路、道岔维修和配合大机捣固作业。具有冲击力大、捣固和减振效果好、操作简单、维修方便等优势和特点。

该机具有多功能,更换不同的钎具后,也可用于更换轨枕作业中的道床破碎、枕木盒内石砟夯拍、挖掘排水沟等工作。

本机器由一台单缸空气冷却式二冲程发动机提供动力。发动机装有一个薄膜汽化器,汽化器受曲轴箱里的压力变化控制。汽化器把燃油混合液通过薄膜阀送进发动机气缸,由燃油混合液里的润滑油自动润滑。发动机转速可以通过油门手柄变速,油门手柄拉线跟汽化器蝶形阀连接。发动机最高转速由一个电子转速限制器限制,这个限制器装在无断路器点火系统内。发动机与夯锤之间的动力传输是通过齿轮部件进行的。

在启动发动机前,夯锤活塞停靠在气缸底部。当发动机启动后,气压活塞开始在气缸里上下运动,而夯锤不动。在稍微用力下压机器手柄时,钎具就把停靠在气缸底部的夯锤活塞抬高,于是夯锤冲击机构就被接通。夯锤开始上下运动,用气压往下冲击钎具。当本机器被稍微用力向上抬升时,钎具就向下掉到钎具插销上。夯锤活塞下落到气缸底部位置并停在那里,所以夯击机构就被断开了。

这种操作系统也意味着本机器可以立在作业工具上而不接通夯击机构,如图5-2所示。

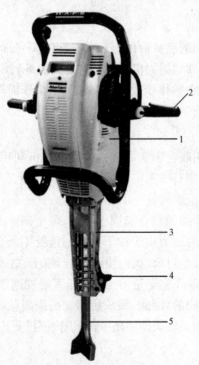

图 5-2　眼镜蛇捣固机
1—发动机;2—油门手柄;3—镐体;4—钎具锁销;5—钎具

该捣固机在使用过程中要加强以下几个方面的工作。

(1)对二冲程汽机油的质量及配比一定要严格把关。

通过现场的维修发现,使用者未按说明书要求,使用了非正规厂家生产非标准牌号的二冲程汽机油,造成了发动机曲轴连杆烧死,活塞、缸筒拉伤。而坚持正确使用二冲程汽机油很少发生上述情况。

燃油配比也尤为重要。机油、汽油正确配比为1∶25,在加油配比时应使用配比壶。

(2)由于该捣固机是为了适应高速线路维护而开发的新产品,因此要加强对眼镜蛇捣固机的操作培训、日常保养和维护,确保操作人员经培训后再上道作业。

使用眼镜蛇捣固机的领工区、工区应设专人负责严格按使用操作说明书对机器进行保养。定期检查和更换滤芯,定期检查齿轮箱和夯锤润滑油位,适时添加机油。

工厂应设有经过培训的专业修理人员,定期对领工区、工区的眼镜蛇捣固机进行巡检和修理,指导现场人员正确使用。

(3)有三个部位要特别注意。

①空滤器上盖使用时要上紧,不得松动和破损,否则会加快发动机曲轴连杆、活塞、缸筒的磨损。

②散热风扇和风扇聚风外罩不得破损,否则发动机曲轴连杆、活塞会因散热不良而损坏。因此上述两个部位损坏,务必停机修复后再用。

③更换镐钎务必停机进行,否则会损坏夯锤系统。主要技术参数见表5-1。

表5-1 眼镜蛇捣固机主要技术参数

额定功率	1.2 kW
噪声水平	109 dB
重量	25 kg
长度	927 mm
深度	331 mm
手柄之间宽度	661 mm
手柄折叠时宽度	390 mm
机器宽度	320 mm
钎尾	32 mm×160 mm
发动机	
型号	单缸,风扇冷却,二冲程发动机
气缸排量	90 mL
发动机转速(机器有负载转速)	(6 500±100)r/min
燃油	汽油90—100辛烷,含铅或不含铅
燃油混合液(二冲程机油)	与汽油的混合比4% (1∶25)
油箱容量	1.0 L
燃油消耗量	1.3 L/h
冷却系统	风扇冷却
启动器装置	反冲启动器
传动装置	齿轮减速传动
齿轮油液	柴油发动机油 SAE 15W/40 AP1∶CD
油液容量	0.10 L
传动比	1∶4.3
夯锤装置	
冲击频率	720~1 620 Hz
冲击能量	40 J

第三节　液压捣固机

液压捣固机采用振动和夹实的方法联合进行捣固作业,捣固质量较高。捣固机的传动部分采用液压传动,从而使结构简化,重量轻。在液压捣固机捣固作业时,不需要扒砟和回填石砟,使工序得到简化。因此,使用液压捣固机进行捣固作业,既可节省人力,又能减轻劳动强度,并且能提高劳动生产效率。

一、XYD 系列小型液压捣固机的工作原理

XYD 系列液压捣固机主要是为适应线路捣固作业的特点和工作过程而设计的。适用于线路修理的捣固作业,是我国目前小型机械养路的主要设备之一。

图 5-3 所示为 XYD 系列液压捣固机结构原理示意图。道床石砟的捣固作业,是由捣固机的工作部件 3(称为捣镐)的动作来进行的。在作业时,当捣镐在传动装置的作用下向下移动时,捣镐下端的镐头部分就会伸入道床石砟的内部,并可达到轨枕底面以下的位置。这就是捣固机的下插过程。捣镐的下插动作是由液压传动系统中的升降油缸 4 驱动的。捣镐下插完成后,如果使两镐头部分向内靠拢,如图中的箭头所示,两镐头的镐撑就会将石砟送入轨枕底部并夹实,达到捣固的目的。捣固夹实完成后可将两镐头张开,也可再夹实一次进行第二次捣固,增加捣固的效果。捣镐的张开或夹实动作是由液压传动系统中的夹实油缸 5 驱动的。夹实过程结束后,需将捣镐提升上来。当捣

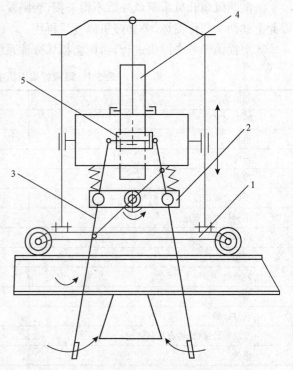

图 5-3　XYD 系列液压捣固机结构原理示意图
1—底架;2—振动装置;3—捣镐;
4—升降油缸;5—夹实油缸

镐底部提升至超过轨枕顶面或高出轨面时,捣固机可通过走行装置移动至下一个轨枕的捣固地点,或是通过下道装置横移至线路两侧的下道架上,以便避车。

液压捣固机是以内燃机为动力,通过 V 带带动振动轴高速旋转,使振动轴两端的偏心铁随之高速旋转产生振动,由振动架传递到捣镐上,使捣镐振动。同时动力通过 V 带驱动齿轮泵,使油液产生压力,压力油经分配阀,分配给夹实油缸和升降油缸,从而使捣镐升降、张合,将道砟振捣密实。

每一台捣固机共有 4 只这样的捣镐,由一个升降油缸驱动。每 2 只捣镐由一个夹实油缸驱动镐头水平移动。

XYD 系列液压捣固机是振动夹实式捣固机的一种。在作业时要求捣镐以某一频率进行

振动,从而产生振动力。捣镐的振动是由振动装置2的不平衡转动产生的。

小型液压捣固机在使用中,两台捣固机连接成一体,构成一套。由两个人各自操作一台。这样每根轨枕的8个捣固位置一个动作循环即可完成。

二、XYD系列小型液压捣固机的构造

在上述我们介绍的小型液压捣固机的原理中,包括捣镐在内的捣固机工作部分在捣固机的结构中称捣固装置。产生振动的部分称振动装置。驱动工作部分动作的液压缸等称为液压系统,液压系统的动力来源是由捣固机的原动机提供的,称为动力部分。这几部分都要安装在一个架子上,称机架部分,当捣固机下道避车时需要安放在一个架子上,称下道架部分。小型液压捣固机的结构就是由这六部分构成的,它的结构如图5-4所示。

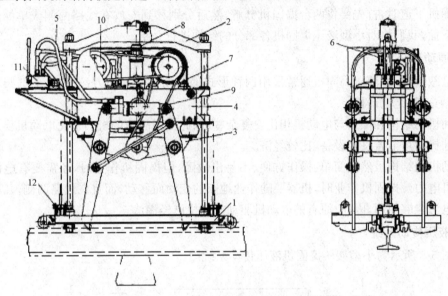

图5-4 XYD系列小型液压捣固机结构
1—底架(机架);2—导柱总成;3—振动装置;4—油箱;5—液压油管;6—手动油泵;
7—皮带传动;8—升降油缸;9—夹实油缸;10—油泵;11—多路换向阀;12—夹轨器

在图中,捣固机的动力部分采用的是柴油机或汽油机,现以柴油机为例。柴油机的机械能是由两组V带对外输出的。柴油机输出的机械能,其中水平方向传动的,是将转矩传递给液压系统的动力元件液压油泵的。油泵10在柴油机的驱动下转动,从而将液压油从油箱4中吸出,并提高压力,然后送入液压系统的控制元件。通过多路换向阀11的方向控制后,压力油液被送入液压系统的执行元件,升降油缸8和两个夹实油缸9,从而驱动捣镐的捣固动作。多路换向阀采用手动操作控制。当操作多路换向阀使升降油缸的缸体下降时,捣固机的主体部分随之沿着机架1的导柱下降,从而带动捣镐下降,使镐头可下插到轨枕底面以下。这时如果再操作换向阀的夹实油缸控制部分使两夹实油缸的活塞杆外伸,捣镐就会绕振动装置3上面的镐轴转动一个角度,使两镐头夹紧。通过镐头部分的镐撑作用,就可将石砟夹入枕下。捣镐的张开动作和上升动作也是通过操作换向阀实现的。

液压捣固机的振动装置是由柴油机通过另一组V带向下方传动。通过V带传动,驱动振动装置3的振动轴转动。在振动轴上,安装有不平衡的偏心铁,振动轴转动后,由于偏心铁

离心力的作用,振动装置连同捣镐以某一固有的频率振动。当镐头插入石砟后,镐头的振动就可传递给道床石砟,从而实现振动与夹实的联合捣固密实的作业。

为了防止振动装置及捣镐的振动传递给捣固机的其他部分,损坏其他部件或元件,捣固机的振动装置采用橡胶制成的减振器与主机连接,吸收振动装置传给主机的振动。

小型液压捣固机的重量较轻,整机重约 300 kg 左右。在捣固机下插过程中,如果不采取其他措施,由于石砟的反作用力作用于捣固机,就可能使捣固机顶起,使走行轮脱离钢轨而失去支承,从而导致捣固机倾倒,将捣固机损坏。这种情况在钢轨接头处或在道床石砟板结的情况下更加明显。为了避免这种情况发生,小型液压捣固机设有夹轨器 12,安装在底架 1 的两侧。当捣镐下插时,夹轨器便落在钢轨上。如果捣固机要被顶起,夹轨器就会夹住钢轨,使捣固机把持在轨排上。当捣镐提升时,夹轨器被主机部分拉动,松开钢轨。

捣固机下道时,首先要将两台捣固机分解,然后分别移到安放在线路两侧或单侧的下道架上。下面,我们将对小型液压捣固机各部分的结构进行介绍。

1. 原动部分

前已叙述,小型液压捣固机通常采用两种形式的原动机作为动力:一种是单缸柴油机或汽油机;另一种是电动机。

柴油机的结构和操作与电动机相比要复杂些,因此出现故障的机会也比电动机要多。但采用柴油机后可节省发电设备,比较经济。

电动机的结构虽然较简单、操作方便、不易出故障,但捣固机作业时,还需要有电源提供给电动机电力。捣固机作业时,机器要随作业地点的变动而移动,而且在线路两侧,几乎没有固定的电源能够使用,因此,原有的电动机驱动捣固机已经淘汰。

2. 液压传动系统

如图 5-5 所示为小型液压捣固机液压传动系统图。

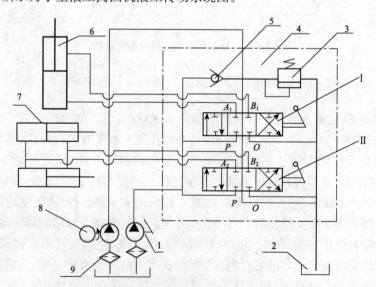

图 5-5　捣固机液压传动系统

1—手动油泵;2—油箱;3—溢流阀;4—多路换向阀;5—单向阀;
6—升降油缸;7—夹实油缸;8—油泵;9—滤清器
Ⅰ—第一联换向阀;Ⅱ—第二联换向阀

液压系统的执行元件共有三个,它们都是单出杆双作用液压缸。液压缸 6 为升降油缸,由换向阀的第一联控制。活塞杆外伸时,是捣镐的下插动作;活塞杆回缩时,完成提升动作。液压缸 7 为夹实油缸,两液压缸采用并联油路连接,由第二联换向阀 II 控制。当两活塞杆外伸时,是镐板的夹实动作,当活塞杆回缩时,镐板张开。

两联换向阀间采用并联连接方式,即从进油口来的油液可直通到每联换向阀的进油腔(即 P 腔)。各阀的回油腔直接通过多路换向阀的总回油口,送回油箱。为了使捣固机在非工作状态时,液压油泵不带负荷,即卸荷状态,使液压油泵输出的油液以最低压力流回油箱,以节省动力,整个换向阀采用卸荷回路进行卸荷。

在液压系统图中,当液压油泵的机动油泵 8 工作时,机动油泵将液压油从油箱 2 中吸出,通过滤清器 9 过滤出较大的杂质后,将液压油提高压力,经过单向阀 5,送入多路换向阀的压力油腔 P 内。如果两换向阀的滑阀均处于中间位置时,卸荷油路使油泵泵出的油直接流回油箱,使油泵泵出的油不产生压力。当移动某一联换向阀的滑阀时,卸荷油路被切断,进入换向阀的油液压力升高。当滑阀继续移动后,例如,使第一联的滑阀左移,移动结果,滑阀将 P 腔内的压力油与 A_1 腔相通,使压力油进入升降油缸的无杆腔内。同时,B_1 腔与回油腔 O 相通,使有杆腔与油箱相通。在无杆腔内的液体压力作用下,无杆腔内的容积增加,使活塞杆外伸,有杆腔内的油液被排回油箱。

当第一联滑阀右移后,压力油与 B_1 腔相通,A_1 腔与回油腔 O 相通,在这种情况下,活塞杆回缩。

两夹实油缸由于采用并联连接方式,如果两液压缸的运动阻力不相等,阻力较小的首先动作,阻力大的后动作,产生不同步现象。

液压系统的压力由溢流阀 3 控制。如果因某种原因使系统的压力超过额定的压力时,溢流阀就会工作,使部分油液流回油箱,从而使压力降低在额定压力之内,以防止由于系统的压力超高而将液压元件损坏,或降低液压系统的效率,或是产生内泄或外泄现象。

油泵 1 为手动油泵。当原动机或机动油泵以及其他部分出现故障而失去泵油能力时,如果捣镐还插在道床内,就要使用手动油泵向升降油缸内供油,将捣镐提升后,然后下道避车修理。通常手动油泵又称安全泵。

使用手动油泵时,为了防止泵出的压力油从机动油泵流回油箱,在两油泵之间设置一个单向阀 5,防止油液倒流。下面我们将对液压系统中的每一个液压元件的原理与结构进行介绍。

(1)齿轮油泵。液压油泵的种类较多,主要有柱塞泵、叶片泵、摆线泵和齿轮泵等。其中齿轮泵的结构简单、体积小、重量轻、工作可靠、成本低,而且对液压油的污染不太敏感、便于维护与修理,而且特别适用于比较恶劣的工作条件。因此,小型液压捣固机多选用齿轮油泵。但是齿轮泵的使用压力较低,流量脉动和压力脉动较大,噪声较高,使用寿命也较短。XYD 系列液压捣固机选用的齿轮油泵的型号为 CBN-E312 型,流量为 12 L/min,结构如图 5-6 所示。其工作原理在液压传动中已经介绍,不再赘述。

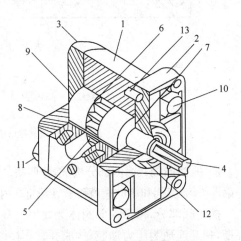

图 5-6 齿轮油泵
1—壳体;2—前盖;3—后盖;4—主动齿轮;5—被动齿轮;6—轴套;7—挡片;8—密封圈;9—标牌;10—方头螺栓;11—螺母;12—骨架油封;13—定位销

在图 5-6 中,主动齿轮的轴上设有花键,安装皮带轮,由柴油机带动转动。从动齿轮在主动齿轮的下部,两齿相互啮合。壳体、前盖和后盖通过 4 根方头螺栓组装在一起。由定位销定位。为了防止漏油,在前盖与壳体间和后盖与壳体间设有密封圈。两齿轮轴的轴承为轴套构成的滑动轴承,并作为两齿轮的前后端盖。为了防止油液从主动齿轮的轴处外泄,在轴与前盖间设有骨架油封。在辨别齿轮泵的吸油口和出油口时,一般情况齿轮泵的壳体上都标有箭头,标明齿轮泵的转动方向。维修过程中,以吸油口径较大、出油口小作为经验基础。

(2)多路换向阀。多路换向阀是捣固机液压系统的控制元件。在换向阀中,包括控制升降油缸和夹实油缸动作的两联换向阀。同时,液压系统中的溢流阀和单向阀也设置在多路换向阀中。小型液压捣固机采用的换向阀的型号为 ZFS-L10C-YW 型。结构如图 5-7 所示。

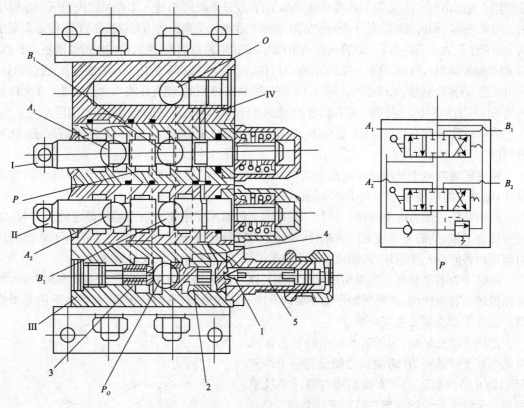

图 5-7　多路换向阀结构
1—先导阀;2—溢流阀;3—单向阀;4—卸荷通道;5—调压弹簧
Ⅰ,Ⅱ—换向阀;Ⅲ—进油阀;Ⅳ—出油阀
A_1,B_1,A_2,B_2—油管接口;P_o—进油口;P—压力腔;O—出油口

图中,换向阀共由四部分构成,称四联。换向阀部分共有两联,第Ⅰ联和第Ⅱ联。进油阀部分为第Ⅲ联,溢流阀和单向阀就设置在第Ⅲ联内。第Ⅳ联为出油阀,出油阀的接口要通向油箱。

换向阀部分,每个换向阀体上共加工有 5 个环槽。其中,右数第 3 道环槽,即位于中间的环槽,相互连通为压力油腔,构成并联连接油路。两压力油腔通过虚线所示的油道,与单向阀出油端相通。当压力油打开单向阀后,液压油便可通过油道进入每一阀的压力腔 P。每个压力腔 P 两边的环槽和出口 A_1、B_1、A_2、B_2 分别相通,接各液压缸。右数第 1 道环槽和第 5 道环槽为回油腔,与回油阀相通。

由油泵输出的压力油通过油管送入多路换向阀的进油阀Ⅲ,出油阀Ⅳ的 O 口通过油管接至油箱。换向阀Ⅰ的接口 A_1 接至升降油缸无杆腔,接口 B_1 接至有杆腔。换向阀Ⅱ的接口 A_2 通过油管接至两夹实油缸无杆腔,接口 B_2 接至两夹实油缸的有杆腔。

在每个换向阀的滑阀上都加工有 3 个台阶,左侧的第一和第二台阶起换向作用,右侧较小的台阶为卸荷通道台阶。当两滑阀均处于中间位置时,A_1 环槽、B_1 环槽、A_2 环槽和 B_2 环槽均被滑阀的台阶封住,各液压缸均不能动作。这时,各滑阀右端的台阶和各阀体右端的小孔及溢流阀体上的斜孔便共同构成一条卸荷通道 4,使进油阀的压力油通过溢流阀主阀芯内的阻尼小孔流动。当油液通过阻尼小孔时,会有压力损失,引起小孔前后的压力不平衡。在此压力作用下,溢流阀 2 被打开,所有油液通过溢流阀主阀流回油箱,使液压油泵泵出的油不产生压力,起到卸荷作用。

当移动某一滑阀时,卸荷通道 4 被滑阀台阶切断,油泵输出的油压升高。压力油作用在单向阀上后,使单向阀开启,然后进入每一换向阀的压力腔 P。当滑阀继续移动到终止位置时,滑阀上的台阶就会使阀体上的环槽沟通。例如使滑阀Ⅰ左移,移动结果,滑阀左数第一个台阶使 A_1 和回油口相通,滑阀的另一个台阶使 B_1 和压力油相通。这样,由于升降油缸的 B_1 腔进入压力油,而 A_1 腔通至油箱,因此,升降油缸的活塞杆就会回缩。

在多路换向阀的进油阀的右侧为溢流阀部分。溢流阀为先导式,由先导阀 1 和溢流阀 2 及调压弹簧 5 等构成。只要任何一联滑阀处于换向位置,则右侧的卸荷通道被切断,系统压力升高。当工作压力高于弹簧 5 所调定的压力时,先导阀 1 在液体压力作用下,克服弹簧的作用力而开启,使部分油液通过油道流回油箱。先导阀打开后,由于主阀又有油液通过主溢流阀 2 中部的阻尼孔流动,同样道理又使溢流阀 2 部分打开,使系统压力降低,实现安全保护作用。通过调整弹簧 5 右侧的调整螺母,可以调整液压系统的额定工作压力。

单向阀 3 是保证使用手动油泵向升降油缸供油时,压力油不能通过齿轮泵倒流回油箱。单向阀采用锥形阀芯,依靠左侧的弹簧作用在阀座上。

换向阀是人工控制手柄式,采用弹簧自动复位结构。此换向阀的公称通径为 10 mm,最大流量规定为 30 L/min。

(3)液压油缸。液压油缸是捣固机液压系统的执行元件。液压缸把输入液体的液压能转换成活塞直线往复运动的机械能输出,从而驱动捣镐完成预定的动作。升降油缸和夹实油缸均是双作用单出杆液压缸,油缸内径为 63 mm,是国家标准系列中的数值。

升降油缸的结构如图 5-8 所示。

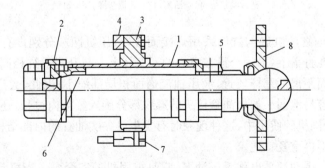

图 5-8 升降油缸的结构

1—缸筒;2—缸底;3—铰轴;4—铰轴座;5—缸盖;6—活塞杆;7—螺栓;8—球铰座

图5-8中,升降油缸主要由缸底2、缸筒1、缸盖5及活塞和活塞杆6等零件组成。

缸底2与缸筒采用螺纹连接方式,为了防止缸底松动,拧紧后用锁紧螺母锁紧。为了防止漏油,在缸底与缸筒的接触处设有密封圈密封。在缸底上设有无杆腔的通油口,油管接头可通过螺纹连接在缸底上。

缸盖5和缸筒同样采用螺纹连接,并由锁紧螺母锁紧。在缸盖上设有杆腔通油口。

活塞安装在活塞杆6上后,由圆螺母进行轴向固定,再由止退垫圈将螺母锁住,防止螺母松动。活塞与活塞杆接触处设有O形密封圈,防止两油腔漏油。活塞与缸筒内壁间的滑动处设有三道O形密封圈,防止活塞在缸壁接触滑动时出现漏油现象。O形密封圈的特点是结构简单、摩擦阻力小,但活塞与缸筒的配合面工艺要求高,而且O形密封圈的使用寿命较短。

活塞杆和缸筒内表面同样具有较高的加工精度。为了确保活塞杆的移动不偏离中轴线,以免损伤缸壁及活塞,并改善活塞杆与缸盖的摩擦,在缸盖的右部设置一段导向套。内孔有防止油液外泄的三个O形密封圈。通常,标准型液压缸的导向套都安装在缸筒之内,这样可保证导向套与缸筒同轴。捣固机油缸的导向套是外悬式,依靠缸盖的螺纹连接来保证同轴是不容易做到的。在制造中,由于缸筒端面或缸盖端面的垂直加工精度产生误差,以及装配等因素的影响,在实际中,很难保证缸盖导向套与缸筒内径同轴,因而使运动阻力增大,严重的会产生漏油或拉缸现象。

升降油缸的活塞杆采用活动球铰与捣固机上梁连接,缸筒外部设有铰轴3,与捣固机的油箱体连接。这种结构可防止油箱在升降过程中,由于油箱两端的活动立柱滑套有少许不同步而损坏油箱或其他零件。

夹实油缸的结构如图5-9所示。

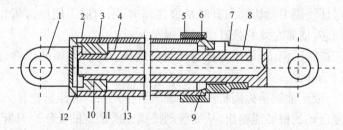

图5-9 夹实油缸的结构

1—缸底;2—圆螺母;3,8,10—密封圈;4—活塞杆;5—圆螺母;6—缸帽;7—缸盖;
9—密封调整垫;11—活塞;12—止退垫圈;13—缸筒

在图中,夹实油缸的缸底与缸筒采用焊接而成,液压缸两端分别设有耳环与镐板连接。两个油口,一个设在缸盖上,另一个设在空心的活塞杆上。与升降油缸相同,设在缸盖上的油口,由于缸盖内表面距离活塞杆较近,液压油流通面积局部缩小,因此,会产生局部压力损失现象,使油管接头容易泄漏。如果油管接头的螺纹部分旋入缸盖内过长,还会触及活塞杆,使活塞杆拉伤。在捣固机的使用中,这种现象时有发生。夹实油缸的内部结构和升降油缸没有大的差别,这里就不再重复叙述。

(4)手动油泵。手动油泵也称手压油泵,它是捣固机的安全泵。当机动油泵或原动机失效时,如果捣镐还插在道床内,就须使用手动油泵向升降油缸供油,使捣固机提升,然后下道避车。手动油泵的结构如图5-10所示。

在图中,手动油泵主要由泵体5、活塞4、进油阀7和出油阀6及压动手把1组成。手动油泵为单行程活塞式。在泵的底部设有进油阀7,进油阀通过油管通入油箱。在泵的右侧设有出油阀6,油泵泵出的油通过出油阀送至多路换向阀。手动油泵的工作过程是:用手上下摇动手把1时,活塞随之上下往复运动。活塞上升时,由于在活塞底部产生真空,油箱中的油液在大气压力作用下,克服吸油阀的弹力作用而进入泵内,这时出油阀关闭。活塞下移时,泵内液压油被压缩,而使压力增高,从而克服出油阀弹簧的作用力而输出,这时吸油阀处于关闭状态。只要不断地摇动手把,就可将油液不断地泵出。

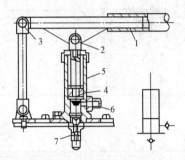

图 5-10　手动油泵的结构
1—手把;2,3—销轴;4—活塞;5—泵体;6—出油阀;7—进油阀

手动油泵安装在油箱盖上,当用手动油泵供油时,需先将换向阀置于油缸的上升位置,然后再在手动油泵的手柄上套上连接杆,往复压动手把即可将油强行注入升降油缸的有杆腔,使捣镐提升。待捣镐拔出道床,升到轨面以上时,把捣固机两台分解,再横向推离线路。

手动油泵在活塞上设有两道O形密封圈,当密封圈磨损后,或是由于吸油阀和出油阀关闭不严,就会降低每次的泵油量,而靠增加泵油次数提升。当泵油次数超过30次时,会影响下道时间,这是不容许的。这时应对手动油泵进行检修。

(5)油箱。液压系统中的油箱主要用于储存液压系统所需的足够的油液,并将液压油的热量通过油箱及时散放。油液中的杂质要在油箱中沉淀,油液中的气泡也要通过油箱进行分离。油箱并作为捣固机升降部分的主体及液压系统的机架。捣固机的电动机或柴油机、油泵、多路换向阀、手动油泵以及振动框架等都要安装在油箱上。油箱的结构如图5-11所示。

在图中,油箱是由钢板焊接而成的箱体结构,在油箱的中部具有一个上下串通的圆孔5,以使升降油缸穿过油箱。在油箱上部设有吸油口2,通过此油口,油泵将液压油通过安装在吸油管底部的滤油器过滤后吸出油箱。在油箱上部的左侧设有回油口7,多路换向阀的回油阀,通过该孔将油液送回油箱。油箱右侧设有加油孔4,当油箱中的油液缺少时由此补充。在加油孔上设有加油口盖。在盖上有通气小孔,使油箱中的油面保持大气的压力。

在液压系统中,油箱内的油面高度一般为油箱高度的80%左右为合适,油量过少,会使油液循环加快,不利于沉淀杂质和分离气泡,而且散热不良。油量过多,当系统回流时,会从通气孔外喷,造成浪费。通过设置在油箱侧面上的油位指示观察窗8可以检查油面的高低。在油箱内部,设有十字形隔板3,用以减轻油面的波动,并对油箱起加固作用。

油箱上部有安装电动机或柴油机的地角,有安装升降油缸铰轴的铰轴支座,手动油泵也安装在油箱上。多路换向阀安装在油箱左端的支架上,油箱下面的4个耳孔,通过4个减振器与振动架连接。油箱两端导向套和导柱配合,确保主体部分沿导柱顺利升降。

油箱内的吸油管下端安装有网状滤油器,以滤除油中杂质,防止杂质被吸入后而损坏液压元件,或增加元件的磨损。捣固机在使用一个阶段后,应对滤油器进行清洗,防止杂质把滤网堵塞而影响正常吸油。

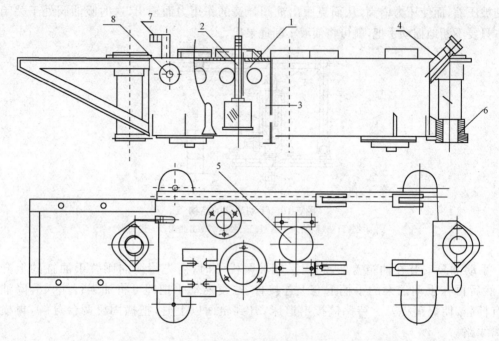

图 5-11 油箱结构
1—油箱体;2—吸油口;3—隔板;4—加油孔;5—通孔;6—导套装置;7—回油口;8—观察窗

(6)油管和油管接头。液压传动系统工作液体的循环和能量传输是由油管实现的。油管接头用以把油管与油管或油管与元件连接起来而构成管路系统。

在捣固机液压系统中,主要采用橡胶软管和塑料油管。捣固机的高压油路部分目前完全采用橡胶软管,但橡胶软管制造困难、寿命短、成本高。其他类型的捣固机有的采用无缝钢管。油箱至油泵的吸油管和多路换向阀至油箱的回油管的低压部分采用耐油塑料管。耐油塑料管价格低廉、装配方便,但耐压低。选择的依据是液压系统各部位的压力、工作要求和各部件之间的位置关系。

油管与液压元件间的连接,对于小直径的油管普遍采用管接头连接。油管接头的结构形式采用扣压式橡胶软管接头和扩口式薄壁无缝管接头。

油管安装质量,会直接影响液压系统的工作,如果安装不好,不仅压力损失增加,而且可能给维修工作造成很大困难。管路应尽量短,并要保证有必要的伸缩变形。一般硬管弯曲半径应在 50 mm 以上,油管弯曲后应避免截面有大的变形。

3. 振动装置

我们已经知道,小型液压捣固机的静载荷是由液压传动系统驱动捣镐实现的,而捣镐所需的动载荷就是由振动装置产生的某一频率的振动,这个振动力驱使捣镐振动。当捣固机进行捣固作业时,动载荷和静载荷共同作用于石砟,使石砟达到较好的密实要求。振动装置的结构如

图 5-12 所示。在振动装置中,振动架 1 和安装在振动架上的偏心振动轴装置是构成振动装置的主要部分。安装在油箱上部的汽油机或者柴油机,通过 V 带的传动,将原动机的机械能传至偏心皮带轮 2 上。当振动轴转动以后,由于不平衡偏心铁的作用,整个振动装置以振动轴的转速为振动频率进行振动。由于振动力的产生,振动轴相对原动机轴的位置不断地产生变化,为了保证 V 带的传动不受振动的影响,在油箱的侧面设有该 V 带的张紧轮装置,对 V 带进行张紧。振动轴是以 4 000 r/min 的速度转动的。下面我们介绍振动装置每一部分的结构。

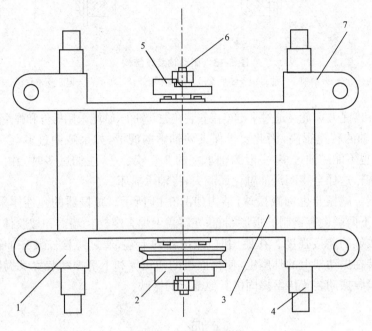

图 5-12　振动装置结构

1—振动架;2—偏心皮带轮;3—振动箱体;4—镐轴;5—偏心铁;6—振动轴;7—减振器座

(1)振动架。振动架可分为振动箱体 3、镐轴 4 和减振器座 7,通过焊接构成整体。在振动箱体的中部设有安装振动轴的水平方向的通孔。在通孔两端,设有轴承座和安装轴承盖的螺栓孔。振动架上设有 4 根镐轴,4 只捣镐就安装在镐轴上。镐轴采用半轴形式装入振动架的轴孔内,然后采用焊接方法与振动架箱体连接。为了减轻振动架的重量,镐轴嵌入箱体内的一部分被加工成空心形状。振动架在使用一个时期以后,由于长期受振动力的作用,镐轴根部受交变载荷疲劳作用较明显,因此,镐轴根部产生疲劳裂纹或疲劳折断是振动架失效的主要原因。镐轴裂纹较轻时,可进行焊接修复。损坏较重时需更换新的振动架,有条件也可对镐轴进行更换。

在振动架的四角还设有安装减振器的 4 个耳座,通过减振器使振动装置安装在油箱的底部。

(2)振动轴装置。振动轴装置结构如图 5-13 所示。

在图中,振动轴装置主要由振动轴 2、伞形偏心铁 1 和偏心皮带轮 7 及轴承 6 组成。振动轴 2 通过两口向心球轴承,使振动轴装置安装在振动架箱体 5 的通孔内,在两端分别设有轴承盖 4,防止轴承轴向移动。轴承盖与轴套接触处设有毛毡油封,防止轴承室内的润滑油溢出。轴承盖通过螺栓安装在振动架箱体上,在两滚动轴承内侧振动轴的台阶处还设有挡油盘 8,挡油盘能防止润滑油进入振动架的套筒内。

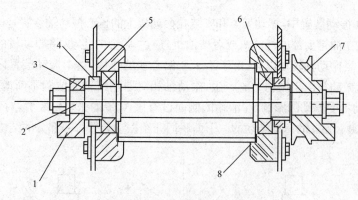

图 5-13 振动轴装置结构

1—偏心铁；2—振动轴；3—油封；4—轴承盖；5—振动架箱体；6—轴承；7—偏心皮带轮；8—挡油盘

偏心铁 1 和偏心皮带轮 7 通过平键连接安装在振动轴上,轴端采用螺母和弹簧垫圈轴向固定。

由于振动轴的转速很高,因此要求保证两轴承的润滑,如果缺油过多,会很快将轴承损坏。但润滑油也不能注油过多,一般为轴承室的 2/3 较合适,注油过多时会由于轴承的散热困难而产生温升,这样会将润滑油融化而流失,将轴承损坏。

(3)减振器。减振器也称减振球,结构如图 5-14 所示。减振器的弹性体采用橡胶制成,在橡胶体的上下两端设有钢制的板形端盖,在端盖上焊有螺栓。端盖和橡胶体在生产时铸成一体,要求有较好的连接强度。在使用时,减振器的上端,通过螺栓安装在油箱底部的耳座上,下端要安装在振动架上的耳座上,使捣固机的油箱等和下部振动装置及捣固装置连成整体,减振器还吸收振动装置传给捣固机其他部分的振动。

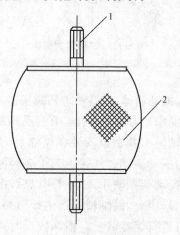

图 5-14 减振器结构

1—端盖；2—橡胶体

减振器橡胶体弹性和强度的好坏以及橡胶体和端盖连接强度的好坏是影响减振器使用寿命的主要因素。在使用中,经常由于橡胶体弹性不好或橡胶与铁的结合强度不够而断裂失效。

捣镐提升过程中,还要特别注意防止镐头被钢轨或其他轨件阻挡,以防止将减振器拉断。

购买减振器时,或更换减振器前,要对质量进行检查。简单的检查方法是:将减振器一端螺栓固定,另一端套上管套,然后扳动,使两螺栓约成直角。如果出现断裂说明质量不好。这种质量的减振器如果安装在捣固机上使用,很快就会损坏。

(4)捣固装置。捣固装置是小型液压捣固机的工作部分,由捣固装置完成捣固机预定的动作,它处于整个传动的终端。

捣固装置主要由捣镐和同步杆组成,每个捣镐通过轴端挡圈和螺栓安装在振动架的镐轴上。为了减小镐板轴孔和振动架镐轴的磨损,在它们之间安装有尼龙隔套。夹实油缸的两端耳环通过销轴分别与两个捣镐上端的轴孔连接,当夹实油缸动作时,两捣镐就可绕各自的镐轴向相反的方向转动一个角度,从而驱动捣镐下端的镐头摆动一定的距离。捣固装置的结构如图 5-15 所示。

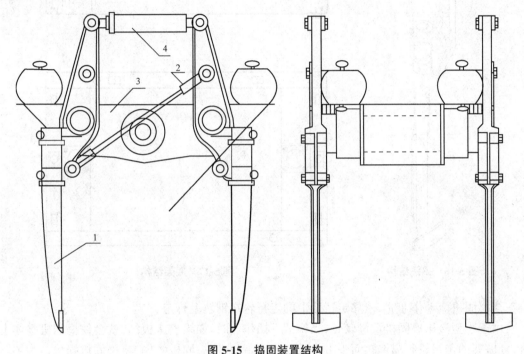

图 5-15 捣固装置结构
1—捣镐;2—同步杆;3—振动装置;4—夹实油缸

同步作业捣固机要求两镐头所移动的距离相等,从而实现同步捣固。镐头同步移动是由同步杆 2 来保证的。同步杆的一端通过销轴安装在其中一个捣镐下端的轴孔上,另一端安装在另一个捣镐上端的轴孔上。这两孔的中心相对各自的镐轴距离相等。当其中一个捣镐在夹实油缸作用下,向一个方向相对镐轴转动一个角度时,在同步杆的作用下,另一个捣镐可反方向转动同样的角度,因此,就可保证两镐头移动相等的距离。捣镐是组合结构,分为镐臂和镐头。捣镐的结构如图 5-16 所示。在图 5-16 中,捣镐臂的上下孔为镐轴安装孔,中间孔为同步杆安装孔,在安装中只使用其中一个,捣镐臂上端为夹实油缸安装孔。

捣镐是捣固机的工作部件。在使用中,由于镐头部直接接触石砟,因此,镐头磨损比较快。镐头磨损后,镐板头部磨细、镐撑尺寸变小。磨损超过一定程度以后,由于镐撑减小,会影响捣固作业质量,因此,应及时修复或更换。修复镐头时,可沿 45°角将磨损的头部切掉,然后重新焊接一个新的镐头,这样可继续使用。

目前我国生产的 XYD-2D 型小型液压捣固机的镐头采用组合式捣镐,当镐头磨损后可直接更换镐头。

(5)底架与夹轨器。底架是捣固机的基础部分。两根捣柱竖直安装在底架的两端。在导柱的上端通过螺栓与上梁连接构成捣固机的机架,使捣固机的主体部分沿着机架的导柱上下移动。底架的结构如图 5-17 所示。

在图 5-17 中,底架是由槽钢和角钢焊接而成的长方形框架结构,在底架上还设有四个小下道轮,并通过下道轮支承在走行架上,由定位销定位。当捣固机需要下道时,拔下定位销,底架即可在走行架上横移至连接好的下道架上,使其脱离线路的限界。

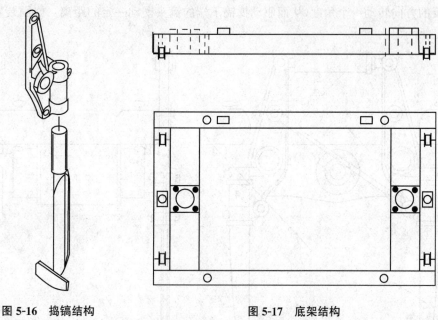

图 5-16　捣镐结构　　　　　图 5-17　底架结构

当捣固机流动作业时,依靠走行架上的走行轮在钢轨上行走。

由于小型液压捣固机重量较轻,当捣镐下插作业时,如果道床板结,就会使捣固机整体上升,使底架的走行轮脱离钢轨而失去支承。因此,就会使捣固机倾倒,将捣固机损坏。为了防止这种情况发生,在底架两钢轨走行轮的内侧分别设有两个夹轨器,结构如图 5-18 所示。

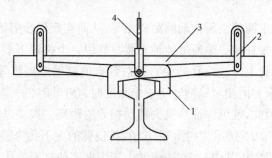

图 5-18　夹轨器结构
1—夹轨钳;2—连杆;3—底架;4—吊杆

夹轨器又称夹轨钳,其尾端通过连杆 2 分别与底架 3 连接。在夹轨器中部的轴上设一吊杆 4,通过弹簧与油箱的滑套连接。当捣固机的主体部分上升时,夹轨器在弹簧和吊杆的拉动下,随之上升而脱离钢轨。当捣镐下插时,捣固机的主体部分下降,吊杆对夹轨器不产生拉力,夹轨器靠自重下落在钢轨上,夹轨器的头部位于钢轨头部的两侧。如果道床下插困难,反作用力使捣固机顶起时,底架上移,通过连杆而拉动夹轨器的尾部,夹轨器钳口向内靠拢,夹轨器就会将轨头夹住，使捣固机把持在轨排上。捣固完毕后，随着主体部分的上升，夹轨器在吊杆拉动下，再脱离钢轨。

夹轨器的钳口为锯齿形结构。由于钢轨本身的硬度很高，使用一定阶段后，会使锯齿磨损变钝，使夹轨器失去把持力，因此，夹轨器的钳口若在使用一定阶段以后发现磨损，应对钳口进行更换。

(6) 下道架。如图 5-19 所示，小型液压捣固机下道架结构，捣固机作业结束，使捣固机顺利地撤出限界，并在限界之外支承捣固机的这一装置称下道架。下道架是捣固机的附属装置。

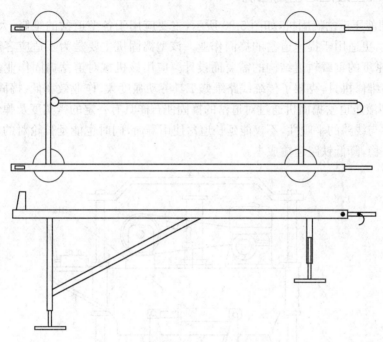

图 5-19 下道架结构

下道架主要由下道轨、前支腿和路肩支腿构成。两根平行的下道轨由钢管制作。在下道轨的前端设有轨底抓钩，使用中，轨底抓钩要勾住钢轨底部，前支腿是放置在轨枕头上的支腿。路肩支腿为套管结构，使用中，可根据不同的路肩高度进行调整。当下道轨水平时，将路肩支腿的销钉穿好。

捣固机需要下道时，首先将下道架放置在下道地点，并使抓钩勾住轨底，同时，使前支腿落在轨枕头上，根据路肩的高度调整路肩支腿，使下道架下道轨处于水平状态。下道架放置平稳后，使两台捣固机分解，然后使下道轮放置在下道架的下道轨上，再横向移动捣固机，使捣固机脱离线路的限界。在复线地段或站内，应使用单侧下道架，使两台捣固机放置在线路的同一侧，以防止侵入邻线的限界，保证列车运行的安全和机器的安全。

捣固机在下道架上需要长时间放置时，应将捣镐下降至最低位置，使整机重心降低，防止机器倾倒。

XYD-2F 型小型液压捣固机主要技术参数见表 5-2。

表 5-2　XYD-2F 型小型液压捣固机技术参数

项　目	参　数	项　目	参　数
振动频率	63 Hz	最大下插力	16 kN
下插深度	110～120 mm(混凝土轨枕底面以下)	最大夹实力	7.8 kN×2
工作效率	340 根/h	液压系统工作压力	(5.0±0.5)MPa
外形尺寸	1 420 mm×680 mm×1 550 mm	主机质量	360 kg

三、YCD-4 型液压道岔捣固机

YCD-4 型液压道岔捣固机,如图 5-20 所示,主要应用于各型道岔的维修、大修及新建线路的捣固作业,更适用于提速道岔的捣固作业。该型捣固机主要是为了适应客运高速、货运重载、运输高密度的重载轨道结构的需要而设计。应用该机械对道岔捣固作业,完全可以取代传统的线路维修机具,克服了传统线路维修工具劳动强度大、作业效率低、捣固质量差的缺点。YCD-4 型液压道岔捣固机通过对道岔的捣固使石砟具有一定的密实度及弹性,提高了道岔整体稳定性与线路的平顺性,不仅能延长道岔使用寿命,同时也能延长轮对的使用寿命,使列车运行更平稳,降低铁路运输成本。

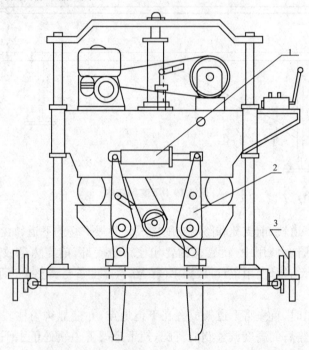

图 5-20　YCD-4 型液压道岔捣固机结构示意图

1—夹实油缸;2—分体镐臂;3—夹钳装置

YCD-4 型液压道岔捣固机由动力部分、捣固装置、振动装置、液压系统、机架部分、液压夹钳和下道架等构成。其中动力部分、振动装置、机架部分和下道架的形式与 XYD-2 型液压捣固机的形式基本相同,在此不作介绍。

1. 液压系统

YCD-4 型液压道岔捣固机的液压系统在 XYD 系列液压捣固机的基础上,在走行架上改设了两个夹钳液压缸,从而保证在道岔的任何部位夹住钢轨,因此液压系统中增设夹钳油缸,图 5-21 所示为 YCD-4 型液压道岔捣固机的液压系统图。

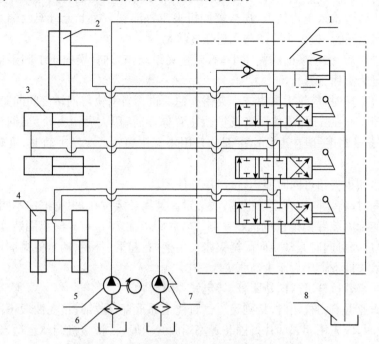

图 5-21　YCD-4 型液压道岔捣固机液压系统图
1—换向阀;2—升降油缸;3—夹实油缸;4—夹钳油缸;
5—齿轮泵;6—滤网;7—手动泵;8—油箱

2. 捣固装置

每台捣固机只有两只捣镐,并能够随捣固机整体在走行架上水平移动,捣镐臂为分体式,如图 5-22 所示,并设置两个夹实油缸,以增大夹实力及夹实的稳定性,实现捣镐在道岔不同位置的捣固作业。镐撑间的行程为 310～580 mm,可满足提速道岔的捣固作业。走行架既是捣固机在线路上移动的走行机构,也是捣固机横向移动的走行轨,并增设了独立的夹轨装置,从而保证捣固机能够在道砟板结较严重的地段进行作业。分体捣镐组成如图 5-22 所示。夹钳装置与机架相连,其结构如图 5-23 所示。

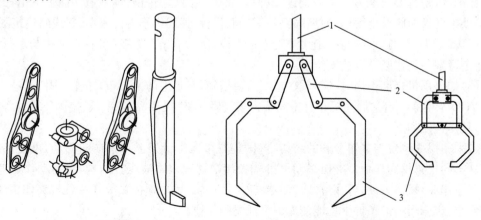

图 5-22　捣镐组成　　　　　　　　**图 5-23　夹钳结构**
　　　　　　　　　　　　　　　　　1—液压缸活塞杆;2—夹钳拉杆;3—夹钳体

· 99 ·

3. 捣固作业

(1)将走行架放在线路上,按位置安装夹钳,将下道架依次与走行架连接并定位。

(2)将捣固装置推入走行架上,连接捣固机夹钳各油管。插上走行架两端及每相邻两片捣固装置之间定位销。拔出走行架与下道架连接销。

(3)油管连接后,搬动换向阀夹钳手柄,调整夹钳动作方向(换向阀中间手柄向外拉为夹钳夹紧,向里推为夹钳张开)。

(4)捣固镐下插时,应将大夹钳或小夹钳夹住钢轨。当钢轨与钢轨之间间距(以钢轨轨头内侧为准)小于100 mm时,或在辙叉及护轨位置作业时,用大夹钳夹轨;当钢轨与钢轨之间距离大于100 mm时(一般在道岔连接部分),用小夹钳夹轨。注意夹轨时,夹轨钳应错开绝缘接头轨缝处。

(5)大夹钳和小夹钳可同时使用,也可单独使用。

(6)在捣固时,将捣固镐升至最上端,底架定位销离开定位孔,根据道岔不同位置,手动横移捣固装置,使捣固装置镐撑接近轨底一侧与轨底距离在70~90 mm捣固装置镐撑下插,下插过程如阻力过大可同时搬动换向阀捣镐张夹手柄(右起第一根手柄),使捣固镐反复动作几次继续下插,镐头插下道床后至少需张夹1~3次。

(7)捣固时避开拉杆、连杆、轨距杆、导电线等障碍物。

(8)捣固作业遇有斜枕木时,特别是道岔轨枕全部垂直直股铺设,在曲股不能同时应用四片捣固机作业时,应先用相邻两片捣固装置捣固曲线上股,再将整机调整至适当位置,用另两片相邻捣固装置捣固同根轨枕的下股,依次进行。

(9)道岔捣固作业时,如直股、曲股转移时,将捣固机推至转辙器前部,将捣镐对准轨枕,向外搬动最外侧两台捣固装置换向阀升降手柄(左起第一根手柄),使捣镐下降顶至轨枕,用压把同时压动手压泵使走行轮离开轨面,拉底架定位销拉绳,定位销离开定位孔,推动走行架至另一股线路,同时落下走行架,将捣固机移至另一股线路。

(10)捣固作业完成后将捣固镐升至最高位置,推到适当地点,准备下道。

4. 下道作业

(1)将下道架对准走行架调平后,用穿销将下道架与走行架连接稳定,在行车速度大于120 km/h的区段,应在走行架与下道架之间安装过渡板,卸下捣固装置与走行架油管快换接头。将两片捣固装置推上下道架,将大插销穿入下道架主梁孔内,再卸下走行架与下道架的连接穿销,将走行架对准另一下道架连接好后,将另外两片捣固装置下道。插上下道架定位销,向外搬动换向阀升降手柄,使捣固镐降至最低位置,捣固机不得侵入本、邻线的建筑限界。

(2)卸下夹钳油缸油管与行走架油管连接快换接头,拔出夹钳铰接插销,夹钳与走行架分解,将走行架与夹钳装置存放安全地点。

(3)如捣固机长期不用时,应采取防尘、防锈措施,并罩上防雨苫布,捆扎牢固。

YCD-4型液压道岔捣固机具有捣固装置重量轻、操作灵活、故障率低、捣固质量好等许多优点,具体特点如下:

①采用捣固装置与夹钳分开的结构;捣固装置可在走行架上水平横向移动,可使捣固镐在道岔不同位置捣固作业。夹钳采用可拆式铰接摆动式双重液压缸结构,夹钳动作迅速,方便上下道作业,操作方便,可在道岔转辙器、辙叉及护轨、鱼尾板接头等任一位置夹住钢轨,在起道量小、道床板结的条件下均能使捣镐下插捣固作业。

②振动箱采用内置偏心铁式,振动箱温升低,安全可靠。

③捣固机四片捣固装置为一组同时作业,下插力大,每片捣固装置由一对镐臂组成,可在道岔任意部位捣固作业,同时每对捣固镐由两个油缸驱动,夹实力大,捣固质量好,作业效率高。

④捣固装置部分与夹轨钳液压回路采用快换接头连接,拆装方便,下道迅速。

⑤镐撑插入道砟深度可由枕下的 90 mm 调至 110 mm,镐撑间行程为 310~580 mm,可适用不同型号的钢轨及轨枕的捣固作业,适用提速道岔捣固作业。又可用于普通线路的捣固作业,一机多能。

四、小型液压捣固机的使用和保养技能

1. 小型液压捣固机的操作技能

(1)捣固机检查。

①检查机器是否良好,并拧紧松动部件。

②检查油箱及振动油腔中存油是否充足,润滑状态是否良好。

③检查手动油泵是否灵活有效。

④检查液压系统动作是否正常,如有泄漏应予以消除。

⑤检查下道架是否良好、牢固。

(2)上道。操作者在确认施工领导人发出上道作业信号后,方准推机上道,每台捣固机一人操作。道岔捣固机插好走行架横向限位销。

(3)捣固。捣固时,要做到对位准、下插稳、夹实快,按下插—夹实—张开—提升—转移的顺序进行作业。

①下插。捣固机要定位,镐板在轨枕前后和钢轨左右的距离要均匀,并垂直下插,不得撞击钢轨、轨枕及连接零件。下插要稳,遇阻力时,应边下插边略做张合动作。镐板上缘应插到轨枕面下 30~40 mm。

②夹实。在镐板下插到位后即开始夹实。镐板夹到行程终了以后,应持续夹实 2~3 s。夹实次数因撬、因地确定。一般情况下,小腰夹 1 次,大腰夹 2 次,接头两侧各 2 根夹 2~3 次,道岔夹 2~3 次。

③提升。每捣完 1 根轨枕后,2 台捣固机要同时提升镐板。

④转移。动作要迅速,不得碰撞轨枕及零件。2 台捣固机应同起、同落、同时转移推进或横移,动作一致,保持平稳。道岔捣固机捣镐横移时,要使捣镐高于钢轨面。操作中用耳听、眼看、鼻闻、手摸的方法。听机器有无异常声响;看捣固位置和各部件状态;闻机器摩擦有无异味;摸油泵、振动轴温升变化。若发现异常情况,应提升、停机、下道处理。

(4)下道。先将镐板提升到最高位置,由辅助人员协助推下线路。下道后,应将镐板降到最低位置,并将夹实油缸活塞全部压下缸筒之内,把捣固机固定好。在列车运行速度大于或等于 120 km/h 区段,捣固机的下道位置,距离线路中心线至少为 2 855 mm。

2. 小型液压捣固机的日常保养技能

(1)消除漏油及漏气现象。

(2)消除外部灰尘、油污。

(3)检查并拧紧各部螺栓。

(4)检查柴油机、油泵、换向阀、振动轴等运动是否灵活。

(5)检查液压系统的升降、夹实、张开动作是否灵活、准确。

(6)检查液压油箱的油面,不足时添加。

(7)试机时要精神集中,采用"看、摸、听、闻"的方法,判断机器的运转是否正常。如发现故障,应停机处理。

五、小型液压捣固机检修技能

(1)擦净各部件上的灰尘和油污。

(2)检查并拧紧各部连接螺栓,检查、拧紧接头螺母,消除液压系统外泄漏。

(3)检查V带的技术状况及松紧程度,调整或更换皮带。

(4)检查油箱内储油量,不足时应添加。

(5)检查润滑部位并加注润滑油脂。

(6)检查焊缝有无裂纹,发现裂纹应及时焊补。对振动部位的裂纹应先在裂纹根部钻 $\phi 5 \sim 10$ mm 的孔,再焊补。

(7)检查柴油机的各部位是否正常。

(8)检查手压泵、安全销、夹轨钳及吊链、走行下道架是否齐全、正常,动作是否灵活等,必要时进行修理。

(9)检查镐头磨损情况,超限应及时焊补或更换。

(10)检查夹实油缸、同步杆、镐板的尼龙销套和轴有无磨损超限,加注润滑油,对磨损超限部件应予更换。

(11)将油箱油全部抽出,经沉淀过滤后再加入油箱,油量不足时,补充同一牌号的新油或全部更换新油。用煤油清洗油箱及滤清器,每季度不少于一次。对第一次使用的新机器一般使用 50 h 后,需将液压油放净,清洗油箱并全部更换新油。

(12)检查液压系统工作压力,如有变化,则需调整到额定工作压力。

(13)检查升降油缸保压情况,以及捣镐是否同步。必要时,拆检油缸、更换磨损密封件。

(14)检查相对应的两个皮带轮槽中心是否在同一平面内,允许误差不应大于 1 mm。

(15)当镐撑面积小于原面积的 60% 时,应进行焊补或更换。

(16)更换或添加振动架轴承的二硫化钼润滑脂。

六、常见故障及排除方法

液压捣固机的常见故障及排除方法见表 5-3。

表 5-3 液压捣固机的常见故障分析及排除方法

序号	故障现象	原　因	排除方法
1	油泵不出油	(1)油泵转向不对; (2)油箱内油面过低; (3)吸油管及滤油器堵塞; (4)吸油管路漏气; (5)油的黏度过高; (6)键坏	(1)将油泵反向; (2)加油; (3)清洗; (4)检查修复; (5)换油(冬季用10#,夏季用20#); (6)更换配键
2	油泵噪声大	(1)油泵吸空; (2)油泵磨损或质量不好	(1)更换泄漏吸油管或提高油箱油位; (2)更换或修理油泵

续表

序号	故障现象	原因	排除方法
3	油压升不上去	(1)溢流阀调定压力太低; (2)溢流阀失灵; (3)系统严重外泄; (4)油泵严重磨损; (5)油泵出油口堵塞	(1)重新调整; (2)修理; (3)拧紧管接头消除外泄; (4)更换修理; (5)拆开接头消除堵塞
4	升降及夹实油缸无动作或动作缓慢	(1)阀的溢流阀充有异物或阻尼孔被堵塞; (2)溢流阀调压弹簧太软或折断; (3)油泵出油堵塞液压系统无压力; (4)油缸内泄严重; (5)缸盖未上紧或端面密封垫损坏	(1)清洗溢流阀; (2)更换; (3)洗出油管路; (4)更换O形密封圈; (5)上紧缸盖更换密封件
5	夹实油缸不同步	(1)一侧油路堵塞; (2)两油缸内部阻力不均; (3)一侧油缸漏油严重; (4)捣镐销套螺帽松紧不均	(1)清洗; (2)在试验台上选择运行一致的油缸配对; (3)处理漏油的油缸; (4)调整
6	升降油缸自行下落	(1)升降油缸内泄严重; (2)换向阀中位内泄超过规定值	(1)更换O形密封圈; (2)修理换向阀
7	V带发热	V带过松打滑	调整
8	振动框架轴承温升过高	(1)润滑脂不足; (2)振动框架及振动轴疲劳变形; (3)轴承间隙调整不当	(1)补充润滑脂; (2)修复原设计尺寸及精度要求; (3)调整垫片(间隙0.05～0.07 mm)
9	捣镐销轴发热过高	螺母未上紧螺栓及套相互松动	拧紧螺母,压紧尼龙套或更换
10	捣镐插入道床振动无力	(1)V带松动; (2)张紧轮张力不足; (3)各活动部位摩擦严重	(1)调整松紧或更换; (2)调整张紧轮; (3)更换各部销套
11	夹轨装置不良	(1)钳口磨耗; (2)开口过大或过小	(1)更换钳口; (2)调整钳尾销孔

第四节 DG150型电动高频软轴捣固机

DG150型电动高频软轴捣固机是一种新型铁路养护机械,主要用于线路及道岔的维修作业,可利用列车间隔时间作业。现在投入使用的软轴捣固机已用内燃机取代了电动机,但其工作装置及结构基本相同。

一、DG150 型电动软轴高频捣固机的工作原理

电动机的动力通过防逆装置单向驱动软轴,带动振捣棒中的滚锥,滚锥的一端支承在大游隙轴承上,另一端沿滚道做纯滚动的自转和公转运动。偏心旋转的滚锥产生离心力通过滚道作用于棒壳上并使之增频。该振动力传递给镐体和镐头,即形成对道砟的扰动力;道砟之间的摩擦阻力被克服或减小,使道砟近乎呈现"流动状态",开始相对运动和重新排列。经过一定时间的振动后,道砟将枕下空隙填满,从而达到密实的目的。

二、DG150 型电动软轴高频捣固机的结构

DG150 型电动软轴高频捣固机由电动机、软轴、软管、减振手把、振捣棒、走行架等部分组成,如图 5-24 所示。电动机为双轴输出式,两轴端均装有推键式防逆装置,可保证两端与软轴连接后均按设计要求的方向工作。

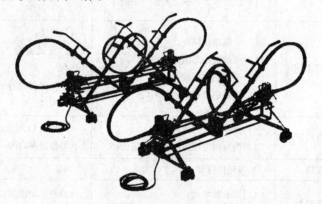

图 5-24　DG150 型电动软轴高频捣固机结构

电动机上装有组合开关,用于接通和断开电机电源。软轴组件由钢丝软轴、软轴插头(工作时插入电动机轴孔内)、软轴接头(与振捣棒内的滚锥连接)组成。软管组件由软管、连接头(工作时插入电动机机头孔内)、软管接头(与振捣棒棒壳连接)组成。振捣棒组件包括镐体、镐头、滚锥、棒壳、滚道、油封、轴承等,如图 5-25 所示。

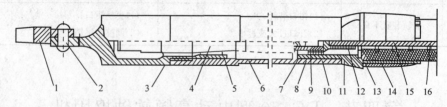

图 5-25　高频振捣棒结构

1—镐头;2—铆钉;3—镐体;4—滚锥;5—滚道;6—棒壳;7—油封;8—油封座;
9—垫圈;10—轴承;11—软管接头;12—软轴接头;13—挡圈;14—软管锥套;15—软管;16—软轴

轴承为 60203u 特制大游隙轴承,油封为 PD20×35×10,减振手把由手把、弹簧、橡胶护套等组成,连接在软管前端,消除振动,便于操作。出厂时软轴、软管、减振手把、振捣棒已连为一体并按软轴旋向分别漆成蓝、白两色,使用时应分别插入电动机两端的蓝色、白色机头孔内。两台电动机固定在走行架上,走行架有四根抬把,以便快捷地上下道。在走行架的一端

装有手动启动器,以调整电源相序以保证电机的正确旋转方向。

三、DG150 型电动软轴高频捣固机的使用与保养

1. 使用方法

(1)首先确定电机方向,电源通过电缆接通(先不插振捣棒)旋开手动启动器及电机上的组合开关,观察电机旋转方向,应与旋向标志所示方向一致(当对着蓝机头方向看顺时针旋转为正转),否则应改变手动启动器方向。

(2)将电机机头上的连接手柄旋至正上方,将软轴插头插入电机轴内孔,再将连接头插入机头孔中,使连接手柄落入连接头圆弧槽内,扳下连接手柄。开启组合开关,将振捣棒前端对地轻轻磕碰,振捣棒发出"嗡……"的高频响声后即可使用。

(3)使用时两台走行架应置于所捣固的同一根轨枕的两侧,蓝棒捣固钢轨外侧,白棒捣固钢轨内侧,如图 5-26 所示。同捣一根轨枕的 8 个人应力争动作一致,用力大致相同。捣固时握住减振手把斜向插入(不要手持软管),将石砟捣入轨枕下。切勿用振捣棒撬轨枕、钢轨,应避免镐头碰击钢轨、轨枕(岔枕)和连接扣件。

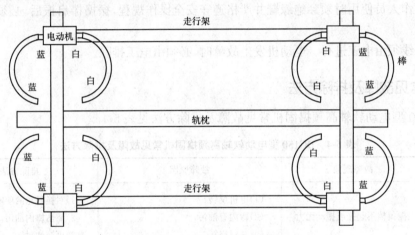

图 5-26 电动软轴捣固机操作示意图

(4)下道应行动迅速。先关掉电动机开关,持白棒者将棒斜插入走行架两端的插棒处,提起内侧抬把,持蓝棒者持棒转 180°,将棒插入走行架中间的插棒处,提起外侧抬把,4 个人一组,将走行架抬至铁道电源线一侧限界以外,待避列车,不得侵限。

(5)每捣固 3 km 线路后应将减振手把与软管连接的紧固螺母松开旋转 180°,再重新拧紧以改善软管的受力状态,延长其使用寿命。

(6)使用完毕应存放于干燥场所。软轴软管存放时应呈直线状态。如放在现场保管,则须旋转在限界之外,并用防雨苦布盖好,严防电动机雨淋或受潮。

2. 维护保养

(1)软轴软管组件使用 100 h 后应将软轴清洗一次,晾干后涂上一层 3# 复合钙基脂再装入软管。电动机使用 500 h 后应将轴承拆下来清洗干净,晾干后涂上润滑脂重新装好,润滑脂以充满轴承型腔的 1/3 为宜。电机轴前端的防逆装置须经常上油,以保持推键摆动自如,工作可靠。

(2)振捣棒中的轴承油封系易损件,其更换的方法是(参见高频振捣棒结构图):拧下镐体

3 和软管接头 11(蓝棒为右螺纹,白棒为左螺纹),然后夹紧软轴接头 12 旋转滚锥 4(蓝棒为左螺纹,白棒为右螺纹),滚锥便与软轴接头脱开,再握住振捣棒,将伸出棒壳 6 的滚锥竖直朝木板上轻墩,振捣棒内零件除滚道 5 外即可全部脱出(滚道为不可拆连接)。装配时按上述顺序反向进行。轴承应注熔点较高的润滑脂,但不应将滚锥及滚道涂油以免打滑。

(3)在运行中若发生软轴转动而棒头不振或振动无力(即打滑),一般是由于棒头内渗入水、油、粉尘等物所致,这时应拆开棒头,清除棒头内各零件表面的粉尘、油污、水分,用清洁汽油洗净,晾干后再重新装上(拆装方法同上一步)。

(4)软轴或软管在接头处断裂或出现裂纹时,可将其切去相等长度重新装上接头后继续使用。

3. 注意事项

(1)在使用前须先检查电动机的绝缘是否良好,各处是否有损坏,各连接部位是否松动。

(2)准备好配电设备(带有额定容量保险丝的隔离开关及漏电保护器),方可开启使用。使用中如发现故障或异常现象,必须停机下道检修。

(3)工作时,电缆线须置于干燥、明显的位置,并不得处于紧张状态,禁止使用裸线或破损电线连接电缆或捣固机以防触电。

(4)操作人员使用时须穿绝缘鞋并严格遵守安全操作规程,振捣棒启振后,必须由操作人员掌管。

(5)接线须由电工进行。电动机发生故障时,必须由电工排除。

四、常见故障及排除方法

DG150 型电动软轴高频捣固机常见故障及排除方法见表 5-4。

表 5-4 DG150 型电动软轴高频捣固机常见故障及排除方法

序号	故障现象	故障原因	排除方法
1	振捣棒不起振或振动无力	(1)电机反转; (2)棒内有油污; (3)油封损坏	(1)对换任意两项电源接线; (2)清洁棒内油污,洗净晾干; (3)更换油封
2	振捣棒轴承部位过热	(1)轴承型号不对; (2)轴承外圈配合松动	(1)更换大隙轴承 60203u; (2)更换棒壳
3	振捣棒有尖锐杂音	(1)棒内有杂物; (2)振动棒轴承损坏	(1)清除杂物; (2)更换轴承
4	电动机正转时,软轴不转	(1)防逆机构失灵; (2)软轴接头松脱	(1)修理或更换推块; (2)压牢接头
5	电动机转动无力或冒烟	缺相运行或电压不稳	检查是否缺相及缺相原因并排除,使电压保持稳定
6	软管剧烈抖动	软轴损坏或软管压扁	更换

习题五

1. 道砟密实有哪两种方法？
2. 液压捣固机有哪些特点？
3. 请简述液压捣固机工作原理及作用。
4. 液压捣固机的液压系统包括哪些零部件？它起什么作用？
5. 画出捣固机液压系统图，用箭头标出升降油缸的活塞外伸时液压油流动的路径。
6. 捣固机所使用的油泵有何特点？在使用中能不能反转？
7. 捣固机液压缸的导向套起什么作用？有什么缺点？
8. 手动油泵作用是什么？在使用时，需要操作换向阀吗？
9. 对油箱中的油量有什么要求？油量过多会怎样？过少呢？
10. 振动装置的作用是什么？对振动轴的温度有什么要求？
11. 捣镐镐头磨损后可以如何修复？
12. 捣固机在使用中，应怎样防止拉断减振器？
13. 液压捣固机在使用前，应做哪些准备工作？
14. 液压捣固机在使用中有哪些注意事项？
15. DG150 型电动高频软轴捣固机由哪几部分组成？
16. DG150 型电动高频软轴捣固机使用的注意事项有哪些？

第六章　钢轨打磨设备

钢轨在运营过程中,由于轮轨作用及钢轨材质、线路条件和人员操作等原因,在钢轨轮轨接触的表面或次表面产生接触疲劳裂纹、变形、剥离、磨耗和擦伤等伤损。世界各国铁路轨道修理的理论和实践表明,钢轨打磨是整治钢轨表面伤损的有效措施。随着我国铁路提速达200～350 km/h,达到和保持钢轨表面的高平顺性十分重要。因此,钢轨打磨的作用及其技术经济性被逐步认识,钢轨打磨技术已经成为铁路线路修理的重要技术手段。

钢轨打磨可消除或减少钢轨表面的微细裂纹和塑性变形层,提高材料的抗疲劳性能;改善轮轨接触条件,从而减少轮轨接触应力,减少钢轨的接触疲劳伤损;通过优化轮轨接触表面,提高轮轨接触的几何性能,提高轮对的导向作用,减少列车运行时的轮缘力;提高钢轨表面平顺度,减小轮轨间附加动力,减小钢轨及连接零件的伤损率;减小轮轨噪声,有利于环境保护。

钢轨打磨改善了钢轨的技术性能,延长了钢轨的使用寿命,降低了轨道的维修成本。研究和实践还表明,实施新钢轨的预打磨和钢轨的预防性打磨,有着更好的技术经济效果。

第一节　钢轨打磨设备分类

钢轨打磨主要是消除钢轨表面伤损,包括钢轨焊接接头不平顺、钢轨波浪形磨耗;消除钢轨表面疲劳产生的鱼鳞裂纹、轨头肥边和塌陷;消除钢轨擦伤。钢轨打磨的作业手段可分为小型钢轨打磨机打磨和大型钢轨打磨列车打磨。本章重点讲述小型钢轨打磨机及钢轨打磨作业。

一、小型钢轨打磨机

小型钢轨打磨机是一种常用的小型养路作业机械。小型钢轨打磨机的种类、型号很多,目前使用较普遍、性能较理想的是仿形打磨机。小型钢轨打磨机的特点是作业灵活、携带方便,其作业对象主要是零星的、非连续性钢轨不平顺和钢轨表面伤损,适用于钢轨接头、道岔基本轨、尖轨、心轨及翼轨肥边和不平顺的打磨。

小型钢轨打磨机作业靠人工操作,作业质量的优劣基本依赖于操作人员的技能水平。操作小型钢轨打磨机打磨钢轨焊接接头,平顺性的作业质量基本可达到0.2～0.3 mm。

1. 钢轨打磨机(仿形)

钢轨打磨机是打磨钢轨顶面、侧面及圆弧部分的专用机具,适用于50～75 kg/m 钢轨焊缝、不平整接头、轨侧肥边、轨面焊修等部分的仿形打磨。它具有作业效率高、磨削质量好、操作简便、上下道方便等优点。

2. 道岔打磨机

道岔打磨机消除道岔因受到机车车辆的碾压而产生的肥边等缺陷,保持道岔各部位在运用中的标准几何尺寸,能够满足我国各种道岔和道岔各部位打磨的要求。具有结构新颖,机体轻巧,操作简便,维修方便,磨削效率高、质量好的特点。

小型钢轨(道岔)打磨机按其动力形式,还可分为内燃钢轨(道岔)打磨机和电动钢轨(道岔)打磨机两种驱动形式。

二、大型钢轨打磨列车打磨

大型钢轨打磨列车是一种具有先进技术装备的大型养路机械,其作业对象主要是连续性的钢轨不平顺和钢轨表面伤损,适用于钢轨波浪形磨耗、鱼鳞裂纹等的打磨。钢轨打磨列车所具备的波浪形磨耗及轨廓测量系统和打磨控制系统能保证高质量的作业标准。

钢轨打磨列车是安装有一定数量打磨砂轮的工作车组,打磨砂轮可按钢轨断面形状需要进行分布,对钢轨进行连续打磨。

钢轨打磨列车按功能可分为线路打磨列车和道岔打磨列车。按磨头数量划分,主要包括48磨头、96磨头和20磨头(道岔打磨列车)。

钢轨打磨列车打磨作业可分为预防性打磨和修理性打磨两种。预防性打磨是在钢轨轨头裂纹开始扩展前就把裂纹萌生区打磨掉,防止接触疲劳型波磨的产生和发展。修理性打磨是打磨已经产生的钢轨表面病害,直至磨消掉钢轨表面病害。

1. 线路打磨列车

目前,运用的线路打磨列车主要有 PGM-48 型钢轨打磨列车和 GMC96B 型钢轨打磨列车。

钢轨打磨列车是针对我国铁路不断提速、行车密度不断增加、既有线路钢轨损伤日益严重的状况,引进国外先进钢轨打磨列车制造技术进行国产化生产的新型养路机械,由控制车、生活车和动力车组成。

钢轨打磨列车是一种结构复杂、控制先进的线路机械,集机、电、液、气及计算机技术于一体,主要用于消除波磨、擦伤和剥离等钢轨损伤及新线钢轨的预防性打磨。它可以通过廓形和波磨测量系统获得钢轨的磨损状况,或设定打磨参数,并将测量结果或设定参数提供到计算机控制系统,控制打磨小车上磨头的偏转、横移和加压完成钢轨的打磨作业。

2. 道岔打磨列车

目前,运用的道岔打磨列车以 RGH20C 型道岔打磨列车为主,主要对高速铁路钢轨道岔进行打磨作业,设置 2 个打磨小车,每个小车 10 个磨头,共 20 个打磨头,可实现内侧 75°,外侧 45°范围内的角度偏转,主要对铁路线路中的道岔进行打磨。作业质量好、效率高。

在下面的篇幅中将介绍小型钢轨打磨设备。以 NGM-6.0 型内燃钢轨打磨机和 NCM-4.0 型内燃道岔打磨机为例。

第二节 NGM-6.0 型内燃钢轨打磨机

一、线路钢轨打磨机技术参数

NGM-6.0 型内燃钢轨打磨机技术参数见表 6-1。

表 6-1　NGM-6.0 型内燃钢轨打磨机技术参数

汽油机	单缸风冷二冲程,功率 6.0 kW	走行轮跨距	1 000 mm
砂轮转速	4 100 r/min	手轮进给精度	0.125 mm
砂轮规格	筒形 φ150×φ55×70	手轮每转进给量	2.5 mm
砂轮最大行程	50 mm	整机质量	55 kg
油箱容量	4.5 L	外形尺寸	1 410 mm×500 mm×850 mm

二、线路钢轨打磨机构造

1. 钢轨打磨机的工作原理

发动机通过软轴、连接器、万向节及连接皮带将动力传输至砂轮主轴,驱动砂轮对钢轨不平顺凸出部分进行磨削修正,通过砂轮升降按钮调节升降电机进行升降,实现进刀和退刀;通过偏转调节机构完成轨面不同角度的磨削。磨削钢轨顶面时以两个基准轮为基准点调节砂轮高度进行轨面磨削,仿形轮起导向作用;磨削圆弧角(轨距角)时,转动调节手柄通过偏转调节机构驱动转向齿轮带动大梁偏转,实现任意角度的轨面磨削;当大梁旋转至与机架垂直时磨削钢轨侧面。

2. 钢轨打磨机的构造

钢轨打磨机主要由动力机构、调节机构、大梁及仿形轮装置、连接机构、进给机构等组成。整体构造如图 6-1 所示。

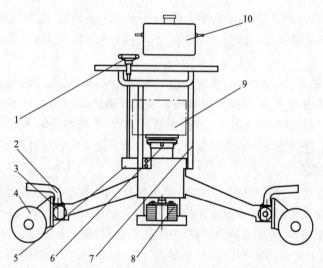

图 6-1　NGM-6.0 型内燃钢轨打磨机结构图
1—进给手轮总成;2—抬手;3—仿形轮总成;4—护轨轮总成;5—进给齿轮机构总成;
6—主轴总成;7—操作扶手;8—打磨砂轮;9—汽油发动机;10—汽油箱

(1)动力机构:动力机构由发动机架总成、发动机、发动机旋转支架(圆头螺栓、球头螺帽、曲柄)等组成。整个大梁偏转、砂轮变换角度时,发动机始终保持垂直状态不随砂轮的偏转而倾斜。

(2)连接机构:连接机构由齿轮箱、软轴输出轴、齿轮轴心、软轴、软轴油杯、连接法轮盘等组成。连接机构将动力从发动机传输到砂轮机主轴。

（3）进给机构：由进给电机、进给轴、手轮、支架、链条、链轮、升降按钮等组成，可实现磨削砂轮的进刀和退刀。

（4）调节机构：由调节机架、齿轮、齿轮轴、链条、链轮、转动手柄、张紧链轮、仿形轮等组成，实现砂轮的偏转，适应不同角度的打磨。

（5）大梁及仿形轮装置：由大梁、主齿轮、皮带轮、仿形轮及基准轮等组成。该装置是机器骨架，起打磨定位和导向作用。

打磨机主要工作装置进给齿轮机构总成结构如图 6-2 所示。

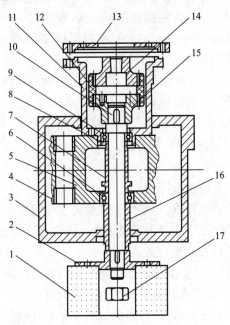

图 6-2　进给齿轮机构总成结构

1—砂轮；2—砂轮接盘；3—机架；4—导向套；5—进给滑块；6—轴承 6205；
7—砂轮轴上套；8—孔用卡簧；9—轴承 6005；10—砂轮轴；11—机座；
12—对轮尼龙套；13—发动机接盘；14—上对轮；15—下对轮；16—砂轮轴下套；17—螺母

三、线路钢轨打磨机作业

1. 作业程序

（1）启动发动机前，应先检查机器的各部状态是否良好，将机器置于钢轨上，保证砂轮离钢轨面 3 mm 以上再启动发动机。

（2）砂轮可以上下调节高度，可以手动调节，也可以用电控开关调节。手动调节时，手轮每转一圈，砂轮进给量为 1 mm。

（3）随着发动机的启动，用电控开关将砂轮设置到所需打磨的深度（根据钢轨附近的情况进行调整）。深度调节好后锁紧深度锁紧螺母，以防打磨时松动，造成打磨过深。

（4）升高打磨砂轮，直到达到钢轨的最高凸出点位置。

（5）当机器在打磨点附近往复打磨时，用手动调节开关控制砂轮的进给量，往复打磨必须进行收刀和进刀，行至终点收刀完毕，反向运行开始进刀。

(6)当打磨钢轨两侧面和圆弧角时,用机架偏移手轮进行调节,使机器偏转,以满足所需要的打磨角度。

(7)对凸出点打磨时,可不移动机器对凸点进行打磨。精打磨时,必须保持小进刀量,并保持机器的匀速往复运动。打磨应遵循从轨顶面到圆弧角再到钢轨侧面的顺序进行。

(8)作业完成后,关闭汽油机时,遵循以下原则:逆时针旋转进给手轮使砂轮离开轨面,应将砂轮置于高出轨面 3 mm 高度以上,将汽油机调速器置回怠速挡位,将汽油机的电按钮按下直至停机,关闭燃油箱截门,将机器水平放倒并垫稳。

2. 技术质量要求

(1)软轴的润滑每 3 个工作小时后就要进行一次,旋转(2~3 圈)软轴上的润滑油杯。

(2)润滑油脂采用 Kluberlub Be41-1501 或通用锂基润滑油脂(如 ESSOBEACON3、MZL3 号等),润滑油杯油脂容量约为 20 g。

每 200 个工作小时后,彻底清洗检查角齿轮附件。更换角齿轮箱的润滑油脂。润滑油脂通常采用 Kluber Synth(GE46-1200)或通用锂基润滑油脂。

(3)除去旧油,但不要洗,同时检查啮合齿轮状况,角齿轮一旦有明显磨损就要更换。球轴承是自润滑免维护的,一旦有缺陷必须更换。

3. 安全注意事项

(1)必须由经过培训的人员进行操作。

(2)操作人员须带保护镜及耳罩,不要穿太宽松的工作服作业。

(3)操作前必须检查砂轮是否损坏及受潮;核对砂轮是否符合机器允许线速度的要求;检查砂轮和砂轮保护罩是否已在正确位置。

(4)只能在关机时添加燃油,不能把燃油溅在发动机和消声器上。

(5)机器运转时,不可让身体或其他物品进入防护罩内。

(6)每次砂轮进给量不应过大,否则将影响机器寿命和打磨质量。

四、日常维护保养

1. 机器存放

机器不用时,应擦拭干净,存放在清洁、通风、干燥的地方。如果长期不用,应放尽油箱内的汽油,并启动汽油机,将化油器及油管内的汽油耗尽。

2. 清洗吸油滤芯

为保持汽油机良好的运行状态,请务必使用清洁的汽油。若发现汽油机吸油能力减弱,请将油箱出油口处的接头拧开,清洗吸油滤芯,必要时予以更换。

3. 维护汽油机空气滤清器

磨轨机汽油机使用的是双层滤芯空气过滤器,每累积运转 25 h 或每季度,无论哪种期限先到,都应对外层泡沫滤芯进行维护。具体操作方法:拧松空滤器盖螺钉→拆去空滤器盖→小心取出外层滤芯→在干净、不易燃的液体洗涤剂(如热的肥皂水)中漂洗外层滤芯→在水中清洗外层滤芯→将清洗干净的外层滤芯彻底晾干→小心将外层滤芯安放到内层纸质滤芯上→盖上空滤器盖→拧紧空滤器盖螺钉。每累积运转 100 h 或每季度,无论何种期限先到,都应对内层纸质滤芯进行维护。具体操作如下:按上述方法小心取出外层滤芯→再小心取出内层纸质滤芯→在平坦表面轻轻拍打使其清洁,如果破损则应当更换,按上述方法将整个空气滤清器安装好。

4. 清洁或更换汽油机火花塞

如果汽油机功率下降或启动困难,那么首先应当检查火花塞。汽油机每累积运转 100 h 或每季度,无论何种期限先到,都应对火花塞进行清理或更换。具体操作方法如下:用火花塞专用扳手卸下火花塞→清除火花塞积炭→检查电极间隙,必要时对其进行调整(0.5~0.6 mm)甚至更换。

5. 保持汽油机冷却系统清洁

汽油机冷却系统一定要保持清洁。

第三节 NCM-4.0 型内燃道岔打磨机

一、NCM-4.0 型内燃道岔打磨机技术参数

NCM-4.0 型内燃道岔打磨机技术参数见表 6-2。

表 6-2 NCM-4.0 型内燃道岔打磨机技术参数

汽油机功率	4.0 kW	磨头倾角调整	±30°
砂轮转速	4 100 r/min	砂轮最大行程	170 mm
砂轮规格	盘形 $\phi 254 \times \phi 30 \times 35$ mm	整机质量	≤90 kg(不含燃油)

二、道岔打磨机构造

道岔打磨机具有结构简单、体积小、质量轻、使用方便、上下道快、打磨精度高、安全可靠等性能,可以对钢轨、道岔基本轨、尖轨、辙叉作用边、肥边进行打磨,恢复其断面棱角的原始几何状态。以 NCM-4.0 型内燃道岔打磨机介绍道岔打磨机的工作原理及构造。

1. 道岔打磨机的工作原理

NCM-4.0 型内燃道岔打磨机是由两个相互垂直移动的走行车和台车彼此运动组合而成的,发动机通过皮带将动力传输至砂轮主轴驱动砂轮磨头,对钢轨、道岔基本轨、尖轨、辙叉作用边、肥边及不平顺凸出部分进行磨削修正。台车在走行车的导管上横向行走,任意调整砂轮磨头在两根钢轨之间的位置,实现道岔的基本轨、尖轨、辙叉各侧面打磨的需要。转动偏转手柄,通过蜗轮、蜗杆带动磨头架偏转,使砂轮磨头完成钢轨、道岔基本轨尖轨、辙叉各个圆弧面和斜面的打磨。转动升降手柄,通过蜗轮、蜗杆带动磨头架升降,实现砂轮磨头升降进给。磨削装置可绕垂直方向侧面转动±35°,可实现对道岔的基本轨、尖轨、辙叉、钢轨顶面及侧面等任意角度作用面的磨削。

2. 道岔打磨机的基本构造

NCM-4.0 型内燃道岔打磨机主要由发动机总成、走行架总成、进给总成、磨头总成、台车总成等组成,如图 6-3 所示。

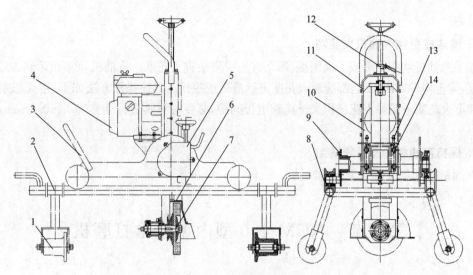

图 6-3　NCM-4.0 型钢轨内燃道岔打磨机结构图

1—走行架总成；2—主架总成；3—台车总成；4—发动机；5—蜗轮罩总成；
6—砂轮总成；7—磨头总成；8—台车轮总成；9—台车支撑总成；10—内导架总成；
11—外导架总成；12—进给总成；13—螺栓；14—发动机架

（1）进给总成由磨头架、三角皮带、导轨、导轨架、进给手轮、进给丝杆、锁紧螺母、砂轮防护罩等组成，主要实现砂轮磨头的升降进给作用。

（2）磨头总成由砂轮主轴、小皮带轮、砂轮等组成，如图 6-4 所示，主要实现磨削作用。

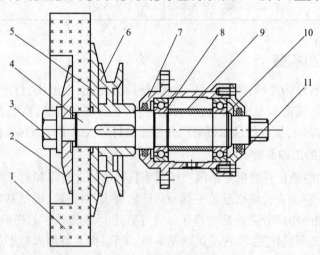

图 6-4　磨头总成结构图

1—砂轮；2—砂轮外压板；3—螺母；4—砂轮轴；5—砂轮内压板；6—小皮带轮；7—轴承座；
8—轴承 7006AC；9—轴承隔套；10—轴用卡簧；11—轴承压盖

（3）台车总成主要由台车架、蜗轮、蜗杆、蜗轮罩、台车定位锁、走行轮、推进手柄等组成。

（4）走行架总成主要由走行架、走行轮等组成。

三、道岔打磨机作业

1. 作业程序

(1) 启动发动机前,应先检查机器的各部状态是否良好,将机具抬到要打磨的道岔部位上,放置平稳,保证砂轮离开打磨面再启动发动机。

(2) 横向移动台车,将砂轮磨头调整至需要打磨的面。

(3) 转动偏转手柄,偏转磨头架,使砂轮磨头偏转至需要打磨的圆弧面和斜面的倾斜角度。

(4) 转动升降手柄,上下调节磨头高度。

(5) 随着发动机的启动,压推台车将砂轮紧贴所需打磨的面,移动走行车进行打磨,动作要协调,用力要均匀、平顺。

(6) 根据打磨侧面和圆弧面的倾斜角度,用偏移手轮调节机器磨头的倾斜角度,以满足所需要的打磨角度。

(7) 关闭机器时,应先横向移动台车,将砂轮磨头离开打磨面。

2. 技术质量要求

(1) 砂轮直径磨损至 150 mm 时,应更换新片。更换砂轮和修理机械,要关闭发动机。更换砂轮后要空转 30 s。

(2) 二冲程汽油机汽油与机油比例配合为 25∶1,四冲程汽油机分别加注润滑机油及汽油。

3. 安全注意事项

(1) 打磨道岔时,应根据道岔需要打磨的工作量,确定封锁线路作业范围,作业时均应按安全规定进行防护,不得盲目上道作业。

(2) 必须由经过培训的人员进行操作,操作前必须先了解设备主要技术性能、构造、使用方法,严格遵守安全操作规程。

(3) 操作者应穿好工作服,戴防护镜、护腿、手套等,防止火花伤人。

(4) 启动汽油机前加足符合本机牌号的汽油、机油。工作时严禁加油,以防火灾。加油时,油液不要溢出油箱,一旦溢出要擦净,严禁接近烟火。

(5) 转换打磨道岔时,要关闭汽油机。

(6) 每次砂轮进给量不应过大,否则将影响机器寿命和打磨质量。

(7) 经常检查砂轮及砂轮防护装置是否牢固可靠,不得使用不符合本机要求的砂轮。作业后,关闭汽油机,将本机撤出线路限界以外,妥善保管。

四、日常维护保养

(1) 日常保养由操作者,每天作业前、后进行。主要包括清洗、润滑、紧固、调整。

(2) 发动机的日常保养,按该型号发动机使用说明书规定进行。

(3) 对本机进行全面擦拭、保持清洁,做到金属见光泽、油漆见本色。

(4) 检查各紧固件,达到全面紧固,不得松动、丢失。否则应拧紧、补齐。

(5) 按规定在润滑部位(打磨头)加注润滑脂;保持传动面无油垢、无碰伤、无锈蚀。

(6) 检查砂轮磨耗情况,并酌情更换。

(7) 检查皮带张紧度,使之适当。调整升降丝杠,保持升降灵活、无卡阻。
(8) 检查蜗轮蜗杆传动是否灵活、锁定装置是否可靠。
(9) 检查砂轮防护罩,保证护罩完好。

习题六

1. 小型钢轨打磨机的作用有哪些?
2. 钢轨打磨列车打磨作业形式有哪些?
3. 线路钢轨打磨机作业程序有哪些?
4. 道岔打磨机的工作原理有哪些?
5. 道岔打磨机使用安全注意事项有哪些?

第七章 起道拨道设备

铁道线路在列车载荷作用下会不断发生变形，若变形值超过规定标准，就将增加列车运行阻力，影响行车速度，甚至危及行车安全。因此，必须通过线路修理进行校正，以恢复线路的几何尺寸。

校正线路纵断面位置称为起道；校正线路平面位置称为拨道。

起道或拨道作业是线路修理、大修和新建线路的一项重要工序。

第一节 YQB-1型液压起拨道器

YQB-1型液压起拨道器是一种便携式的小型液压起拨道器，可用于线路的起道作业，也可用于线路的拨道作业。由于它小巧轻便、操作省力，并且在作业时机身不侵限，在列车通过作业地点之前，只要对液压油进行卸荷，就可使列车安全地通过。因此，在线路维护的起道、拨道作业中得到了普遍应用。

一、YQB-1型液压起拨道器工作原理

YQB-1型液压起拨道器应用了摆动滑块机构，如图7-1所示。

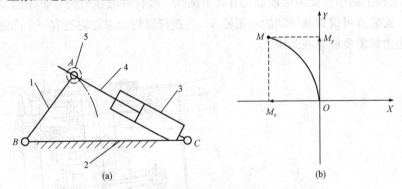

图7-1 YQB-1型液压起拨道器原理及运动特性
(a)起拨道器原理；(b)起拨道器运动特性
1—拨杆；2—底盘；3—液压缸；4—活塞杆；5—起道轮

在图7-1(a)的摆动滑块机构中，杆件(拨杆1)与固定件(底盘2)铰链连接，使拨杆可绕底盘上的B点转动。导杆为液压缸的活塞杆4，当活塞杆相对液压缸3(即摆动滑块)移动时，构成移动副。液压缸3可绕底盘上的C点摆动。当液压缸中的压力油推动活塞杆4运动时，驱动拨杆1绕B点转动，使A点形成一段圆弧形运动轨迹，如图7-1(b)所示。如果将这段圆曲线投影到直角坐标轴上，就可得到在X轴的水平位移和在Y轴上的垂直位移。

起道作业是将轨排抬至一定的高度,不允许有水平移动。如果能使轨排不产生水平移动,就可应用摆动滑块机构的这一曲线进行起道作业。为了解决这一问题,在摆动滑块机构的 A 点上设置一转轮(起道轮5)。当 A 点从原点开始向 M 点运动时,依靠转轮在轨底的相对滚动来消除对轨排的水平作用力。这样,A 点对轨排只有垂直作用力。因此,就可将轨排抬至所需的高度。

拨道作业是将轨排水平移动一定的距离,不希望产生垂直变化。如果将转轮的侧面卡在轨底的边缘处,迫使钢轨随同 A 点由原点沿着曲线向 M 点移动,虽然轨排高度也发生了变化,但是,当取出起拨道器时,轨排靠自重下落,如果石砟的高度不发生变化,轨排便回落到原有的高度上,对线路的高度不产生影响。最终轨排水平移动的这段距离,就可达到拨道的目的。

二、YQB-1 型液压起拨道器的结构

为了适应铁路运营速度提高及列车运行密度增大的要求,小型起拨道设备逐步向单项功能发展,其结构大体相同,而且型号繁多,现以 YQB-1 型液压起拨道器为例作一介绍。

由其工作原理我们可知,拨杆、底盘和由液压缸作为执行元件的液压系统是构成起拨道器的主要部分。

1. 底盘、拨杆部分

如图 7-2 所示,底盘 2 是机器的固定件,在使用中,要放置在道床的石砟上。在底盘的两端有两个销轴孔,通过销轴 1 的连接,使底盘分别与拨杆 3 和液压缸 7 构成转动副。底盘的横截面为槽形,目的是增加强度和刚度。为了减轻底盘的重量,底盘与石砟接触的表面加工成网形结构。

拨杆 3 的横截面也为槽形,在拨杆的两端同样加工有销轴孔。为了减轻拨杆的重量,在拨杆的槽形壁板上的中性受力区域加工有几个圆孔。拨杆和液压缸同样采用销轴连接,在该销轴的中部,安装有可绕销轴转动的起道轮 4。在拨杆靠近起道轮附近有一个凸缘,进行拨道作业时,轨底边缘需要放置在凸缘上。

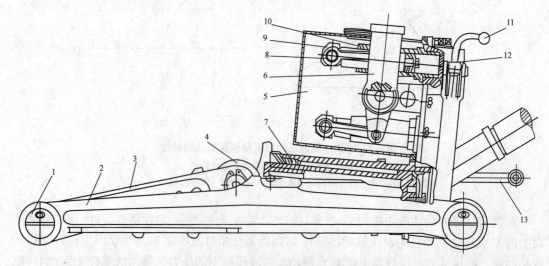

图 7-2　YQB-1 型液压起拨道器结构

1—销轴;2—底盘;3—拨杆;4—起道轮;5—油箱;6—摇把套;7—液压缸;
8—手动油泵连杆;9—柱塞;10—泵体;11—卸荷阀手柄;12—进油阀;13—手提梁

2. 液压传动系统

如图 7-3 所示为 YQB-1 型液压起拨道器液压系统图。液压缸 7 是拨杆的驱动元件,它也是起拨道器液压系统的执行元件。供油部分由两个手动分泵组成,在每个手动分泵的进油端设有进油阀 2,在出油端设有出油阀 4。两个分泵通过杠杆连接。当操作油泵上端的操作手柄时,如果其中一个向下运动供油时,另一个向上运动吸油,从而消除了空载行程,保证连续向液压缸供油。

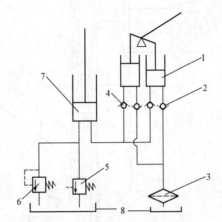

图 7-3　YQB-1 型液压起拨道器液压系统图
1—手动油泵;2—进油阀;3—滤油器;4—出油阀;
5—卸荷阀;6—溢流阀;7—液压缸;8—油箱

溢流阀 6 是限制系统额定压力的,对液压元件起安全保护作用。

卸荷阀 5 是液压系统的操作元件,当进行起道作业时,应使卸荷阀处于关闭状态,从而保证液压缸内的油压。作业完成后,打开卸荷阀,使液压油直通油箱进行卸荷,使起拨道器的顶轮部分恢复到原始的位置,为下一次作业做准备。下面我们介绍液压系统各元件的结构。

(1)液压缸。液压缸为单出杆单作用液压缸结构。当活塞杆外伸时,由液压油进行推动。当活塞需要回缩时,由人为作用压缩。

活塞杆和活塞采用螺帽固定结构,活塞杆部分采用空心。活塞杆与活塞杆外部的耳环部分采用可分活动连接方式,需要时,可很容易地将拨杆与液压缸分离,为维修提供方便。活塞上的动密封采用 O 形密封圈。活塞与活塞杆间也设置了密封圈,提高密封的效果。

在液压缸的缸盖上设有 L 形防尘圈,当活塞杆回缩时,活塞杆上的灰尘和砂粒就会被防尘圈刮掉,防止进入缸内将活塞或缸壁拉伤。在液压缸的导向套部分还设有毛毡油封。

液压缸的底部通过螺纹连接在油箱的底座上,在底座上设有进油阀和出油阀。

(2)手动油泵。手动油泵为两个柱塞式油泵结构,如图 7-2 所示。在柱塞的头部设有 Y 形密封圈,并有支承架。由螺钉将支承架安装在柱塞的头部,防止在使用中 Y 形密封圈脱落。

在柱塞的尾部通过连杆 8 与摇把套 6 连接,油泵通过缸体底部的螺纹同样安装在油箱的底座上。两个油泵均设在油箱的内部,这样可减小机器的外形尺寸。

(3)进油阀和出油阀。进油阀和出油阀是方向相反的单向阀,为两个手动油泵起配流作用。进油阀和出油阀均为球形阀芯。两个进油阀设置在两个手动油泵的底座上,如图 7-2 所示。当某一柱塞向上移动时,进油阀开启,使油箱中的液压油进入泵内,两个出油阀设置在油缸的底座部位的进油口处,当某一油泵供油时,出油阀开启,使压力油注入液压缸。

(4)卸荷阀和溢流阀。卸荷阀结构如图7-4所示。

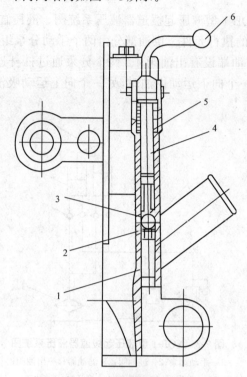

图7-4 卸荷阀结构
1—卸荷阀弹簧;2—弹簧座;3—卸荷阀芯;
4—顶杆;5—回位弹簧;6—卸荷手柄

卸荷阀的工作状态是由球形阀芯3的开启或关闭实现的。卸荷阀的关闭状态是由弹簧1和弹簧座2使阀芯作用在阀座上的,使卸荷阀不能卸荷。当扳动卸荷阀的操作手柄6时,在手柄下端凸轮的作用下,通过顶杆4作用在阀芯上,使阀芯脱离阀座而开启,这时,阀芯下部的压力油就会通过阀芯周围进入阀的上端,然后通过油道流回油箱,使压力油卸荷。

溢流阀的作用:如果由于某种原因使系统压力超过弹簧预先调定的压力时,压力油的作用力就会克服弹簧的作用力使球阀开启,部分压力油流回油箱,使系统压力不能超过额定压力。YQB-1型液压起拨道器的额定压力为32 MPa,其结构不再重复讲述。

三、YQB-1型液压起拨道器的使用与维修技能

(1)使用前,应检查油箱内的液压油是否充足,卸荷阀和手动油泵工作是否正常。

(2)用于起道作业时,首先将液压缸回缩,再将卸荷阀关闭,然后将底盘的前部伸入轨底,使顶轮的轴心进入轨底的边缘以内,就可操作摇把进行起道作业。起道完毕后,打开卸荷阀,便可取出起拨道器。进行无缝路线维修作业,起拨道器不得放在铝热焊缝处。

(3)用于拨道时,同样将底盘的前部伸入轨底,使顶轮的侧面卡在轨底边缘外,关闭卸荷阀,操作摇把即可拨道。

(4)安放起拨道器时尽量放平底盘,严禁悬空,防止受力时将底盘折断。

(5)空载时,不允许将活塞杆全部伸出。由于活塞锁紧,用手或脚踏就不能将活塞杆压回去。此时可将操作杆拔出来,用操作杆抵住底盘,扳倒卸荷阀手柄,再将活塞推回去。

(6)油箱中的油量不要加满。过多时会引起卸荷时喷油,一般为油箱容量的80%合适。

(7)拨道时,轨底边缘放在拨杆的凸缘上,严禁用拨杆的其他部位进行拨道,防止折断拨杆。

(8)在液压起拨道器的使用中,严禁将机器放置在绝缘接头处或在其轨面上滑行。

(9)液压起拨道器应每两个月检修一次。

四、YQB-1型液压起拨道器的故障分析及排除方法

YQB-1型液压起拨道器的故障分析及排除方法见表7-1。

表7-1 YQB-1型液压起拨道器常见故障及排除方法

序号	故障现象	原因	排除方法
1	油缸活塞不工作	(1)溢流阀调压螺栓松动压力过小; (2)卸荷阀弹簧失效; (3)缸座后出油和溢流阀不密封; (4)油液杂质,影响密封; (5)柱塞底部吸油阀压死; (6)吸油孔道部分堵塞吸油量不足; (7)柱塞泵内存有空气,有空当	(1)调整压力; (2)更换; (3)换钢珠,研阀口; (4)换油,过滤; (5)上提球阀挡片与球阀保持1~1.1 mm; (6)清洗油路; (7)满负按下卸荷阀排放
2	油箱渗油	油箱紧固螺丝松动	及时紧固
3	花键轴窜出	定位卡簧脱落或损坏	更换卡簧
4	单缸工作	(1)此缸进油阀不密封钢球被油粘住; (2)与此泵相连的油缸底座出油阀不密封; (3)此泵油路堵塞; (4)此泵传动系统失效; (5)挡片压死钢球吸不进油	(1)急压数次或更换机油; (2)更换球阀,研阀口; (3)拆卸疏通; (4)检查连杆和销轴; (5)上提挡片保持间距1~1.5 mm
5	液压缸不回原位或回位困难	(1)卸荷阀打不开,阀杆顶针磨损过短或失效; (2)回油孔道被脏物堵塞; (3)活塞在缸体内被杂物粘住; (4)阀柄侧面磨损,行程小	(1)更换卸荷阀杆; (2)清洗更换; (3)排除杂物; (4)更换或点焊卸荷阀柄
6	卸荷阀故障	(1)卸荷阀杆进出不灵活,配合过紧弹簧压力小; (2)阀杆O形密封圈磨损; (3)阀杆磨损或表面划伤	(1)研阀杆,换弹簧; (2)更换油封; (3)更换阀杆,检查内机
7	密封螺母处漏油	密封螺母油封损坏或松动	紧固或更换油封
8	起道轮转动不灵	(1)起道轮压陷过重; (2)连接座两支耳变形; (3)销轴磨损过重	(1)更换起道轮; (2)更换连接座; (3)更换销轴
9	附件磨损	(1)溢流阀调压过高; (2)中间受载过大; (3)铸件质量不好,底盘拨杆折断,使用不当,前后销轴螺帽丢失,造成底盘变形	(1)调压32 MPa; (2)按说明书操作; (3)更换或拧紧螺钉

第二节 YQB-400型液压道岔起拨道机

YQB-400型液压道岔起拨道机是用于对道岔及线路进行起、拨道作业的一种专用设备,适用于43 kg/m、50 kg/m、60 kg/m等轨型的标准轨距道岔及线路起、拨道作业。本机集起、拨道功能于一体,采用振动小、重量轻的本田汽油机作为动力源具有操作简便、单(双)边起道、单边拨道等特点,与旋转下道架配合使用,能迅速可靠地上下道,而且下道旋转后不侵限。

一、YQB-400型液压道岔起拨道机的组成和工作原理

YQB-400型液压道岔起拨道机主要由动力、操纵机构、机体、走行机构、起落装置、勾轨装置、起道装置、拨道装置、下道引导装置、下道架等部分组成,其结构如图7-5所示。它具有起拨道力大、操作简单灵活、使用维护方便、上下道安全可靠等特点,可利用列车封锁和慢行区间上道作业,是线路维修养护不可缺少的养路机具。

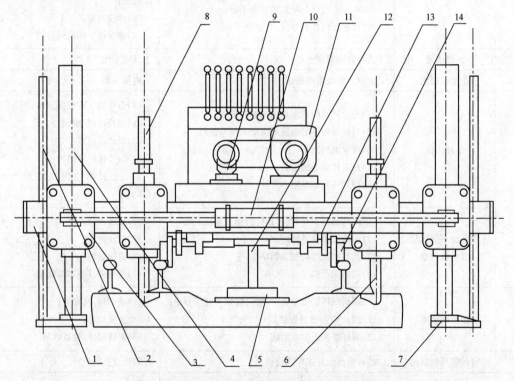

图7-5 YQB-400型液压道岔起拨道机结构示意图
1—机体;2—导柱;3—起道油缸支架;4—起道油缸;5—旋转支座;6—勾轨装置;7—支座;8—勾轨升降油缸;9—齿轮泵;10—拨道油缸;11—发动机;12—起落油缸;13—勾轨水平油缸;14—走行轮

1. 工作原理

YQB-400型液压起拨道机,以GX390本田汽油机为动力源,驱动齿轮泵产生高压油,高压油进入多路换向阀后通过多路换向阀的操作手柄分别控制各个油缸的工作。当

需左股起道时,先搬动左侧勾轨升降油缸操作手柄,使高压油进入左侧勾轨升降油缸内,再操纵水平勾轨油缸换向阀,使轨钩水平向里移动,即完成勾轨动作。然后再搬动左侧起道油缸操纵手柄,使高压油进入左侧起道油缸内,活塞杆下降,带动导向杆及座板顶在道砟上(导向杆起稳定作用),利用作用力与反作用力原理把轨排抬起,达到起道目的。当需右股起道时,先搬动右侧升降勾轨油缸手柄及右侧水平勾轨油缸手柄,勾住轨底后,再搬动右侧起道油缸手柄,完成右股起道作业。需两股同时起道时,可同时搬动左、右侧起道油缸手柄,即可实现左、右两股钢轨同时起道。因位置不适无法勾轨时,可移动水平勾轨机构,使之在合适位置勾住钢轨。

当需要拨道时,应将轨排抬起后,根据所拨方向搬动控制拨道油缸手柄,即可完成拨道作业。

2. 主要技术参数

YQB-400 主要技术性能见表 7-2。

表 7-2 主要技术性能

项 目	参 数	项 目	参 数
动力	9 kW	液压系统工作压力	16.5 MPa
最大起道力	400 kN	最大拨道力	260 kN
起道油缸行程	800 mm	一次最大拨道量	170 mm

二、YQB-400 型液压起拨道机结构

1. 动力源

YQB-400 型液压道岔起拨道机采用日本本田 GX390 风冷式汽油机为动力源。带动齿轮油泵,将泵出的高压油通过多路换向阀驱动各油缸工作,从而完成勾轨起拨道作业。汽油机、齿轮油泵、换向阀分别固定在油箱上盖板及托架上,进出油阀分别与油泵出油口及油箱回油口连接,手压泵安在换向阀架右下方。

2. 起道部分

两起道升降油缸分别固定在可以滚动的支架上,可在主梁上水平移动。起道油缸附有导向柱,使之在起道时有很好的稳定性。起道油缸活塞杆端头与座板铰接,以增大受力面积。

3. 勾轨机构

勾轨机构由升降勾轨油缸、水平勾轨油缸、轨钩导套、轨钩等部件组成,两升降勾轨油缸采用与起道升降油缸相同的方式安装在机体主梁上,控制轨钩升降。而水平油缸铰接在机体上,可使轨钩沿主梁水平移动,以确保道岔不同位置的勾轨需要。

4. 拨道机构

两拨道油缸分别安装在机体前后两侧,油缸采用单活塞双作用结构,用于控制左右方向的拨道作业。

5. 起落机构

起落机构是起拨道机上下道必不可少的装置。起落油缸安装在机体中部的方孔中,需要下道时,将勾轨起道升降油缸收回后,搬动控制起落油缸手柄(也可用手压泵操纵)使油缸活

塞杆及活塞杆下端的支承座下顶（顶在两枕木空上），平稳将整机顶起后旋转 90°，将走行轮对准两引导梁，确认四个走行轮踏面全部落在引导梁上后，沿引导装置推到已调整好的下道架上。下道后抽出引导装置。上道时将起拨道机由下道架推到引导梁上，确认在轨道中心后，将机体旋转 90°，将走行轮对正钢轨，缓慢落下，待四个走行轮踏面全部落在两股钢轨后，抽出引导梁（两槽钢），即可进行工作。

6. 机体与走行机构

机体主要由主梁、油箱、筋板、走行机构等组成。主梁为两根矩形管整体焊接结构，油箱焊接在两主梁之间的中部。

走行机构由四个走行轮组成，分别安装在机架两侧轮架上，工作时可沿轨道行走，下道时由走行轮沿引导梁推到下道架上。

7. 引导装置和下道架

引导装置由两根 8 号槽钢、固定连接铁、固定穿销等组成。下道架主要由主梁、横梁、连接管、斜撑管、定位销、挡铁、前后支承柱等组成。前部用铰接方式与引导梁连接，组成一个整体，便于机具上下道。

三、起拨道机的使用

1. 上道前准备

（1）每次上道前检查各零部件是否齐全、完好。

（2）检查动力系统。

（3）检查油箱，不足时注油。注油量以油窗孔中心线以上为宜。作业过程中油面应不低于油窗口线。

（4）在干燥状态下，用 500 V 兆欧表检查机体两侧走行轮、两个轨钩及引导装置绝缘电阻，其阻值不得小于 1 MΩ。

（5）柴油机或汽油机怠速运转后，再把油门提高到工作位置，在其空载状态下运转 5 min，然后操纵换向阀，使其各油缸动作 2～3 次，确认动作灵活后，准备上道。

2. 上道

（1）将过渡机构（两个槽钢梁）分别与下道架两端铰接后，将带有绝缘板的一侧横放在轨面上，并将固定连接铁用 4 个插销固定在另一端孔中（防止推动起拨道机时过渡机构两槽钢分开）。

（2）推动起道机至轨道中心处，落下起落油缸，顶起机体，旋转起拨道机 90°，使走行轮对正钢轨后缓慢落下机体，使走行轮踏面落在轨面上，无误后落实。

（3）将固定连接铁处四个插销拔出，同时将与下道架铰接处轴拔出，抽出过渡梁。

（4）操作换向阀，将起落机构底座收回，即可工作。

3. 起道作业

（1）操纵勾轨油缸换向阀手柄使勾轨轨钩降至适当位置，再操纵水平勾轨油缸手柄使轨钩向里移动，勾紧轨底。如轨钩位置不适，可移动水平勾轨机构，使之适应勾轨位置后进行勾轨。

（2）操纵换向阀起道操纵杆，并将起道支座对准轨枕空，使起道油缸活塞杆伸出，其下端顶住道砟，抬起道岔使轨顶面至合适高度后停止，收起道支座及轨钩完成起道作业。

（3）根据起道情况，可左右股分别起道，也可同时起道。操作时，左股起道，操纵左侧换向阀手柄；右股起道，操纵右侧换向阀手柄；同时起道时，需左右同时操纵。

4. 拨道作业（视线路情况定）

拨道时，将轨排抬起，操纵换向阀拨道手柄，根据需求向左或右进行拨道。

5. 下道

（1）将起拨道机推至已调整好的下道架处。

（2）调整好横梁及下道架位置，搬动控制起落机构换向阀手柄，使起落机构活塞杆下顶，使机体抬起至高于轨面 100 mm 以上，旋转 90°。

（3）将引导梁穿入起道机底下，将带有绝缘板的一侧横放在轨面上。用固定连接杆将引导梁一端固定，另一端与下道架铰接处用穿销固定，组成一体。

（4）使四个走行轮分别对准两根引导梁，搬动旋转油缸换向阀手柄，使机体下降，将四个走行轮平稳落至两引导梁上。

（5）沿引导梁将整机推至下道架上，穿入定位销，以防止机具滑动。

（6）抽出铰接处穿销及固定铁处穿销，将两引导梁移出轨面，放至路基下的安全处。

（7）当系统不能正常供油或发生故障时，应利用手压泵进行操作并立即下道，待检修恢复后方可上道作业。

6. 安全注意事项

（1）在封锁线路的情况下，对铁路道岔和线路进行起拨道作业。

（2）操作手由经培训及考试合格并持有操作证的人员担任。

（3）柴油机或汽油机的使用必须严格按照使用说明书进行，检查液压油是否在标尺刻度范围内，不得调整动力额定转数，柴油机或汽油机周围不得有易燃易爆物品，运转时不得向燃油箱加油，内燃机运转冷却后再启动。运转或停止运转未冷却时，不要触摸消声器。

（4）操作司机不得随意调整系统力（出厂前已调定），以防机器损坏。

（5）作业中，人体及着装不得靠近皮带，如有异常，应停车检查。

（6）雨天作业时，应检查绝缘情况，如漏电应先进行处理再进行作业。

（7）作业结束后，应将起拨道机推放到平稳的下道架上。将插销插入定位孔内，防止因振动下滑。

（8）施工负责人和防护人员必须按《普速铁路工务安全规则》的规定进行施工防护。

四、起拨道机常见故障及排除方法

起拨道机常见故障及排除方法见表 7-3。

表 7-3　常见起拨道机故障及排除方法

故　障	原　因	排　除　方　法
汽油机不启动	油管没油或开关没开	加油或打开开关
液压系统漏油	接头没拧紧或密封件损坏	拧紧接头或更换密封胶圈
油缸动作有阻滞现象	油缸内有空气	搬动换向阀使油缸动作一次全行程排出缸内空气
发动机突然熄火	发动机超负荷工作	油缸活塞杆伸到头或收到底后，立即松开换向阀手柄
油缸活塞杆伸出缓慢	供油不足，皮带变形伸长	检查供油系统及管路，调整或更换皮带

五、维修与保养

1. 保养

(1) 日常保养。

①擦净灰尘油污。

②调紧各部紧固件(溢流阀调整螺母除外)。

③消除漏油处。

④检查汽油机或柴油机润滑油油面高度是否在机油尺上下线之间。

(2) 定期保养(每 100 h 进行一次)。

①检查内燃机机油状态,累计运转 100 h 更换润滑油。

②检查空气滤芯,如滤芯很脏时,需按内燃机说明书进行清洗。

③检查勾轨钩几何尺寸,磨损过大,修复到原设计尺寸。

④过滤或更换液压油,清洗液压缸、油箱,更换失效密封圈,清洗滤油器、液压油管等。

⑤更换失效的紧固件。

⑥重新调整油压力为 16.5 MPa。

⑦清除漏油处,更换不良密封圈。

⑧柴油机或汽油机按说明书或用户手册要求进行保养。

⑨定期保养后进行性能校验并记录。

2. 检修

使用 50 h 或一年,液压道岔起拨道机需进行全面检查修理工作,使液压起拨道机各部和性能恢复到出厂检验水平。

(1) 分解液压系统,全部清洗,更换不良部件和密封圈,清洗活塞杆、缸体,拉伤严重的应更换。

(2) 检查离合器,磨损严重的应更换。

(3) 柴油机或汽油机按说明书进行检修。

(4) 对各零部件要逐件检查,磨损严重的要更换。

(5) 油泵、阀要用测试台进行测试,性能不良者予以更换或修理。

(6) 油漆脱落应补漆。

经检修的液压起拨道机要经过 0.5 h 空载和 1 h 的运行试验,记录各项指标。经确认达到要求后,方可使用。

习题七

1. YQB-1 型液压起拨道器采用的是什么结构,它具有哪些特点?
2. YQB-1 型液压起拨道器共由几部分组成?
3. 画出 YQB-1 型液压起拨道器的液压系统图。
4. YQB-1 型液压起拨道器的溢流阀和卸荷阀安装在什么位置,它们采用哪种阀芯?
5. YQB-1 型液压起拨道器手动油泵的吸油芯和出油阀分别安装在什么位置?

6. 液压起拨道器使用前应做哪些准备工作?
7. 使用 YQB-1 型液压起拨道器进行起道作业应如何做,并应注意什么?
8. 使用 YQB-1 型液压起拨道器进行拨道作业应如何做,并应注意什么?
9. 在 YQB-1 型液压起拨道器作业中,出现单缸作业现象,可能有几种原因?
10. YQB-400 型液压起拨道机的结构组成有哪些?
11. YQB-400 型液压起拨道机使用的安全注意事项有哪些?

第八章 其他小型养路机械

第一节 轨缝调整器

铁道普通线路的钢轨接头要有一定的间隙,叫作轨缝。轨缝的大小对列车的运行安全和铁道线路的状态都会产生直接的影响。轨缝过大,由于列车的作用会使线路产生低接头。车轮在此处产生冲击力,使钢轨接头处磨损加快,严重的可使轨头掉块,甚至有使列车脱轨的可能。若没有轨缝,在温度变化的作用下,钢轨内部纵向产生内应力,当此应力超过一定程度之后,会使轨排产生横向移动,发生跑道现象,破坏线路的正常状态。所以轨缝的大小对列车运行的安全和铁道线路的使用寿命及状态至关重要。

正常的轨缝,由于自然气候变化对轨温的影响和线路坡度的影响以及列车制动、列车在接头的冲击等因素作用会使轨缝发生变化,超过正常的规定范围,这时就要对轨缝及时地进行调整。轨缝调整应使用轨缝调整器进行。轨缝调整器的种类较多,但原理和结构没有大的差别。下面我们介绍其中的一种液压轨缝调整器。

一、SY-Ⅰ型液压轨缝调整器的结构及工作原理

如图 8-1 所示,SY-Ⅰ型液压轨缝调整器由机体、夹轨装置、油箱组件、液压缸、摇杆机构及走行部分等组成。

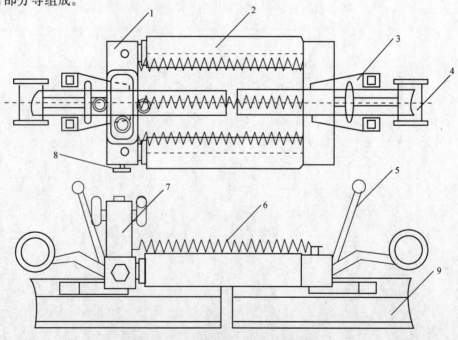

图 8-1 SY-Ⅰ型液压轨缝调整器结构
1—机体;2—工作油缸;3—斜铁夹具;4—走行轮;5—扳手;6—弹簧;7—油箱总成;8—卸荷阀;9—钢轨

1. 机体

油箱组件用螺钉固定在油泵底座上,油泵底座和工作体通过两个液压缸连接油泵底座成为一个整体,构成轨缝调整器的机体。

2. 夹轨装置

在机体两端,装有操纵夹紧斜铁的拨叉,操纵摇把杆可使左右斜铁在油泵底座的凹槽内沿着钢轨的方向前后移动,当摇把杆向下压时,由于拨叉的作用,斜铁向油泵底座里移动,夹住钢轨轨头。工作体一侧的夹轨装置相同。当摇把杆向上抬时,两侧夹轨斜铁滑出,松开钢轨轨头。当摇把杆向上抬到一定高度时,两侧滑轮接触钢轨踏面,这时轨缝调整器可以在轨道上推行,即可移到下一个工作位置,进行作业。

3. 油箱组件

SY-Ⅰ型液压轨缝调整器液压系统如图 8-2 所示。手动油泵部分共有四个分泵,每两个分泵为一组,设置一个操作杆 7。操作时,可两只手同时进行操作泵油。在每个分泵的下部设有吸油阀 5 和出油阀 4,保证油箱中的液压油被泵吸入,然后泵入工作油缸内。为了防止由于液压系统中的压力过高而损坏液压元件,在系统中设有溢流阀 3,对液压系统进行安全保护。当液压系统中的压力超过溢流阀所限定的压力时,溢流阀开启,部分压力油通过溢流阀流至油箱,使系统中的油压不能继续升高。

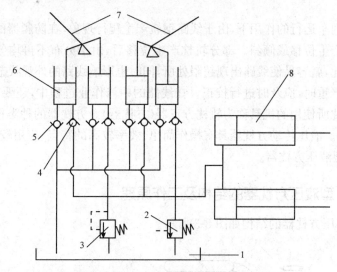

图 8-2 SY-Ⅰ型液压轨缝调整器液压系统

1—油箱;2—卸荷阀;3—溢流阀;4—出油阀;
5—吸油阀;6—手动油泵;7—操作杆;8—液压缸

4. 液压缸

液压缸为柱塞式单作用液压缸。为了防止油液外泄,在与机体连接处,设有密封圈。在柱塞的左端,设有 Y 形密封圈,开口朝向无杆腔,防止液压油从柱塞间隙渗出。在密封圈处设有轴挡,防止密封圈脱落。卸荷时,在机体的弹簧作用下,活塞复位。

二、SY-Ⅰ型液压轨缝调整器的使用

(1)使用前,检查油箱中的油量是否符合要求。

(2)反复扳动油泵操作手柄,检查液压系统的各部分工作是否正常。

(3)扳动夹轨装置,检查斜铁是否移动正常。

(4)在线路上进行轨缝调整时,应根据钢轨窜动方向,打松或卸下防爬器,将轨距杆螺栓松开。

(5)根据需要将道钉帽起 1~2 mm,拧松扣件螺栓,同时,拧松或卸下接头螺栓,松动夹板。

(6)将轨缝调整器放在轨缝两侧的钢轨上,扳动夹轨扳手,使斜铁工作面接触钢轨头,同时使走行轮抬起离开轨面。

(7)关闭卸荷阀,往复扳动油泵操作杆,两人操作,动作一致,使液压缸伸出,进行轨缝调整。

(8) 25 m 钢轨每次窜动一根,12.5 m 以下钢轨每次窜动 2~3 根。

(9)调整完毕后,打开卸荷阀,扳动扳手使斜铁松开,同时走行轮接触轨面。

(10)钢轨窜好后,及时压打道钉,拧紧扣件螺栓,同时,上好和拧紧夹板螺栓。安装和拧紧防爬器,上紧轨距杆。然后,轨缝调整器可在钢轨上行走进行下一位置轨缝调整。

第二节 液压方枕器

铁道线路在列车运行的作用下,由于线路钢轨产生爬行现象,在防爬器的传力作用下,会使轨枕随同钢轨产生位移或倾斜。部分轨枕产生位移后,由于分布不再均匀,轨枕的承载压力有所不同。因此,就容易使线路出现超限处所,同时也影响线路的外观状态。

轨枕位移较严重时,应及时进行校正。在线路的中修作业过程中,还要对所有的轨枕进行校正。校正轨枕所使用的机具称为轨枕方正器(方枕器)。方枕器的种类很多,有机械螺旋式、液压传动式等。液压传动方枕器具有操作简单、效率较高的特点,应用较为广泛。下面我们介绍 YFZ-80 型液压方枕器。

一、YFZ-80 型液压方枕器的结构及工作原理

YFZ-80 型液压方枕器的结构如图 8-3 所示。

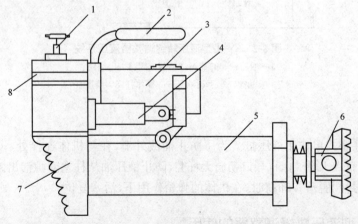

图 8-3 YFZ-80 型液压方枕器结构

1—卸荷阀;2—手提梁;3—油箱;4—手动柱塞泵;5—驱动油缸;6—活动座板;7—固定推力板;8—底座

YFZ-80 型液压方枕器由底座、液压缸、固定推力板、手动柱塞泵、油箱和卸荷阀等部件组成。液压缸中的活塞杆具有螺纹调节性能，可实现活塞杆在一定范围的长度调整。在使用中，固定推力板的作用面直接作用在轨枕的侧面。液压缸的右端，在活塞杆上，设有活动推力座板，活动推力座板作用在另一轨枕的侧面。为了增加推力板与轨枕作用面的接触摩擦，推力板上加工有许多沟槽。

当液压缸的无杆腔注入液压油后，在液体压力作用下，活塞杆就会外伸，而通过推力板使两轨枕间的距离改变，达到方枕的目的。方枕完毕后，打开液压系统的卸荷阀，使活塞杆回缩，取出到下一个工位。

二、YFZ-80 型液压方枕器的使用

(1) 使用前，检查油箱内的油液情况及各机械连接部位有无松动现象。油液质量不好时，应进行更换，油量不足应进行补充，松动部位应进行紧固。

(2) 使用时，先扒除方枕部位的少量石砟，将方枕器平稳地放置在两轨枕中间，使推力板顶住轨枕的中部。拧紧卸荷阀，往复扳动油泵手柄，方枕作业完毕后，旋松卸荷阀手柄，将方枕器提出。

(3) 使用时，对混凝土轨枕，推力板为倾斜角 13°的斜板。当用于木枕时，应更换成平头的推力板。

(4) 使用中，如遇来车，应及时旋开卸荷阀，并将方枕器及时移出线路，以确保行车的安全。

第三节 液压直轨器

铁道线路的钢轨在使用过程中，由于列车冲击作用等原因，某一部位会出现弯曲现象，称为硬弯，从而破坏了线路的标准状态；未经使用的新钢轨，在运输过程中，由于装卸不当，也会出现硬弯。正在使用中的钢轨，出现硬弯后，应使用直轨器及时地进行校正，未使用的新钢轨出现硬弯后也应经过校直后才能使用。

直轨器主要有液压直轨器和机械式直轨器两大类。其中液压直轨器操作比较省力、效率高，因此被普遍采用。下面我们介绍 YZ 型液压直轨器。

一、YZ 型液压直轨器的结构及工作原理

1. 结构

YZ 型液压直轨器由直轨器体、液压系统、偏心夹紧装置、推行小车等组成，如图 8-4 所示。

直轨器体为铸、锻焊接件，应力分布均匀，断面形状合理，刚度大、强度高、重量轻。

偏心夹紧装置由手轮、转轴和偏心轮组成，如图 8-5 所示，操作时装夹方便，有自锁作用，安全可靠。

液压系统由柱塞泵、液压缸、安全阀、卸荷阀和油箱组成，与液压千斤顶的原理相同，各元件的作用在此不再重复介绍。

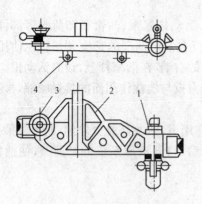
图 8-4 YZ 型液压直轨器
1—液压加载装置；2—直轨器体；
3—偏心夹紧装置；4—推行小车

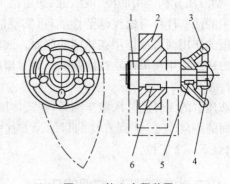
图 8-5 偏心夹紧装置
1—转轴；2—偏心轮；3—手轮；
4—螺母；5,6—键

2. 工作原理

液压系统中，柱塞泵将油液经滤网、单向阀吸入泵体，提高油液压力，压入液压缸中，推动活塞外伸。利用弯钩、活塞杆和偏心轮构成杠杆机构，对钢轨进行矫直作业。

矫直作业结束后，打开卸荷阀，活杆在回位弹簧的作用下复位，取下直轨器。

二、YZ 型液压直轨器的使用

(1) 使用前要检查或掌握油箱中的油量多少，不足时及时补充。

(2) 关闭卸荷阀，然后扳动操作杆，检查活塞杆是否向外伸出，再打开卸荷阀，使活塞杆复位。当检查直轨器没有故障后，就可以进行直轨或弯轨作业。

(3) 直轨或弯轨前，应使弯钩的位置对应钢轨凸起的部位。

(4) 关闭卸荷阀，扳动操作杆进行直轨或弯轨作业。在作业时，要考虑钢轨的弹性变形的恢复余量，使直轨过程中的压力保持一定的时间。

(5) 直轨或弯轨结束后，打开卸荷阀，使液压油卸荷。

三、使用直轨器现场进行钢轨矫直作业

凡有硬弯的钢轨，均应于铺轨前矫直，常备轨亦应保持顺直。线路上的钢轨硬弯，应在轨温较高季节矫直，矫直时轨温应高于 25 ℃。

矫直钢轨前，应测量确认硬弯的位置、形状和尺寸，确定矫直点和矫直量，避免矫后硬弯复原或产生新弯。矫直钢轨时，应防止钢轨扭曲。矫直钢轨后用 1 m 直尺测量，矢度不得大于 0.5 mm，允许速度大于 120 km/h 地段，矢度不得大于 0.3 mm。

(1) 准备。确定矫直量及矫直范围，起出道钉或卸下扣件，50 kg/m 及以下钢轨不得超过 5 个轨枕头，50 kg/m 及以上钢轨不得超过 7 个轨枕头。起下道钉，放在固定位置，扣件转动 90°或卸下，只松帽即可。

(2) 安装直轨器。应将直轨器放平，位置摆正、夹紧，使各支点密贴。

(3) 校直作业。根据调查画的符号，校直硬弯后，要看轨向改道，保持轨距良好。直轨前，要注意前后有无瞎缝，如有瞎缝，应提前调整。后按规定补齐道钉或扣件。

(4) 整理。先拨正非直股方向，然后改正轨距，补齐道钉和拧紧扣件螺栓。

第四节 钢轨切割机

铁道线路在特殊地点要使用特殊的缩短轨。例如在更换道岔和辙岔相接的钢轨时,就要根据实际需要,将钢轨切割成合适长度的短轨。传统的锯轨方法是使用钢锯手工切割。由于钢轨是经过了热处理的特种钢材,比较坚硬,因此,锯断一根钢轨一般需要两个小时左右的时间才能完成。更换道岔等工作通常是在指定的封锁时间内进行的,当确定了缩短轨的长度后,已基本上接近了开通的时间。因此,在现场多数是用水焊先切割一根代用轨暂用,过后再将锯割合格的短轨更换上,这样既浪费时间,又浪费了钢轨。

近些年来,各种各样的锯轨机械相继出现,大大缩短了锯轨的时间。在锯轨机械中,摩擦式锯轨机在这些锯轨机械中,效率较高,锯轨的时间较短。一般情况下,切断一根钢轨只需要两分钟左右的时间即可完成。摩擦式锯轨机有汽油机和电动机两种动力类型。下面我们介绍一种汽油机摩擦式锯轨机。

一、内燃摩擦式锯轨机的工作原理与结构

内燃摩擦式锯轨机如图 8-6 所示。

摩擦式锯轨机主要由切割部分、动力部分和卡具三部分构成。在切割部分中,主要是采用砂轮切割锯片,依靠锯片与钢轨的接触摩擦将钢轨锯断。为了防止锯片掉屑伤人,锯片采用的是在两面黏附有尼龙编织网的安全锯片。同时,在靠近操作人员的一侧,还设有半圆形的防护罩。

锯轨机的动力部分是一台 5 kW 的两行程的小汽油机。汽油机的动力通过单根同步 V 带传动,将转矩传递给切割部分的转轴。卡具是锯轨装置的定位装置。在卡具的限位作用下,机器可在钢轨的垂直平面内进行摆动,接触钢轨进行切割,但不能沿着钢轨方向错位,防止损坏锯片。

图 8-6 内燃摩擦式锯轨机

二、摩擦式锯轨机的使用

(1)首先安装砂轮片,装片前要检查砂轮片是否有裂纹,两侧是否平整,表面不平易造成锯口偏斜或夹锯片,装片后锁紧螺母,但扭力不宜过大以免压碎砂轮片。

(2)根据钢轨切割的位置将卡具放在钢轨上,然后旋紧卡具手柄,使卡具牢固地卡住钢轨。

(3)左手握住锯轨机把手,将机器提起,右手握住汽油机的启动绳手柄。右手用力拉住手柄,通过左手下落机器,在启动拉绳的作用下,汽油机便可启动。

(4)将机体安装在卡具的销轴上,往复摆动锯轨机,使锯片接触钢轨切割。当钢轨快要切断时,应减轻锯片对钢轨的压力,以防止损坏锯片。

(5)在使用中,由于锯片磨损而使锯片的外径缩小而影响切割时,应对锯片进行更换。更

换锯片可通过旋动转轴上的螺母进行。

(6)在现场进行钢轨切割作业时,应将钢轨拨正、垫平、固定,用卡具划好钢轨线。

(7)锯后的钢轨长度误差不超过 2 mm,上下、左右偏斜不超过 4 mm。

第五节　钢轨钻孔机

经过切割后的非标准钢轨,在普通线路上使用时,需要经过钻孔之后,才能通过夹板和螺栓等连接零件与相邻的钢轨或辙岔接头连接。传统的钢轨钻孔方法是使用扳钻和扳钻架手工进行钢轨钻孔作业,方法比较笨重。近些年来,多种形式的钻孔机械相继出现,从而取代了传统的作业方法,提高了钢轨钻孔的速度和精度。

在钻孔机械中,同样有内燃机和电动机两种动力类型。根据钻孔进给的方式,有自动进给和手动进给两种方式。各种钻孔在结构上没有大的差别。下面我们介绍一种电动钢轨钻孔机。

一、电动钢轨钻孔机的结构与工作原理

电动钢轨钻孔机如图 8-7 所示。

电动钢轨钻孔机主要由钻孔部分、动力部分和卡具三部分构成。钻孔部分的结构和普通钻床的结构基本相同,主要包括钻头、驱动钻头旋转的转轴及可相对机架移动的转轴支座。当转轴被驱动转动时,通过操作后部的钻头进给装置的手柄,可使转轴支座沿着两根导杆移动,使安装在转轴上的钻头移动,并完成钢轨的钻孔工作。钻孔机的动力部分为一台电动机。

图 8-7　电动钢轨钻孔机

电动机安装在转轴的支座上,通过 V 带的传动,驱动转轴转动。卡具是钻孔机的定位装置,根据需要钻孔的位置,通过卡具将钻孔机固定在钢轨上,保证钻孔机能在正确的位置钻孔。

二、电动钢轨钻孔机的使用

(1)检查电动机运转。

(2)检查钻头刃部是否锋利,不锋利时可在砂轮机上进行磨削。

(3)将钻头安装在钻孔机的钻库内。

(4)在需要钻孔的正确位置上,使用心冲打出心冲标志。

(5)根据标志将卡具卡在钢轨上,并使钻头的中心对准标志。

(6)启动电动机。

(7)操作钻头进给手柄,使钻头作用在轨墙上,并进行切割钻孔。

(8)钻孔完毕后,反向摇动进给手柄,使钻头退回。

(9)松开卡具,取下钻孔机。

(10)钻孔位置上下、左右偏差不得大于 2 mm,孔的间距要大于 2 mm,边缘不得有裂纹和毛边。

(11)钢轨钻孔位置应在轨腹中和轴上,且必须倒棱。两螺栓孔的净距不得小于大孔径的 2 倍。其他部门需在钢轨上钻孔或加装设备时,必须经工务段同意。

习题八

1. SY-Ⅰ型液压轨缝调整器主要由几部分构成?它是怎样夹住钢轨的?
2. 画出轨缝调整器的液压系统图,并标出当卸荷阀打开时液压油如何流动。
3. 怎样使用轨缝调整器进行轨缝调整?并应注意什么?
4. YFZ-80 型液压方枕器的结构有哪些?直接作用于轨枕的部件称为什么?
5. 怎样使用直轨器进行直轨?并应注意什么?
6. 摩擦式锯轨机有哪些特点?说明进行锯轨作业的要求。
7. 电动钢轨钻孔机由几部分构成?应怎样进行钻孔操作?对质量有什么要求?

第三篇　大型养路机械作业

列车运行速度提高之后,在运行过程中,对线路的作用力也同时增大;特别是在我国列车繁忙的主要干线,由于列车运行的密度较大,利用列车的间隔时间使用养路机械进行线路维修作业已经不可能,只能采用开天窗的方法。为了在较短时间内,有效地对线路进行综合性维修,目前我国从国外引进,或是合资生产大量的大型养路机械应用在干线或是其他线路上,取得了较好的效果。

大型养路机械是线路作业工厂化的标志。大型养路机械综合应用了比较先进的科学技术。在作业中,多项线路作业可一次完成,作业后的线路质量和线路的稳定性都很好,因此可以保证列车安全高速地运行。

目前,我国使用的大型养路机械主要是从奥地利普拉塞公司引进的,或是昆明机械厂和普拉塞公司合作生产的。主要有自动起道拨道抄平捣固车、全断面枕底清筛机、配砟整形车和动力稳定车等。可由自动起道拨道抄平捣固车、全断面枕底清筛机和配砟整形车组成机组,称 MDZ 机组,进行线路综合维修作业,可以较大幅度提高线路质量,作业后线路的容许行车速度可以达到 120 km/h,同时可减少列车慢行次数;也可单独进行线路维修作业。下面我们介绍这四种大型养路机械的工作原理及工作装置。

第九章　自动抄平、起道、拨道捣固车

捣固车用在铁道线路的新线建设、旧线大修清筛和运营线路修理作业中,对轨道进行拨道、起道抄平、石砟捣固及道床肩部石砟的夯实作业,使轨道方向、左右水平和前后高低均达到线路设计标准或《普速铁路线路修理规则》的要求,提高道床石砟的密实度,增加轨道的稳定性,保证列车安全运行。

捣固车必须封闭线路进行作业,捣固车在运行状态下与其他机械连挂进入封闭区间,到达作业地点后,机组解体,捣固车由运行状态转换为作业状态后开始工作,作业中捣固车需要操纵及辅助人员共 5~7 人,若线路封闭 2 h,捣固车可以完成 2 km 左右的线路修理作业。捣固车运行时在一端司机室由一人驾驶,最高运行速度达 80 km/h,长途运行时捣固车可以连挂在货运列车的尾部。

按作业走行方式,分为步进式捣固车(如 08-32 型)、连续式走行捣固车(如 09-32 型捣固车)。

第一节　08-32 型捣固车的结构及主要技术性能

一、08-32 型拨道、起道抄平捣固车结构与性能

1. 结构

我国于 1984 年引进普拉塞与陶依尔公司的 08-32 型拨道、起道抄平捣固车，1990 年又引进了 08-32 型捣固车的生产制造技术，在昆明机械厂开始批量生产 08-32 型捣固车，逐步装备线路大修段、线路机械化维修段(现合并为工务机械段)。

08-32 型捣固车是目前应用最广泛的一种捣固车，由于它结构先进，功能齐全，近年来得到世界各国铁路工务部门的使用。图 9-1 所示为 08-32 型捣固车的结构外形图。

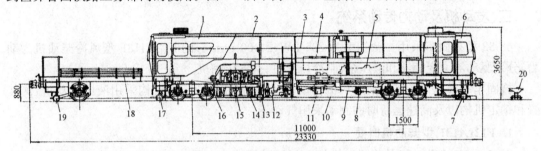

图 9-1　08-32 型捣固车结构外形

1—后司机室；2—中间车顶；3—高低检测弦线；4—油箱；5—柴油机；6—前司机室；7—D 点检测轮；
8—分动箱；9—传动轴；10—方向检测弦；11—液力机械变速箱；12—起拨道装置；13—C 点检测轮；14—夯实器；
15—捣固装置；16—转向架；17—B 点检测轮；18—材料车；19—A 点检测轮；20—激光发射器

08-32 型捣固车有 32 个捣固镐头，同时可以捣固两根轨枕，作业走行是步进式，为多功能的线路捣固车；是集机、电、液、气为一体的机械，采用了大量的先进技术，如电液伺服控制技术、自动检测技术、微机控制技术、激光准直等。

08-32 型捣固车主机是由两轴转向架，专用车体和前、后司机室，捣固装置，夯实装置，起拨道装置，检测装置，液压系统，电气系统，气动系统，动力及动力传动系统，制动系统，操纵装置等组成。附属设备有材料车、激光准直设备、线路测量设备等。

2. 主要技术性能

08-32 型捣固车的主要技术性能见表 9-1。

表 9-1　08-32 型捣固车的主要技术性能

项　目	性能及参数	项　目	性能及参数
自行最高速度	80 km/h(双面)	横向水平作业精度	±2 mm
拖挂允许速度	100 km/h	纵向高低作业精度	4 mm(直线 10 m 距离两测点的高差)

续表

项 目	性能及参数	项 目	性能及参数
空气制动形式	排风制动,一次缓解,缓解时间<10 s	拨道作业精度	±2 mm(16 m 弦 4 m 距离两点正矢最大差值)
单机紧急制动距离	≤400 m(80 km/h 运行)	起道顺坡率	≤0.1%
作业效率	1 000~1 300 m/h	测量系统精度	1 mm
作业时最大起道量	150 mm	柴油机型号	KHD F12L413F
作业时最大拨道量	±150 mm	柴油机功率	235 kW
捣固深度	570 mm(由轨顶以下)		

二、发动机及动力传动系统

08-32 型捣固车采用一台功率为 235 kW(2 300 r/min)的 F12L413F 型风冷柴油机为动力,分别驱动液力变矩器和液压泵、制冷压缩机、空气压缩机。

捣固车的高速走行采用液力机械传动;工作装置和作业走行机构采用液压传动;检测装置和锁定机构以及高速运行时的制动采用气动。

1. F12L413F 型柴油机概要

F12L413F 型柴油机是德国道依茨(KHD)公司生产的风冷 V 形 12 缸柴油发动机,它被广泛地应用在工程机械和铁道线路机械上,已由北方工业公司引进技术,现已批量生产。

F12L413F 型柴油机是 FL413 系列柴油机中的 12 缸柴油机,F12L413F 型柴油机由曲轴连杆机构、配气机构、冷却系统、润滑系统、燃油供给系统、电气系统等组成,该系列柴油机采用风冷,结构较先进,与一般水冷柴油机比较在结构上有较大的不同。

F12L413F 型柴油机为高速四冲程,V 形结构,气缸排列夹角是 90°;直接喷射式斜筒型燃烧室;采用龙门式曲轴箱及每缸一盖结构,曲轴连杆机构为多支承三层合金滑动轴承;并列连杆和带有三道密封环的油冷活塞;带旋转装置的顶置气门及适应高速运转的配气机构;有喷油自动提前器的供油系统;装有火焰加热器并可辅助加温装置的冷起动系统;后置式斜齿轮驱动机构,由压油泵、回油泵两组机油泵组成的可以在倾斜路面上工作的湿式油底壳强制循环润滑系统。

2. F12L413F 型柴油机的主要技术性能

F12L413F 型柴油机的主要技术性能见表 9-2。

表 9-2 F12L413F 柴油机的主要技术性能

项 目	参 数	项 目		参 数
输出功率	235 kW	气缸数		12
缸径×行程	φ125 mm×130 mm	转速	运行工况	2 300 r/min
压缩比	18		作业工况	2 000 r/min
气缸总容积	19 144 cm³		急速工况	900 r/min
最大扭矩	1 226 N·m	冷却方式		风冷

三、08-32型捣固车的走行方式

08-32型捣固车的捣固作业为步进式,作业过程中要频繁启动和停车,这就要求作业走行速度低,改变走行方向容易,操纵简单。某一种传动系统很难满足高、低速走行两种工况的要求,因此,捣固车具有高、低速走行两套传动系统。现代的大型捣固车高速走行采用机械传动和液力机械传动,低速走行采用静液压传动。

1. 高速走行传动系统

大型捣固车是占用封闭区间进行线路修理作业,为了减少线路封闭后的辅助作业时间,要求捣固车能迅速到达或离开作业地段,所以捣固车必须具有高速行驶的功能。

液力机械传动即在机械传动系统中加入液力变矩器,使发动机输出的功率通过液力变矩器再传入机械传动系统,大大改善了机械传动的性能。如图9-2所示为08-32型捣固车动力传动系统。其中高速走行传动系统是液力机械传动,由液力机械变速箱、分动齿轮箱、传动轴、车轴减速箱、轮对等组成。

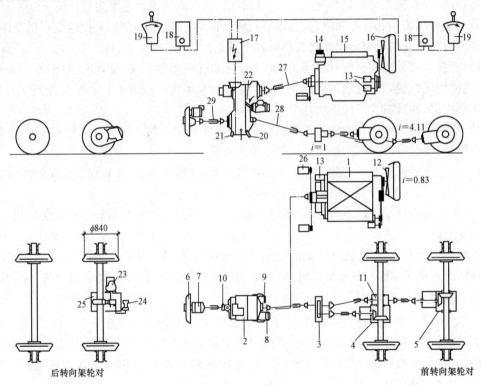

图9-2 捣固动力传动系统

1—柴油机;2—液力机械变速箱;3—分动箱;4,5,25—车轴减速箱;6—减速箱;7,23—电动机;
8,9,10—油泵;11—传动轴;12—液压油冷却风扇;13—发电机;14—空压机;15—机油散热器;
16—液压油散热器;17—电气接线盒;18—电气开关;19—变速操纵杆;20—走行离合器操纵杆;
21—作业走行离合器操纵杆;22—油泵离合器操纵杆;24—齿轮离合器气缸;26—制冷压缩机;27,28,29—传动轴

当传动系统转换为高速自行工况时,通过操纵杆22、21使液压油泵离合器和电动机离合器松开,操纵气缸24使作业走行电动机23的小齿轮与车轴齿轮分离,通过操纵杆20使动力输出离合接合。此时,柴油机的动力经传动轴到液力机械变速箱,再经分动齿轮箱分为两路,

通过传动轴分别传到前转向架的 1 轴和 2 轴车轴减速箱,驱动车轮前进。液力机械变速箱是传动系统中的重要部件,08-32 型捣固车选用德国 ZF 公司生产的 4WG-65 型液力机械变速箱。它有非闭锁式(标准型)和闭锁式两种,以前生产的捣固车选用标准型液力机械变速箱。现在生产的捣固车选用的是闭锁式液力机械变速箱。

为了增加捣固车的黏着牵引力,高速走行为两轴传动,两轴驱动容易产生寄生功率,为此大多数 08-32 型捣固车采用差速分动箱来消除寄生功率。有些捣固车为了简化结构装有无差速机构的分动箱,如引进技术生产的捣固车就无差速机构。

捣固车的高速走行有两种工况,即自行高速走行工况和拖挂高速运行工况。

自行高速走行首先把走行工况置于高速走行位。柴油机的动力传动路线为:传动轴→液力变矩器→变速箱→输出传动轴→分动差动箱→传动轴→车轴齿轮箱,驱动轮对运行。

长距离转移工地时,一般情况把捣固车挂在列车或轨道车尾部,在运输车辆的牵引下,捣固车拖挂高速运行。这时捣固车必须可靠地处在拖挂运行工况。此时必须使输出传动轴与变速箱连接的离合器脱开,必要时加锁固定,从车轮反传来的扭矩被截止。

拖挂运行时,最大允许运行速度为 100 km/h。自行高速走行速度为 80 km/h。前后司机室均有制动操纵机构和换挡操纵盒,在改变行驶方向时不用调头转向,只要改变司机室即可。

液力机械传动与机械传动相比较具有以下特点。

(1)能在一定范围内根据行驶阻力的变化,自动进行无级变速,低速时大扭矩,高速时小扭矩,能使发动机经常在选定的工况下工作,能防止发动机过载熄火。这不仅提高了发动机的功率利用率,而且减少了换挡次数。

(2)变矩器利用液体作为传递动力的介质,输出轴和输入轴之间没有刚性连接,大大降低了动力传动系统的冲击载荷,提高了机件的使用寿命。

(3)由于变矩器具有一定的变速能力,故对同样的变速范围,可以减少变速箱的挡位数。

(4)起步平稳,并可得到任意小的行驶速度,加速迅速、均匀。

(5)在任何挡位都可以进行制动,操纵简单,可以实现远程操纵,减轻了司机的疲劳,有利于行车安全。

和机械传动相比,液力机械传动的缺点是结构复杂,传动效率低。因此,采用液力机械传动的捣固车选用 F12L413F 型柴油机(液力传动与机械传动相比,功率要求增加约 20%)。

2. 作业走行传动系统

08-32 型捣固车为步进式捣固作业,每捣固完两个轨枕空间向前走行一步,有时为了使捣固镐头对准轨枕空间,捣固车需要向前或向后稍微移动,所以捣固车在作业中要频繁起步、制动或换向,这就要求走行操作要简单灵活。液压传动能够满足这些要求,所以现在的大型捣固车作业走行都采用液压传动。

(1)作业走行动力传动操作。作业走行时,首先把运行作业工况的转换开关置于作业位,如图 9-2 所示,经气缸使电动机 23 的离合器接合,操纵手柄 21 使电动机 7 与变速箱的离合器接合;操纵手柄 22 使作业油泵离合器接合。此时必须摘掉控制总开关的钥匙,切断动力换挡变速箱的换挡控制阀的电信号,则变速箱内的液压离合器均脱开,亦使齿轮和轴脱开,切断了柴油机的功率输出。

当操纵工作走行机构时,两台液压电动机同时开始工作。其动力传递路线为:减速箱→传动轴→动力换挡变速箱的输出轴→传动轴→分动差动箱→传动轴→车轴齿轮箱驱动前转向架,同时液压电动机 23 驱动后转向架的一根轴,增加轮周牵引力。

作业走行的两台电动机各为独立的开式油路,节流调速。在作业中如果一台电动机出现问题,另一台电动机仍然可以工作。作业走行速度为 3～8 km/h,根据线路坡度可以调节走行速度。调节时以车轮转动不打滑时的速度为好。电动机采用丹弗斯公司(DANFOSS)生产的 OMV 型摆线齿轮电动机(国产型号为 BME),这是一种低速大扭矩电动机,具有启动特性良好、低速转速稳定、调速平稳等优点。

(2)液压传动与液力机械传动相比具有以下特点。

①能实现无级变速,转速调节范围大,并能实现微动,而且在相当大的转速范围内保持较高的效率。

②利用液压传动系统本身,可以实现制动。

③体积小、重量轻、惯性小、动作灵敏,可以高速启动和快速换向。

④能在低速下稳定运转,能实现过载保护,操作和换向非常方便。

第二节 捣固装置

08-32 型捣固车的工作装置包括捣固装置、夯实装置和起拨道装置。

捣固装置用于捣固钢轨两侧的枕底道砟,提高枕底道砟的密实度,并与起拨道装置相配合,消除轨道的高低不平,增强轨道的稳定性。

夯实装置作用于道床肩部,通过夯实道床肩部的石砟来提高道床的横向阻力,增加轨道的稳定性。

起拨道装置作用于钢轨头部,使轨排产生位移,结合捣固作用,恢复轨道的几何尺寸,提高轨道的平顺性。

这三套工作装置可以同时工作,对线路进行捣固、夯实、起拨道综合作业,也可以单独进行捣固或是起拨道作业,但在单独捣固作业时,为了提高捣固质量应有适当的起道量。所以,在一般情况下,捣固装置和起拨道装置是同时工作的。

一、捣固装置的结构

捣固装置是捣固车的主要工作装置。08-32 型捣固车有两套捣固装置,左右对称地安装在捣固车的中部。每套捣固装置装有 16 把捣固镐,每次可以同时捣固两根轨枕,因此,又称为双枕捣固装置。

左右两套捣固装置能同步捣固两根轨枕,也能单独使用左右任意一个捣固装置,捣固轨枕的左右任一端道床。捣固装置除了振动夹持动作外,还能垂直升降和横向移动。升降和横移的控制,由各自独立的自动控制机构来完成。

捣固装置的工作对象是碎石道床,工作环境恶劣,振动零部件容易损坏。因此,捣固装置是捣固车日常维修保养的重点部位。

双枕捣固装置如图 9-3 所示,采用了偏心连杆摇摆振动、异步夹持的原理工作。捣固时通过捣固镐将振动力传递给石砟,使石砟产生振动并向较稳定的方向移动,增加道床的密实度;再利用捣固镐的夹持作用力,把轨枕间隔中的石砟向枕底挤压,使枕底石砟更加密实,提高轨道的稳定性。由于内、外夹持油缸的夹持动作,是由各自独立的液压回路控制的,它们之间没有机械或液压的同步结构,两侧捣固镐的夹持移动距离,因道床阻力的不同有所不同,因此称为异步夹持。这种异步夹持动作,能够使枕底石砟密实度均匀。当某侧捣固镐所夹持的石砟较疏松时,夹持阻力较小,捣固镐的夹持移动距离就大,直到夹持阻力达到设定的油压力时,夹持动作才能停止,所以捣固后的石砟密度是一致的。

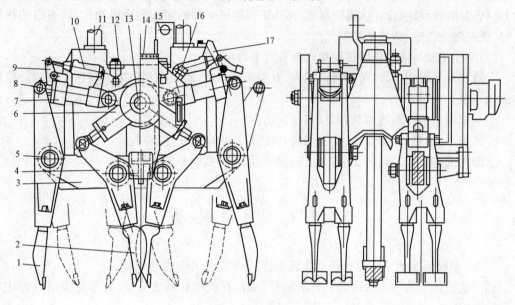

图 9-3　双枕捣固装置
1—外镐；2—内镐；3—箱体；4—内捣固臂；5—销轴；6—内侧夹持油缸；
7—外侧夹持油缸；8—销轴；9—加宽块；10—气缸；11—导向柱；12—油杯；
13—偏心轴；14—注油嘴；15—悬挂吊板；16—加油口盖；17—油管接头集成块

双枕捣固装置主要由箱体、捣固臂、捣固镐、偏心轴、飞轮、内外夹持油缸、捣固镐夹持宽度调整机构、液压系统和润滑系统等组成。

1. 箱体

箱体的功用是安装偏心振动轴、夹持油缸、润滑油箱和夯拍器等零部件,传递捣固时的道床反作用力至车架。

2. 偏心轴

偏心轴是捣固装置的重要零件,其结构如图 9-4 所示,它的功用是驱动连杆(夹持油缸),使捣固镐产生振动。偏心轴的中部为主轴颈,左侧安装单列圆柱滚子轴承 2(NU2220)和单列向心球轴承 3(6220),右侧安装单列圆柱滚子轴承 2(NU2220)。圆柱滚子轴承主要承受捣固时振动夹持产生的径向载荷,向心轴承主要承受轴向载荷,并使偏心轴在轴向定位。主轴颈的两侧各有三道偏心轴颈,其偏心距为 2.5 mm,在偏心轴颈上安装短圆柱滚子轴承 7 与内侧夹持油缸连接。在偏心轴的两端各装一个飞轮 9,用来增大偏心轴的转动惯量,使偏心轴运转稳定。当振动阻力较小时,飞轮将多余的能量储存起来;当振动阻力增大时,飞轮释放出能量,从而减少偏心轴的驱动功率。飞轮通过键与偏心轴连接,再用防松螺母 11 压紧。在偏心轴的驱动端飞轮上装有橡胶联轴器与电动机相连。

3. 夹持油缸

夹持油缸的主要功用有两点:一是连杆传动作用。当偏心轴转动时,由于偏心距的作用,套在偏心轴颈上的内侧夹持油缸产生往复运动,像内燃机的连杆,推拉内侧捣固臂以中间销

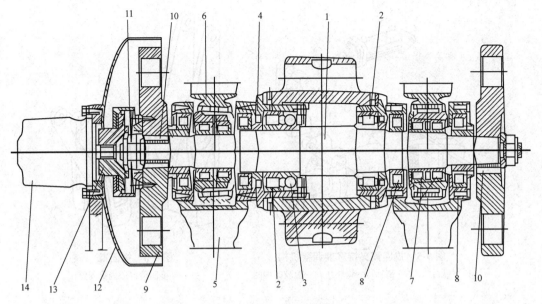

图 9-4 偏心轴结构图

1—偏心轴；2—单列圆柱滚子轴承；3—单列向心球轴承；4—轴承套；5—内侧夹持双耳油缸；6—内侧夹持单耳油缸；
7—短圆柱滚子轴承；8—短圆柱滚子轴承；9—飞轮；10—平键；11—螺母；12—飞轮防护罩；13—弹性联轴器；14—电动机

轴为支点摆动，使内侧捣固臂产生强迫摇摆振动。同时与内侧夹持油缸连接的外侧夹持油缸也同样产生往复运动，使外侧捣固臂也产生强迫摇摆振动。另一功用是夹持作用。当要进行夹持动作时，通过换向阀改变夹持油缸内的油液压力，则在夹持油缸内的活塞两端形成作用力差，使活塞移动，这时活塞杆除了起连杆作用外，还要推或拉捣固臂做较大幅度的摆动，通过镐头实现对道床的夹持作用。

4. 捣固镐夹持宽度调整机构

在外侧夹持油缸上部安装捣固镐夹持宽度调整机构如图 9-5 所示，其功用在于调整镐头的夹持宽度，也就是镐头张开宽度（500 mm 或 550 mm），以适应不同型号轨枕的间隔要求以及线路个别地段轨枕的不同间隔。其方法是通过气缸活塞杆控制调整块与夹持油缸端部的接合，从而控制夹持油缸活塞杆的缩回行程，来实现夹持宽度的调整。

5. 捣固镐和捣固臂

捣固臂的作用是安装捣镐，传递振动力和夹持力，捣固臂下端有两个锥孔，安装捣固镐，孔内设计有键槽或紧固螺钉，以防止捣固镐在工作中转动。为了便于镐头拆卸，在捣固臂上设计有安装楔铁的槽孔，如图 9-6 所示。

捣固镐由镐柄、镐身、镐头三部分组成，如图 9-7 所示。其可分为直镐和弯镐两大类。直镐安装在外侧捣固臂上；弯镐安装在内侧捣固臂上。捣固作业时，捣固镐插入道床把振动力和夹持力作用于道砟。捣固镐在插入道床的瞬间要承受很大的下插冲击力，振动夹持过程中要承受振动力和夹持弯矩。因此要求捣固镐具有足够的强度、耐冲击、耐磨损、安装可靠、容易更换。为了保证捣固质量，捣固镐的磨耗应不大于原有尺寸的 20%。磨损后可采用堆焊耐磨材料进行修复。

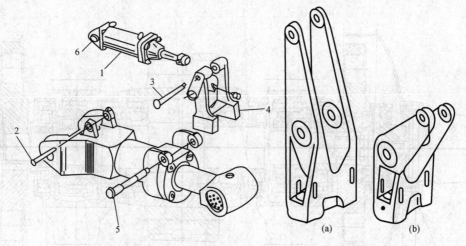

图 9-5 捣固镐夹持宽度调整机构
1—气缸；2,3,5—销轴；4—调整块；6—橡胶减振圈

图 9-6 捣固臂
(a)外捣固臂；(b)内捣固臂

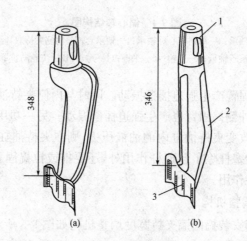

图 9-7 捣固镐
(a)弯镐；(b)直镐
1—镐柄；2—镐身；3—镐头

二、捣固装置的升降机构

捣固装置的升降机构的主要作用是将捣固装置从一定高度迅速降下，使镐头插入道床设计的深度，待捣固镐头的振动夹持动作结束后，再将捣固装置提升到原有高度，准备下一次捣固。为此，捣固装置升降机构应满足以下要求。

(1)为了减少非作业时间，捣固装置的升降要迅速，尤其是下降速度要快，以便利用快速下降的惯性冲击力使镐头插入道床。

(2)捣固镐头插入道床的深度要能够调节，便于在不同钢轨和轨枕的线路上进行捣固作业。最大下插深度为轨底以下 520 mm。

(3)捣固作业要有足够的下插力，捣固装置的升降是由电液伺服系统控制液压缸活塞的升降来实现的，具有位置控制精度高、调整捣固镐头下插深度方便的优点。当捣固装置的下插速度很快,道床疏松时,捣固镐头下插阻力较小,快速运动的活塞就会撞击缸底,产生很大的冲击力,容易造成机件的损坏。为了消除这种现象,升降油缸设计有缓冲机构。捣固作业完成后,捣固车从作业工况转为运行工况,各油路卸荷,捣固装置升降油缸已失去提升作用力。所以捣固车运行前必须把捣固装置与车架牢固锁定,确保高速运行时捣固装置不能下降。

三、横移跟踪机构

捣固装置在钢轨内、外侧的捣固镐相距 240 mm,60 kg/m 钢轨底宽 152 mm,所以要求捣固装置的纵向中心线与钢轨纵向中心线基本保持一致。若有较大偏差,在捣固镐插入道床时会发生碰撞钢轨底或者防爬器的危险,这是绝对不允许的。要使捣固装置的纵向中心与钢轨纵向中心保持一致,这在直线上容易做到,但在曲线上捣固装置的纵向中心会偏离钢轨。为了随时修正这种偏离,设计了捣固装置自动跟踪钢轨的横移跟踪机构。

捣固作业时 C 点检测小车(图 9-1)的轮缘紧靠钢轨头内侧行走,安装在 C 点检测小车上的标示杆(宽 70 mm),正好对准钢轨顶面,始终表示钢轨的位置。如果捣固装置的纵向中心偏离钢轨,通过自动控制系统根据曲线矢量的变化,跟踪机构相应作出调整,使捣固装置中心线始终对准钢轨中心线。最大横移距离为钢轨外侧 420 mm,横向捣固范围为钢轨内侧 400 mm。

第三节 起、拨道装置

起、拨道装置有左、右两套,分别作用于左、右两股钢轨上,对轨排进行提起或者左、右移动,即起道、拨道作业。通过起、拨道作业来消除轨道方向和水平偏差,使线路曲线圆顺,直线平直,确保行车安全。一般情况,捣固作业和起、拨道作业同步进行。

起、拨道装置可以单独进行起道或是拨道单项作业。但是在实际工作中为了减小拨道阻力,在无起道量的单项拨道作业时,也要设置 10 mm 左右的起道量。起、拨道装置和电液伺服阀、线路方向及水平检测装置、电子控制装置共同组成起、拨道电液位置伺服系统,而起、拨道装置是该位置伺服系统中的执行机构。因此,起拨道作业是自动完成,不需要人工操纵。

一、起道装置

起、拨道装置的结构如图 9-8 所示;它由起道油缸、拨道油缸、导向柱、拨道轮、夹轨轮组、起道架和摆架等组成。

起、拨道装置中除拨道油缸和拨道轮外,其他零部件都是起道装置的组成部分。

起道油缸是单作用油缸,起道力是油缸中活塞杆的拉力,起、拨道装置的下降依靠自重。拨道轮在钢轨上滚动,支承起、拨道装置。

夹轨轮组由内、外两个夹轨轮和夹轨油缸组成。夹轨轮组的作用原理如同夹轨钳,当夹轨油缸的活塞杆缩回时,两个夹轨轮合拢,即可夹住钢轨头。夹轨轮沿着钢轨头侧面滚动,夹轨轮缘在钢轨头下颚处。不起道时轮缘与轨头下颚之间有一定的间隙。起道时压力油液进入起道油缸有杆腔,活塞杆缩回,拉动起道架向上移动,通过夹轨轮把整个轨排提起,起道高度根据线路维修要求,由电液位置伺服系统自动控制。

起道装置的最大起道量为 150 mm,最大起道力为 250 kN。

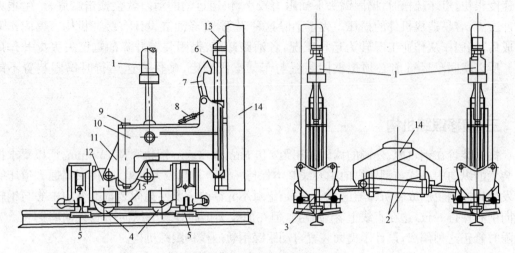

图 9-8 起、拨道装置结构

1—起道油缸；2—拨道油缸；3—夹轨油缸；4—拨道轮；5—夹轨轮；6—导向柱；7—钩；
8—气缸；9—竖销轴；10—起道架；11—吊耳；12—摆动架；13—钩座；14—车架；15—接近开关

在钢轨接头处起道时,鱼尾板妨碍夹轨轮夹住钢轨头,会使某一夹轨轮组失去作用。但另一对夹轨轮组仍能把轨排提起,不会影响正常起道作业。

如果因某种原因起、拨道装置偏离开钢轨时,系统即可发出信号,停止起道。此时,需要辅助人员推拉摆架,使夹轨轮重新夹住钢轨头。

夹轨轮组结构如图 9-9 所示。滚针轴承 8 装在套 9 上,套 9 用平键与夹轨轮轴 14 连接。夹轨轮轴 14 上装有上、下两道滚针轴承 8 和 13,中间装有压力轴承 10,夹轨轮轴装在轴承套 12 内,轴向用螺母 6 紧固,防止夹轨轮轴 14 与轴承套 12 之间轴向窜动。轴承套 12 的上部是外螺纹,下部有四条槽,把轴承套 12 拧入夹轨体 2 内,旋转轴承套 12 即可调整夹轨轮轴伸出夹轨钳体的长度。调整完毕后用压板 5 插入轴承套 12 下部槽中,再用螺钉把压板固定在夹钳体上,使轴承套固定不能转动。

夹轨轮轴的伸出长度要使前夹轨轮缘与轨头下颚之间保持 1～10 mm 的间隙,后夹轨轮缘与轨头下颚之间保持 1～5 mm 的间隙。起、拨道作业完毕后,把起、拨道装置升到上死点,通过气缸推动挂钩,钩住钩座,以防止高速运行时起、拨道装置下降。

二、拨道装置

拨道装置由拨道油缸、拨道轮和摆架组成。

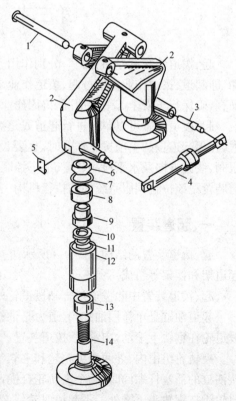

图 9-9 夹轨轮组结构

1,3—销轴；2—夹轨体；4—油缸；5—压板；
6—螺母；7,11—挡圈；8,13—滚针轴承；
9—套；10—压力轴承；12—轴承套；14—夹轨轮轴

拨道油缸装在车架的纵梁上，车架承受拨道反作用力。拨道轮是双轮缘，拨道力靠轮缘传递。拨道轮装在摆架上，拨道油缸推、拉摆架，通过拨道轮推、拉钢轨，使整段轨排横向移动。

拨道原理：两个拨道油缸相背安装，其油路串联，因此，拨道时一个油缸用推力，而另一个油缸用拉力。最大拨道力为 150 kN，最大拨道量左、右各 150 mm。

由于起、拨道力较大，并且其反作用力由车架承担，所以起、拨道只能在捣固车停止时进行，可见起、拨道装置也是间歇步进式工作。

当线路方向有偏差时，电液伺服阀有相应的液压信号输出，拨道油缸推、拉摆架，使轨道向左或是向右移动，直到该处的线路方向偏差消除时，电液伺服阀的输出液压信号为零，拨道油缸停止动作，则轨道移动到正确的位置。拨道量的大小和方向由线路方向检测装置和自控系统提供数据。

第四节　铁道线路方向和水平检测原理及装置

铁道线路方向及水平的检测是捣固车进行起、拨道作业的前提条件，只有对既有线路的方向及水平进行正确的定量检测，才能质量良好地完成捣固作业。

捣固车进行作业的目的就在于消除线路方向及水平偏差，使其恢复到标准所容许的偏差范围内。另外，为了检查作业质量，需要对作业后的线路方向及水平进行检查与记录。08-32型捣固车的检测装置有线路方向偏差检测装置、线路纵向高低检测装置、线路横向水平检测装置、激光矫直装置及检查记录装置。

一、线路方向偏差检测及拨道原理

使轨道在水平面内向左或是向右进行拨动，称为拨道作业。其目的是消除线路方向偏差，使曲线圆顺、直线直。捣固车进行拨道作业时，拨道量的大小及方向是由安装在捣固车上的线路方向偏差检测装置测出的，经电液伺服控制的拨道机构自动地进行拨道作业，在直线和圆曲线地段不需要人工参与。

08-32型捣固车采用单弦检测装置检测线路方向偏差，它有四点式偏差检测、三点式偏差检测及激光直线矫直三种偏差自动检测拨道方式。

1. 线路方向偏差自动检测拨道原理

线路方向偏差检测装置，是根据单弦检测拨道理论设计的。图 9-10 是线路方向偏差自动检测拨道系统工作原理示意图。

在线路方向偏差检测装置的 A、D 检测小车之间，张紧一根钢丝绳 S 作为检测基准，拨道作业时由 A 点检测小车上的气缸把钢丝弦线拉紧，弦线 A 端固定不能左右移动，弦线 D 端通过跟踪机构可以左右移动（国产捣固车改为弦线 D 点也固定），在 B、C 检测小车上各装有一个矢距传感器 Pot，弦线穿过矢距传感器上的拨叉。当线路方向有偏差时，弦线带动拨叉移动，自动控制系统将此矢量转换为液压信号，控制液压油进入拨道油缸，拨道油缸推拉拨道轮，使轨道左右移动，消除线路方向的偏差。

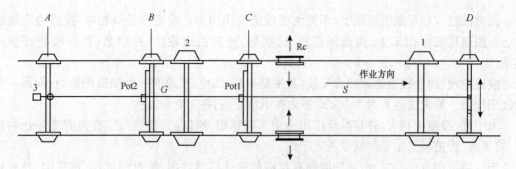

图 9-10 线路方向偏差自动检测拨道原理
1—前转向架Ⅰ轴；2—后转向架Ⅳ轴；3—弦线张紧气缸
A、B、C、D—检测小车；Pot—矢距传感器；G—弦线固定器；S—弦线；Rc—拨道轮

在长大直线上进行拨道作业时，由于检测弦线长度有限，所以整正后的直线方向不理想，仍有大慢弯存在。为了提高直线的矫直精度，只能加长检测弦线长度，才可实现。激光矫直就是利用激光束的直线特性，通过 D 点小车上的跟踪机构，使弦线的 D 端始终与激光束保持在一条直线上，如图 9-11 所示。相当于把检测 D 点向前延长至 P 点，弦线延长了 300～600 m，提高了直线段的方向偏差检测精度，改善了拨道质量。

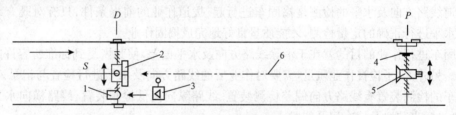

图 9-11 激光矫直原理
1—伺服电机；2—激光接收器；3—伺服电机控制器；4—激光发射器调整轮；5—激光发射器；6—激光束

2. 线路方向偏差自动检测装置

线路方向偏差检测装置是由四台检测小车、一根钢弦、两台矢距传感器及相应的显示仪表组成，如图 9-10 所示。

(1)检测小车。图 9-10 中四台检测小车分别称为 A、B、C、D 点检测小车，它们是检测装置的接触部件。其主要结构是由小车轮、车架、升降气缸及预加载气缸等组成。小车轮与车架用轴承相连，以保证小车轮在工作时灵活地在轨道上滚动。依靠小车轮的踏面及轮缘在钢轨踏面与轨头内侧面的接触，正确地测出钢轨的实际位置。其中 A 点小车在拖车的尾部，也称后张紧小车；B、C、D 三台小车都与捣固车架连接。B 点小车在捣固车后部，C 点小车靠近拨道机构，而且随着轨道的移动而横移，D 点小车在捣固车最前部也称前张紧小车。图 9-12～图 9-15 分别是这些小车的结构示意图。捣固车在运行时，各小车都收起来并锁定在车体上，到达作业地点后，再放到轨面上。因此，在每台小车上都有一对升降气缸及相应的锁定装置和保险装置。

A、D 两台小车的动作司机不易观看，其升降操纵由辅助人员就地操纵，B、C 两台小车的升降是由后操作司机在司机室内进行。为了保证检测小车的轮缘能够紧贴所要检测钢轨头部内侧，在每台小车上都有一对斜置的预加载气缸，依靠气缸推力使各小车按照要求的方向（左股或右股）逆行预加载，使其轮缘贴紧一侧的钢轨。

(2)弦线。在各小车下面中间横穿一根直径 2.5 mm 的钢丝绳。它一端固定在 D 点小车的中央,另一端在 A 点小车的中央由气缸拉紧,称为弦线。弦线张紧后是一根理想的直线,这条弦线长 21.1 m,实际上就是检测 A、D 两点小车间线路方向的一条基准线。

(3)矢距传感器。线路方向偏差检测的传感器固定在 B、C 两台检测小车上,它是捣固车专用的一种位移传感器,这种位移传感器能够把位移量准确地转换为电信号反映出来,显示为拨道方向和拨道量,再通过电液伺服系统控制起、拨道装置工作。

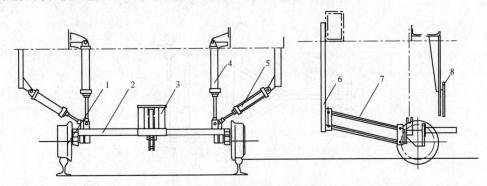

图 9-12　A 点小车结构示意图
1—小车轮;2—车架;3—张紧气缸支架;4—升降气缸;5—预加载气缸;6—支架;7—推杆;8—悬挂小车组件

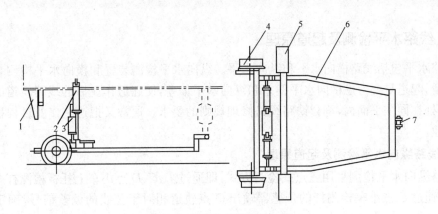

图 9-13　B 点小车结构示意图
1—悬挂小车组件;2—升降气缸;3—预加载气缸;4—小车轮;5—托板;6—车架;7—销轴

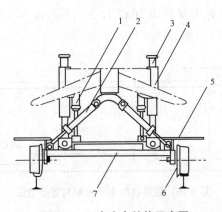

图 9-14　C 点小车结构示意图
1—升降油缸;2—预加载气缸;3—导向杆;4—导向套;5—托板;6—小车轮;7—车架

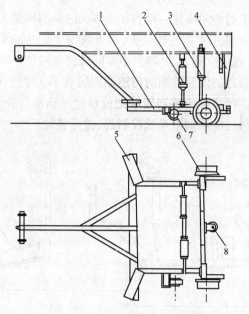

图 9-15 D 点小车结构示意图

1—车架;2—预加载气缸;3—升降气缸;4—悬挂小车组件;5—托板;6—小车轮;7—里程测量轮;8—弦线滑轮

二、线路水平检测及起道原理

线路水平包括线路横向水平和纵向水平。纵向水平检测装置和横向水平检测装置同时进行测量,起道量要考虑横向水平偏差和纵向水平偏差,使起道作业后的线路轨道的前、后、左、右都处在同一平面内,符合铁路线路修理规则的要求。通常又把这一作业过程称为起道抄平作业。

1. 线路纵向水平检测及起道原理

线路纵向水平检测采用三点式检测方式,即通过 B、C、D 点小车上托板检测杆上的弦线为基准,通过 C 点小车检测杆的传感器输出 C 点轨道相对于弦线的偏差信号,确定起道的数据。

2. 线路纵向高低检测装置

线路纵向高低检测装置是由安装在 B、C、D 三台检测小车上的检测杆、两根钢弦线及两台高低传感器组成,如图 9-16 所示。

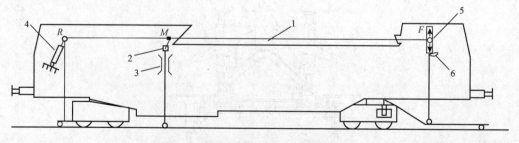

图 9-16 线路纵向水平检测装置示意图

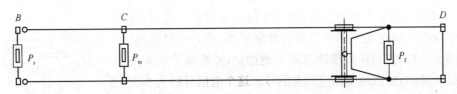

图 9-16 线路纵向水平检测装置示意图(续)

1—弦线;2—高低传感器;3—导向套;4—张紧气缸;5—标尺;6—升降电机
F、M、R—检测杆;B、C、D—检测小车;P_r、P_m、P_f—电子摆

三台检测小车的检测杆分别为 F、M 和 R,其中 R、F 检测杆与 B、D 两台检测小车的两侧托板相接触,也就是在 B 和 D 检测小车上左右各竖起一根检测杆。在 R 与 F 检测杆顶端张紧一根钢丝绳 1,称为弦线。弦线的一端固定在 F 检测杆的随动机构上,另一端由气缸 4 拉紧,在 M 点弦线穿过高低传感器 2 的触杆。当 C 点轨道相对弦线有高或低的变化时,传感器的触杆在弦线的拉动下转动,则轨道的高低偏差以电信号输出。C 点检测小车上的检测杆 M 在导向套 3 中上下移动,在检测杆上安装高低传感器 2。

由于线路纵向高低在两股钢轨上不完全相同,在不同区段要选择左股或右股钢轨为基准,所以每股钢轨上备有一套纵向高低偏差检测装置。当依靠气缸 4 使钢弦线 1 在检测杆 R 与 F 之间张紧时,钢弦线的位置实际上就是 B 与 D 小车轮之间轨面纵向高低的基准线,其长度为 13.65 m,检测杆 M 升降位移的数量就反映出该点线路对 RF 基准线的高低偏差量。为了提高检测精度,检测杆下端与托板接触部分制成球面,托板应平整、光滑并经常涂抹油脂。

3. 线路横向水平检测及起道原理

线路横向水平又称轨道左右水平。线路横向水平的检测原理简单,由安装在 D 点检测小车上的水平传感器(俗称电子摆)测量起道前的轨道横向水平偏差,其水平偏差信号输入起道控制电路,与设定的起道量进行比较,其差通过电液伺服阀控制起道油缸提起轨道,直到基准股钢轨的提起高度达到设定值时起道动作停止。

水平检测的基准钢轨,在直线地段任一股轨都可以,在曲线上必须要以有超高的一股钢轨为基准,另一股钢轨就以基准股为基准提起。圆曲线的外股钢轨要设置一定的超高,其超高值在缓和曲线内顺完,顺坡度不应大于 2‰。

4. 线路横向水平检测装置

(1)横向水平检测装置的组成。横向水平检测装置由三个水平传感器组成,分别安装在 B、C、D 三台检测小车架的中央。如图 9-16 所示,安装在 D 点小车上的水平传感器 P_f 又称为前电子摆,它是用来检测起道前线路的实际横向水平值,并通过模拟电路在前司机室的仪表盘上反映出来。同时也输入起道抄平电路中,与其他途径输入的起道量进行比较,控制起道装置的动作。

安装在 C 点检测小车上的横向水平传感器 P_m 又称起道区电子摆,用来检测起道作业过程的轨道水平变化,并由后司机室内的起道仪表显示。操纵者观察起道表就可以了解起道抄平的实际完成情况。若有水平不良时,司机可以随时进行调整,保证起道作业质量。

安装在 B 点检测小车上的水平传感器 P_r 又称后电子摆,它用来检测作业后的线路横向水平,向记录仪提供信号,是记录专用电子摆。

(2)横向水平传感器的结构及原理。电子摆是一种检测物体水平状态的机械电子传感器。图 9-17 是它的结构简图。它主要由外壳 1、电位计 2、传动机构 3、摆锤 4、硅油 5 及底座 6

组成。当底座处于水平位置时,摆锤保持垂直状态。此时,电位计上的可动触点处于中立位置。电路平衡,没有信号输出。当检测小车左右倾斜时,摆锤将向一侧摆动,经机械传动系统使电位计转动,就会输出相应的电信号。这个电信号的大小实际上就是与底座相连的检测小车的倾斜度,也就是线路两股钢轨的横向水平差值。

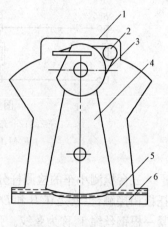

图 9-17　电子摆示意图
1—外壳；2—电位计；3—传动机构；
4—摆锤；5—硅油；6—底座

三、激光矫直装置

检测线路方向偏差的基准线是张紧于 A、D 两检测小车中间的钢弦线,这根基准线的长度只有 21.1 m。可以想象,用这么短的基准线来检测方向偏差并据此来拨道,这在曲线地段尚可以,而在直线区段,显然精度是不够的,特别是在百米以上的长直线区段,偏差较小而长距离的方向不良(俗称慢弯)不能拨直。

为了解决这个问题,提高直线地段拨道的质量,线路方向偏差检测装置附加了激光矫直装置。

激光矫直装置由激光发射装置与激光接收装置两大部分组成。

1. 激光发射装置

激光发射装置如图 9-18 所示,它由激光电源1、He-Ne 激光管2、光学系统3、瞄准镜4、发射调整架5、外罩6 及电池箱7 组成。这些部件装在专用的激光发射小车8 上。

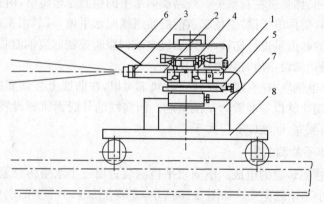

图 9-18　激光发射装置
1—激光电源；2—He-Ne 激光管；3—光学系统；4—瞄准镜；
5—发射调整架；6—外罩；7—电池箱；8—激光发射小车

作业前,将激光发射小车推至捣固车前方 300 m 左右处,把小车锁定在轨道上,用瞄准镜对准轨道上或捣固车上标明准确线路中心的标志(捣固车置于前拨道量为零的位置时,直接瞄准捣固车上激光接收器的中心)。

此时,已将激光发射器调整到要求的线路中心位置,接通电源后,激光管在激光电源输出的 1 万 V 高电压的激励下,发出高频调制激光束。

2. 激光接收装置

激光接收装置如图 9-19 所示，安装在 D 点检测小车上。接收器通过减振器与跟踪机构上的移动座连接，而跟踪机构的底座紧固在 D 点检测小车的中央。这样，当捣固车作业时，D 点小车放到轨面上后，假定 D 小车处的线路方向就是线路中心位置，那么，其接收器上柱面镜筒的中心应针对激光发射器上激光管的中心。当 D 点小车处线路有方向偏差时，跟踪机构自动调整，直到激光对准接收器中心。就好像把 21.1 m 长的弦线延长了 300 m，可使直线轨道的矫直精度大为提高。

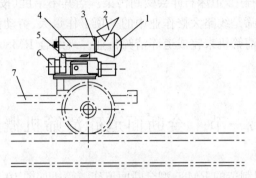

图 9-19 激光接收装置

1—柱面镜筒；2—镜头罩；3—光电池；
4—电路盒；5—减振器；6—跟踪机构；
7—D 点检测小车

习题九

1. 08-32 型捣固车的主要性能是什么？
2. 08-32 型捣固车的工作原理是什么？由哪些部分组成？
3. 08-32 型捣固车的动力传动路线是什么？
4. 捣固装置的工作原理是什么？
5. 何为异步捣固？
6. 捣固镐有哪几种类型？
7. 试述夯实装置结构及功用。
8. 起、拨道装置由哪些部分组成？
9. 如何检测线路纵向高低？
10. 运行中哪些装置必须收起并锁定？

第十章　全断面枕底清筛机

铁路线路在运营过程中,道床石砟会受到污染。当其不洁度(按重量计)超过25%时,就应该进行清筛。道床清筛是线路大修作业中的一项工作量大、劳动强度高的作业项目,目前我国已基本上采用道砟清筛机来完成道砟清筛作业。现结合 RM80 型全断面道砟清筛机作一介绍。

第一节　全断面道砟清筛机概述

普拉塞-陶依尔公司制造的 RM80 型全断面道砟清筛机如图 10-1 所示。

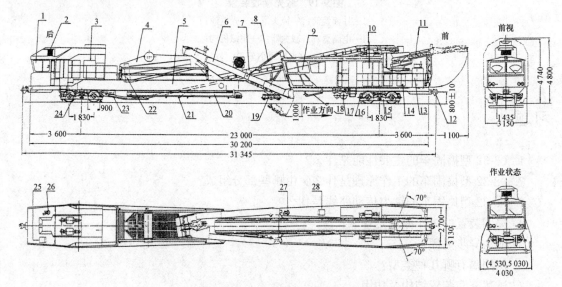

图 10-1　RM80 型全断面道砟清筛机
1—后驾驶室；2—空调装置；3—后机房；4—筛分装置；
5—车架；6—挖掘装置；7—主污土输送；8—液压系统；9—前驾驶室；10—前机房；
11—回转污土输送带；12—车钩；13—油箱；14—工具箱；15—转向架；16—车轴齿轮箱；
17—气动元件；18—举升器；19—起、拨道装置；20—道砟回填输送带；
21—后拨道装置；22—道砟导向装置；23—道砟清扫装置；24—制动装置

清筛机一般由动力装置、车体、转向架、工作装置和操纵控制系统等组成。

RM80 型全断面道砟清筛机采用前方弃土式总体布置的设计方案。车架安装在两台带动力驱动的转向架上。车架平台上两端设有前、后驾驶室"1""2"和前、后机房。驾驶室内装有用于行驶、作业操纵的各种控制仪表、元件等。机房内安装着由柴油发动机、主离合器、弹性联轴器、万向传动装置、分动齿轮箱等组成的动力传动系统。车架中部设有道床挖掘装置、道砟筛分装置、道砟分配回填装置及污土输送装置。车架下则装有举升器、起拨道装置、左右道砟回填输送带、后拨道装置和道砟清扫装置等。气、液、电控制系统的管道与线路布置在车架的主梁上。

RM80型清筛机采用两台双轴动力转向架。清筛机走行由液压电动机驱动,通过操纵控制,可实现清筛作业低速走行和区间运行。车辆采用空气制动系统。

动力装置选用两台德国BF12L513C型风冷柴油机。前发动机为机器作业或运行提供动力,还为所有输送带、液压油缸提供动力;后发动机除同样为作业或运行提供动力外,还为驱动挖掘链、振动筛等机构提供动力。

一、RM80型全断面道砟清筛机工作原理及性能

1. 技术性能

RM80型全断面道砟清筛机技术性能见表10-1。

表10-1　RM80型全断面道砟清筛机技术性能

项目		技术参数	项目	技术参数
柴油机性能	型号	BF12L513C	通过最小半径 运行	180 m
	功率	2×348 kW	通过最小半径 作业	250 m
	转速	2 300 r/min	生产率	650 m³/h
运行速度	清筛作业	0～1 000 m/h	筛分装置 振幅	9.5 mm
	区间自行	0～80 km/h	筛分装置 筛网面积	25 m²
	连挂运行	≤100 km/h	筛分装置 筛网层数	3
挖掘装置	挖掘深度（轨面下）	1 000 mm	筛分装置 振动频率	(12)19 Hz
	挖掘宽度	4 030～5 030 mm		

2. 工作原理

RM80型轨行式全断面道砟清筛机是内燃机驱动、全液压传动的大型线路机械。利用挖掘链的扒指切割道床上的道砟并在筛分装置中进行道砟振动筛分。清筛机作业时,机器在线路轨道上低速行驶,通过穿过轨排下部、呈五边形封闭的挖掘链,靠扒指将道砟挖起并经导槽提升到筛分装置上。脏污道砟通过振动筛的筛分后,符合标准、清洁的道砟,经道砟溜槽、导板及回填输送带回填到线路上。碎砟及污土经主污土输送带、回转污土输送带输送到线路两侧或卸到污土车上。

二、动力与走行传动系统

RM80型道砟清筛机采用柴油发动机驱动的液压传动系统。液压传动系统的工作原理是:柴油机通过主离合器、弹性联轴器、万向传动装置、分动齿轮箱驱动若干个液压泵。液压泵产生的高压油经液压分配块和各种控制阀,通过管路输送到液压执行元件,即液压电动机或液压油缸。液压执行元件驱动机器的走行及相应的工作装置,完成清筛机的运行、挖掘、筛分、起拨道、输送道砟和污土排除作业。

1. 动力传动系统

RM80型道砟清筛机动力传动系统如图10-2所示。它由柴油机1、主离合器2、弹性联轴器3、万向传动装置4和分动齿轮箱5组成。它的功用是驱动各液压油泵,使液压油产生高压来传递动力,实现机械能转变为液压能的过程。

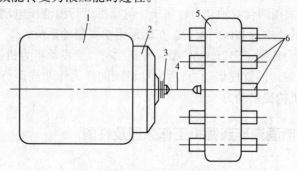

图10-2　RM80型道砟清筛机清筛机动力传动系统
1—柴油机;2—主离合器;3—弹性联轴器;
4—万向传动装置;5—分动齿轮箱;6—液压泵

2. 走行传动系统

走行传动系统由液压电动机、车轴齿轮箱、轮对和转向架构架等组成。清筛机的走行机构全部采用车轮驱动,即每台转向架的每个轮对轴都设有动力驱动。动力驱动的传动路线是:液压电动机→车轴齿轮箱→轮对。

走行液压电动机为A6V86型变量轴向柱塞电动机。车轴齿轮箱通过液压操纵的多片离合器控制,可实现作业走行、区间运行和连挂运行。作业走行和区间运行为无级调速式。作业走行速度为0~1 000 m/h;区间自行速度为0~80 km/h。

主离合器是传动系统中的重要部件之一,传动系统通过它与发动机连接。主离合器的功用主要有以下三个方面。

(1)把发动机与传动系统结合起来,使机械平顺地起步。

(2)迅速、彻底地将发动机的动力与传动系统分离。

(3)防止传动系统和发动机过载。

第二节　工作装置

一、挖掘装置

1. 挖掘装置的功用与组成

RM80型道砟清筛机挖掘装置安装在两台转向架间的车体中部,与车体水平面的夹角为30°(图10-1)。挖掘装置主要功用是将污脏道砟挖掘出来,并提升和输送到振动筛上。挖掘装置是清筛机的主要工作机构之一。

如图10-3所示,挖掘装置由驱动装置、挖掘链、水平导槽、提升导槽、护罩、下降导槽、调整油缸、拢砟板、防护板及道砟导流总成等组成。

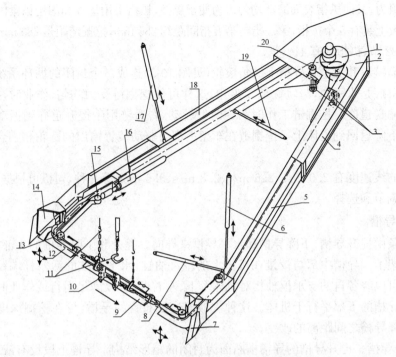

图 10-3 RM80 型道砟清筛机挖掘装置
1—驱动装置；2—护罩；3—导槽支枢；4—道砟导流总成；5—提升导槽；6—提升导槽垂直油缸；7—拢砟板；
8—提升导槽水平油缸；9—水平导槽；10—挖掘链；11—起重装置；12—弯角导槽；13—下角滚轮；14—防护板；
15—中间角滚轮；16—张紧油缸；17—下降导槽垂直油缸；18—下降导槽；19—下降导槽水平油缸；20—上角滚轮

清筛机运行时，挖掘链在水平导槽与弯角导槽连接处断开，提升导槽和下降导槽分别被提升并放置到车体两侧，用链条锁紧。水平导槽被安放到车体下部的举升器上。

清筛机作业时，将水平导槽放到预先在道床下挖好的基坑中，提升导槽和下降导槽由车体两侧放下到相应位置，用起重装置将水平导槽吊起与两弯角导槽连接牢固。连接挖掘链并通过张紧油缸调整链条松紧后，挖掘链才能进行挖掘作业。

2. 挖掘链驱动装置

挖掘链的驱动采用液压传动。驱动挖掘链的动力是一台 A6V225 型变量轴向柱塞式液压电动机。液压电动机经挖掘齿轮减速箱带动链轮。挖掘齿轮减速箱的作用是降低电动机的转速，增大输出轴的扭矩，满足挖掘作业时挖掘链速度及切削力的要求。

3. 挖掘链

挖掘链由扒板 1、中间链节 2、链销轴 3 和扒指 7 等组成，如图 10-4 所示。扒板上装有扒指，扒指是挖掘道床的重要零件，用高强度耐磨材料制成。扒指前端是圆锥体指尖，后部是圆柱体连接部分。扒指安装在扒板的轴孔中，并能自由转动，既

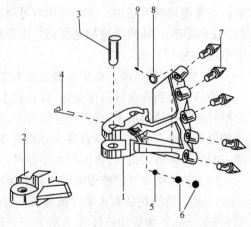

图 10-4 挖掘链
1—扒板；2—中间链节；3—链销轴；4—螺栓；
5—垫圈；6—螺母；7—扒指；8—垫片；9—固定销

减少了挖掘阻力,又使扒指表面磨耗均匀。为便于更换,扒指采用垫片和固定销紧固。RM80 型清筛机的扒板上装有 5 个扒指,第一指与第五指间距约 250 mm,挖掘链距是 280 mm。扒板与中间链节各有 82 节,扒指共有 410 个。

挖掘链靠链轮和支承在导槽上的角滚轮(见图 10-3)连成一个封闭的循环系统,形状呈五边形。挖掘链底是水平边,与轨枕呈 3°夹角,这样可使挖掘链受力均匀,作业时,挖掘链在轨枕下挖掘和输送道砟。挖掘链工作时为逆时针转动,右边链用于提升道砟到振动筛上,左边链上角滚轮下降返回到道床上。挖掘链在车架上部与驱动装置输出的链轮相啮合,由链轮驱动运转。

挖掘链的线速度有 2.0 m/s、2.6 m/s、2.8 m/s、3.6 m/s 等几种,司机可根据道床阻力及生产率进行调节和选择。

4. 链条导槽

挖掘链条由提升导槽、下降导槽和水平导槽来导向。提升和下降导槽的头部靠导槽支承枢支承在机架上。导槽中部与铰接在机体上的垂直油缸、水平油缸的活塞杆端铰接。因此,两导槽下部可以绕各自的支承枢轴相对机体上下、左右摆动,以满足运行或作业时安装、调整的要求。两导槽的下部平行于机体。这种类似五边形布置的导槽,可在挖掘深度变化时,防止提升和下降导槽之间距离的改变。

(1)提升导槽。提升导槽的导槽横断面为封闭的矩形结构。导槽上段设有液压油缸控制的道砟导流闸板,下段装有液压油缸控制的拢砟板。清筛机作业时,如需要将挖出的道砟不经筛分全部抛弃,可操纵道砟导流闸板,打开提升导槽底板上的导流孔,使污砟全部落入落砟斗中,然后再落到主污土输送带上,经由回转污土输送带输送到线路外。如果需要筛分污垢的道砟,则将道砟导流闸板关闭打开提升导槽底板上的导流孔,即关闭通向落砟斗的通道,污砟经提升导槽落到振动筛上。污砟落到振动筛面上的部位,仍靠油缸活塞杆伸出的距离来控制。

拢砟板安装在提升导槽下端转角处,其作用是根据需要调整拢砟板的角度以收拢道床侧边的道砟。

(2)下降导槽。下降导槽的横断面结构与提升导槽基本相同。下降导槽下段靠两个张紧油缸与导槽伸缩段连接。导槽的伸缩可调整挖掘链的张紧程度。如果挖掘链太紧,将导致连接销、中间链节、转角滚轮加速磨损。由于挖掘链重量,要求在水平导槽的中部,非作业时其下垂度约为 125 mm。

(3)水平导槽总成。水平导槽总成主要包括水平导槽和弯角导槽。

清筛机在新作业区段作业时,首先将水平导槽放置到轨面上,然后靠人工将它放置到预先挖好的作业槽形坑中,再用快速销与左、右弯角导槽端部连接。清筛机停止作业时,仍在快速销处拆开水平导槽,并将它放置在轨枕下的道床中。左右弯角导槽连同提升导槽、下降导槽一起收回到清筛机后,再收回水平导槽,清筛机驶出作业区段。

标准长度的水平导槽使清筛机具有标准的挖掘宽度,RM80 型道砟清筛机标准挖掘宽度 4 030 mm。清筛机备有水平导槽加长杆,其结构与安装方式均与水平导槽相同,长度一般每根为 500 mm。加装加长杆后,RM80 型道砟清筛机挖掘宽度可达 5 030 mm。RM76UHR 型道砟清筛机可达 7 740 mm。所以,RM76UHR 型道砟清筛机可清筛道岔、道口。

二、筛分装置

1. 筛分装置的功用、组成与工作原理

RM80 型道砟清筛机的筛分装置采用双轴直线振动筛,其功用是对从道床上挖掘出来的道砟进行筛分。筛分后,振动筛上合乎标准粒度的道砟,经道砟回填分配装置回填到道床上,筛下的碎石、砂和污土,由污土输送装置抛到线路限界外。

筛分装置安装在挖掘装置与后驾驶室之间的车架上。它的下部安装有道砟分配装置、道砟回填输送带和污土输送带等部件。

道砟的筛分主要由双轴直线振动筛完成,筛网上的道砟受振动后,小于筛孔的碎砟、砂和污土透过筛网,从而完成筛分工作。

2. 筛网

筛网是振动筛的主要工作构件。RM80 型道砟清筛机振动筛采用三层筛网,网孔的尺寸适合粒径 20~70 mm 的道砟。

三、道砟回填分配装置

1. 道砟回填分配装置的功用与组成

经过筛分后的清洁道砟从振动筛末端左右两通道落下后,通过道砟回填分配装置,重新回填到道床上。道砟回填分配装置由左、右侧道砟分配板和左右道砟回填输送装置两大部分组成。左、右侧道砟分配板用于分配清洁的道砟,即分配直接落到道床上或落到回填输送带后撒落到道床上的道砟量;左右道砟回填输送装置将落到输送带上的清洁道砟输送到挖掘链后,并均匀撒布到两钢轨外侧的道床上。回填的清洁道砟离枕下未挖掘的脏污道砟距离不大于 1 500 mm。

2. 左、右道砟分配板

左、右道砟分配板在振动筛分装置末端中、下层筛网与后箱壁间,左、右两侧道砟流动通道的下方。通过液压系统的控制,改变道砟分配板的位置,从而改变直接落入道床或通过回填带撒落到道床上的道砟量,即落砟量。

3. 道砟回填输送装置

道砟回填输送装置按左、右对称布置在机体主梁下方。它的喂料端紧接着道砟分配板溜槽通道,以接收筛上清洁的道砟,另一端延伸到挖掘链水平导槽后,可以把清洁道砟均匀地布砟回填。

道砟回填输送装置包括道砟回填输送带、输送带摆动装置及摆动自控机构。道砟回填输送带是通用型带式输送机,采用普通橡胶带,带宽 650 mm;输送带摆动装置的作用是使道砟均匀撒布在道床上。摆动自控机构通过感应开关,控制液压换向阀实现自动操纵道砟回填输送带左右移动。

四、污土输送装置

污土输送装置的功用是将振动筛筛出的污土卸到机器前或邻线的污土车中,或直接抛弃到线路外。

污土输送装置包括主污土输送带、输送装置支架和回转污土输送带等。回转污土输送带作业时,距轨面最大高度4 800 mm,最大抛土距离距轨道中心线5 500 mm。主污土输送带全长约21.07 m,将污土输送到回转污土输送装置并设置了污土清扫器,以清除主污土输送带表面上黏附的污土。

回转污土输送装置安装在机器前部车架上方。清筛机运行时,它被折叠收放在车架平台前,并锁定;清筛机作业时,液压油缸将其撑起并回转到所需的弃土位置(图10-1)。

回转污土输送装置包括回转污土输送带、支承回转装置和定位锁紧机构。回转污土输送带与主污土输送带的结构基本相同,通过支承回转装置的齿条液压缸带动回转齿圈,使回转污土输送带可以在机体上绕回转中心回转。RM80型道砟清筛机的转角为±70°。

定位锁紧机构是为保证清筛机在运行状态时回转污土输送带的安全,该输送带设有回转定位机构和折叠前支架锁定机构。

作业时,回转定位机构通过凸轮机构控制定位销的移动完成锁定,回转输送带不能摆动。运行时,前支架折叠放下后,人工将锁栓插入前支架和固定角板的定位孔中,则前支架锁定于机架上。

五、起、拨道装置

起、拨道装置的功用是减少挖掘阻力和避开障碍物。它包括前起、拨道装置和后拨道装置两部分。前起、拨道装置紧靠在挖掘装置水平导槽后;后拨道装置在后转向架前,它将拨过的轨道放回原位或指定位置。

RM80型道砟清筛机作业时最大起道量250 mm,最大拨道量±300 mm。作业中应注意以下几点。

(1)起道油缸在起道装置下降时,必须确认拨道轮的滚动表面接触到钢轨上,起道夹钳必须打开,避免较大的力压在轨道上。在启动起道装置时,必须避免与链导槽碰撞。

(2)前拨道装置在作业过程中,逐渐调整拨道装置。当起道装置完全收回时,拨道装置应处于中位。

(3)起道夹钳滚轮在应用起道滚轮时,必须留心滚轮的轮缘应位于轨额下。

起、拨道装置由起道和拨道两部分组成。与08-32型捣固车的原理、结构基本相同,在此不作重复介绍。

六、起重设备

挖掘装置的水平导槽在机器运行时,应放置于前操纵室下;作业时,需快速在提升与下降导槽之间安装与拆卸。为了减少装卸时间,减轻操作人员劳动强度,保证作业区间安全,在水平导槽作业区间内设有起重设备。

起重设备包括以下三种。

(1)水平导槽安放举升臂。长途运行时将水平导槽举起并锁定,确保行车安全;作业时将水平导槽放置于钢轨上,举升臂提升、复位锁定。

(2)提升机。主要用于安装和拆卸水平导槽。

(3)起吊机。用于辅助安装和拆卸水平导槽。

第三节 现场作业

RM80型道砟清筛机在对道床进行作业时,作业方向的规定是:回转污土输送带处于机器的前方;挖掘链的运送侧在机器的左侧;挖掘链逆时针旋转(从机器顶部看)。作业时,应采取适当的安全措施,与邻线、电线杆、地下电缆等保持一定的距离,有火车临近时应预先发出警告信号。

现场作业的程序主要有以下6步。

(1)作业准备。

①挖掘道床作业坑。清筛机挖掘链穿过枕底,作业前必须挖好放置水平导槽的道床作业坑。道床作业坑尺寸标准如下。

a. 宽度。若用1.9 m长标准水平导槽时,挖掘链清筛宽度为4.03 m,挖掘宽度为4.3 m。

b. 长度。沿钢轨方向1.0 m,超出轨枕两端以外部分应与链导槽呈30°斜度。

c. 深度。轨枕下0.35 m。

在决定挖掘作业坑位置时,在导向链30°斜度范围内不应存在障碍物,如电缆槽、里程标等。

②机器整备。

③运行至挖掘道床作业沟处并制动。

④作业准备工作。

(2)安装挖掘链、调整工作装置。

(3)检查。

(4)清筛作业。

(5)作业速度的选择。在作业过程中,挖掘链有四种可供选择的作业速度。

①最低速度,链速约为2.0 m/s(慢速挡,辅助泵最小排量)。

②低速Ⅰ,链速约为2.6 m/s(慢速挡,辅助泵最大排量)。

③低速Ⅱ,链速约为2.8 m/s(快速挡,辅助泵最小排量)。

④高速,链速约为3.6 m/s(快速挡,辅助泵最大排量)。

经验表明,在挖掘链驱动液压系统中压力保持为200 bar(1 bar=0.1 MPa)时,能获得最佳的作业效率。司机在作业操作室中,应当始终对挖掘链驱动系统压力表进行观察。该压力值应保持小于350 bar。当挖掘道床遇到的阻力发生变化时,该压力也会发生变化。如果油压达到350 bar时,液压系统中的溢流阀动作,挖掘链将停止工作,在这种情况下,控制阀应立即置回中位。

(6)特殊地段作业。

①平交道口的校整。铁路的平交道口的校整可用装在后轴上的一台气泡水平仪来检查。通过道砟分配槽的调节可以影响到平交道口。应当注意的是:通过在某点进行道砟补偿量的调节只能对该点及该点前14 m长度范围内的轨道起作用。

②道砟污染非常严重时(非回填的道砟挖掘)。遇到道砟污染非常严重的地段,需将污砟全部抛弃时,将道砟分配阀置于最低位置,导流板全部开启。挖掘链带上的污砟将全部被送至主输送带,再由回转污土输送带抛出。在作业中,可以不影响挖掘链的工作而关闭道砟导

向阀。另外也可置其于中位而仅仅清理部分污砟。

③紧急停挖。若是紧急停挖按钮被按下,挖掘链则会自动停止,液压驱动会断开,直接作用的空气制动动作,同时响起警鸣声。注意在按下紧急停挖按钮后,应立即将单独制动阀置于"制动"位,只有在这种情况下,才能将紧急停挖开关置于"断开"位。

第四节 RM80型清筛机故障与排除

一、挖掘装置故障与排除

1. 磨损

(1)挖掘链磨损。挖掘链由扒板、中间链节、链销轴、扒指及紧固连接件组成。由于挖掘链直接与道砟作用,因此挖掘链各零件磨损十分严重,特别是扒指、扒板、链销轴等。另外,由于长期磨耗也会出现卡链、断链等故障。

扒指是挖掘、输送道砟的主要零件之一,磨损磨耗最快。在正常作业情况下,只要扒指磨掉全长的2/3就应更换新扒指。另外,安装在扒板上的扒指不应丢失、折断,一经发现必须及时补充、更换,特别是扒板下部的扒指,工作中不能缺少。扒指安装后应能在扒板轴孔中自由转动,这样既可减少挖掘阻力,又可使扒指表面磨耗均匀。

卡链是挖掘装置工作中突然出现的故障,其原因可能有以下几个方面。

①下降导槽伸缩段上的螺栓松动。

②链节固定销脱落卡住。

③紧固螺栓松动上窜将链卡住。

卡链后应立即停止挖掘,找出卡链的原因,进行紧固或更换失效零件。

挖掘链长期工作后,链销轴在扒板和中间链节的销孔中被磨细,整条挖掘链也会松弛。挖掘链的松紧程度在链正常情况下除靠张紧油缸调整外,过度松弛必须摘掉链节来调整。一套新的挖掘链一般允许采用三次摘掉链节的方法来调整松弛程度。换句话说,就是一套新的挖掘链,通过使用,在摘掉三个链节后,再松弛就应更换全套新挖掘链。

断链就是链销轴磨细后,承载能力降低,突然承受尖锋载荷时,被拉断的现象。出现这种情况,要及时查明原因,进行处理。

扒板和链节受力复杂,在工作中会出现裂纹,经检查发现后应及时采取修复补焊的措施,否则会造成事故。扒板修复后,应防止变形,保证五个扒指间的正确位置与间距。

(2)角滚轮磨损。五个角滚轮支承着挖掘链的运动。由于它们工作载荷大,特别是两个下角滚轮工作条件恶劣,所以磨损极为严重。应经常检查滚轮体、轴承、轴及密封件的磨损情况,如有损伤必须立即停车给予修复或更换。角滚轮的安装应正确,否则会产生断轴事故。

(3)导槽磨损。提升导槽、下降导槽与水平导槽内设有磨耗板,一般通过每年一次的检修进行检查与更换。但在作业中,对磨损严重的部位,如水平导槽上的拱形耐磨板、左右弯角导槽等,应注重检查,磨损或变形后要及时更换或修复。对导槽的其他部分,在平时的检查中一旦发现问题就要及时处理。

(4)挖掘链轮磨损。链轮在与挖掘链啮合的过程中传递动力,驱动挖掘链工作,链齿逐渐被磨落、磨尖。挖掘装置长时间作业后,链齿的强度、刚度下降,当挖掘链遇到尖锋载荷时,有可能将链齿打断。为避免这种故障，一般在每年一次的检修中，根据链轮磨损的情况，进行修复或更换。

(5)其他部件磨损。张紧油缸导柱、支承套、拢砟板、伸缩导槽、道砟导流闸板及导槽支撑座等，在每年一次的检修中，都应检查、修复，尽量避免在工地上出现故障。

挖掘装置与道砟直接接触，零部件在工作中的磨损、磨耗是正常的。为了控制磨损速度、减少磨耗可以采取以下措施：

①经常检查各零、部件间的正常间隙，保障挖掘装置的挖掘链在导槽中平稳、均衡、低噪声地运转。

②正确调整挖掘链的松紧度，即下降导槽上张紧油缸调整要适当。

③定期保养及时检修。挖掘链在作业时，运动部件必须得到充分的润滑，防止干摩擦或半干摩擦的出现。例如，角滚轮在作业时和作业半小时后，必须及时加注润滑脂，该机在设计上通过前驾驶室的作业司机位旁的集中润滑装置来完成。

在定期保养和每年一次的检修中，如发现挖掘装置中，某些零、部件磨损、磨耗严重时，必须查明原因，认真分析，提出修复办法，否则将加剧其他零、部件的磨损，甚至造成重大事故。

2. 异常响声

为减少噪声和污染，挖掘装置的提升与下降导槽在设计时，采用底板与磨耗板间加橡胶垫板的结构。因此，挖掘装置在一般情况下，作业时产生的噪声符合有关规定。异常响声是指非正常的响声，其产生的原因如下。

(1)挖掘链与导槽间有脱落的零件或物品。例如：导槽上紧固件松动、脱落；挖掘链的固定销、螺栓松动、窜动等。因此，日常检查保养时，应注意连接零件的紧固情况，发现松动应采取措施拧紧防松。

(2)润滑不良。挖掘装置工作条件较差，需要按规定进行润滑。

(3)角滚轮的破损。角滚轮受力情况复杂，表面容易产生缺陷甚至破损、断轴。因此，在角滚轮处发生不正常响声时要及时处理。

(4)挖掘链与链轮啮合不正确。挖掘链被拉长后如调整不当，在与链轮啮合的过程中会发出周期性的不正常响声。

二、振动筛故障与排除

1. 筛分质量不佳

筛分质量不佳表现为回填的道砟不清洁，其原因及对策如下。

(1)筛孔堵塞。如果筛机投料过多，特别是筛面上料层过厚，则筛机负荷过重，污砟通过筛网时，不能充分被抛起落入筛孔中，甚至将筛孔堵塞。因此要减轻筛机负荷，减小筛机的投料量，并及时清理筛面。

(2)筛机给料不均匀。筛机工作必须保持水平位置，特别在曲线上应随时调节筛机的调平装置，检查导板的磨损情况。另外调节挖掘装置的道砟导流闸板投料的位置。

(3)筛网拉得不紧。筛网拉得不紧或松动时，振动效果差、筛分效率低。排除方法是张紧筛网紧固固定装置。

(4)筛网严重磨损出现孔洞。此时，要及时更换筛网。

2. 正常作业时筛机振动频率减慢，轴承发热

其原因及对策有如下四个方面。

(1)轴承缺少润滑油，应检查润滑油位及润滑液压系统工作状况。

(2)轴承阻塞，应清洗轴承、检查注油系统或更换密封元件。

(3)加入的润滑油牌号不对，应清洗再加入适当的润滑油。

(4)轴承损坏或安装不良、密封圈被卡住。在这种情况下，应更换轴承，调整密封套达到正常的间隙。

3. 筛机在工作时发出敲击声

其原因及对策有如下四个方面。

(1)轴承损坏。

(2)筛网拉得不紧或筛面固定得不牢。

(3)轴承固定螺栓松动。

(4)减振弹簧断裂或损坏。

检查出敲击声的原因后，对于损坏零、部件给予更换，对于松动件要紧固，并检查防松措施，消除故障。

三、带式输送机故障与排除

胶带跑偏是带式输送机经常遇到的问题，对于托辊槽角为 30°的输送带跑偏的原因及处理方法如下。

(1)整条输送带安装中心线不直。

(2)胶带本身弯曲不直或接头不直。排除方法是将胶带修直或在接头处切正、切齐重新胶合。

(3)滚筒中心线同胶带机架中心线不垂直。这种情况主要是机架安装不正引起的，必须重新组装机架。装配时，应保证驱动滚筒与改向滚筒轴线间的平行度。

调整胶带在滚筒上的跑偏也可以改变滚筒轴承座的位置，如图 10-5(a)所示。调整方法是哪边跑偏就收紧哪边的轴承座。这样使胶带跑偏的那边拉力加大，向拉力小的一边移动。

(4)托辊组轴线同输送带中心线不垂直。调整方法是输送带往哪边跑偏，就把哪边托辊向输送带前进方向移动，如图 10-5(b)所示。一般移动几个托辊组就能纠正过来。

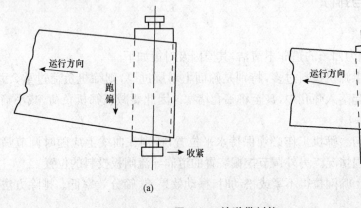

图 10-5　输送带纠偏

(a)滚筒纠偏示意图；(b)托辊纠偏示意图

(5)滚筒不水平。如果滚筒安装超差,应停机调平;如果滚筒制造外径不一致,则需重新加工滚筒外圆。

(6)滚筒表面黏结物料。滚筒表面黏附物料,可使滚筒变成圆锥体,则胶带就会跑偏。特别是输送湿度大的污砟时,如果输送带尾部密封不良时,污土容易落入空载的胶带而黏结于滚筒上。因此,必须经常检查清扫器工作情况,必要时人工清扫。

习题十

1. 清筛机的用途有哪些?
2. RM80型清筛机由哪几部分组成?
3. RM80型清筛机动力传动系统由哪几部分组成,如何传递?
4. RM80型清筛机走行传动系统由哪几部分组成,如何传递?
5. 挖掘装置功用是什么?由哪几部分组成?
6. 链条导槽有几种?各自的特点是什么?
7. 角滚轮的类型及用途是什么?
8. 振动筛的工作原理是什么?
9. 道砟回填分配装置包括哪些部分及各部分作用是什么?
10. 清扫器的作用是什么?
11. 污土输送装置的功用是什么?由哪几部分组成?
12. 起、拨道装置的功用是什么?
13. 夹钳装置的构造有哪些特点?

第十一章 动力稳定车和配砟整形车

动力稳定车是铁道先进的大型线路机械。其作用是，线路修理后的铁道线路通过动力稳定车作业能够迅速地提高线路的横向阻力和道床的整体稳定性，从而为取消线路作业后列车慢行创造了条件。这对于日益繁忙的高速、重载和大运量的铁路干线运输来说，意义十分重大。

SPZ-200型双向道床配砟整形车是铁路新建、大修和修理大型机械化作业中不可缺少的配套机械之一。它具有对道床进行抛砟、配砟、整形和清扫轨枕面等作用。

第一节 动力稳定车概述

铁道线路经过破底清筛和捣固作业后，道床仍不够密实，其线路的横向阻力及稳定性仍然较差。因此，行车安全得不到保证，故有关规范要求列车限速运行。限速运行，就不可避免地损失了铁路运能，使本来就非常繁重的铁路运输，加重了负担。为了减少或取消因施工造成的慢行时间，使施工后的轨道尽快达到稳定状态，保证列车按规定速度安全运行，要求进行动力稳定作业。

一、动力稳定车的组成与工作原理

动力稳定车是集机、电、液、气和微机控制于一体的自行式大型线路机械。WD320型动力稳定车如图11-1所示。它的主要结构由动力与走行传动系统、稳定装置、主动与从动转向架、车架与顶棚、前后司机室、空调与采暖设备、单弦与双弦测量系统、液压系统、电气系统、制动系统、气动系统和车钩缓冲装置等12部分组成。

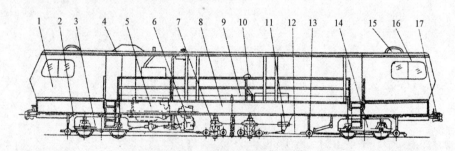

图11-1 WD320型动力稳定车
1—后司机室；2—主动转向架；3—制动系统；4—顶棚；5—柴油机；6—走行传动系统；7—稳定装置；8—车架；9—双弦测量系统；10—电气系统；11—液压系统；12—单弦测量系统；13—气动系统；14—从动转向架；15—空调与采暖设备；16—前司机室；17—车钩缓冲装置

1. 工作原理

动力稳定车是模拟列车运行时对轨道产生的压力和振动等综合作用而工作的。

在作业前,首先将单、双弦测量系统中的各测量小车降落到钢轨上,并给各测量小车和中间测量小车的测量杆施加垂直载荷,将单弦测量系统中的三个测量小车同一侧的走行轮顶紧基准钢轨的内侧,张紧单弦和双弦。然后,再将稳定装置降落到钢轨上,使稳定装置与轨排成为一个整体,使动力稳定车处于作业状态。

在作业时,由一台液压电动机同时驱动两套稳定装置的两个激振器,使激振器和轨道产生强烈的同步水平振动。轨道在水平振动力的作用下,道砟重新排列和密实。与此同时,稳定装置的垂直油缸分别给予两侧钢轨施加向下的压力,使轨道均匀下沉,并达到预定的下沉量。

在作业过程中,动力稳定车是连续移动进行作业的。轨道的预定下沉量是自动实现的。在中间测量小车两侧的测量杆上,各有一个高度传感器。高度传感器分别与双弦测量系统中的每条钢弦连接,它们每时每刻地测量着每条钢弦到轨面的高度值。计算机把测得的高度值与轨道的预定下沉量的差值,转换为相对应的电信号,控制液压系统中的比例减压阀,使稳定装置的垂直油缸对每条钢轨产生不同的下压力。最终使轨道达到预定的下沉量。

由上述可知,动力稳定车的工作原理就是,激振器使轨排产生水平振动的同时,再由稳定装置的垂直油缸对每条钢轨自动地施加必要的下压力,轨道在水平振动力和垂直下压力的共同作用下,道砟重新排列达到密实,并使轨道有控制地均匀下沉。

动力稳定车一次作业后,线路的横向阻力值便恢复到作业前的80%以上,从而有效地提高了捣固作业后的线路质量,为列车的安全运行创造了必要的条件。

2. 技术性能

WD320型动力稳定车主要技术性能见表11-1。

表11-1　WD320型动力稳定车主要技术性能

项	目	参 数	项	目	参 数
作业条件	线路最大超高	150 mm	速度	区间运行	80 km/h
	线路最大坡度	33‰		连挂运行	≤100 km/h
	最小曲线半径	180 m		作业走行	0～2.5 km/h
稳定装置总激振力		0～320 kN	稳定装置垂直静压力		0～2×120 kN
通过最小曲线半径		100 m	通过最小曲线半径		100 m

二、走行传动系统

动力稳定车采用BF12L513C型风冷柴油机作为动力装置。柴油机与动轮之间的传动部件总称为走行传动系统。动力稳定车走行传动系统,是将柴油机的输出功率通过液压传动装置、动力换挡变速箱、分动箱、车轴齿轮箱和传动轴等传动部件传递给动轮,满足动力稳定车运行和作业走行的需要。

1. 运行传动

动力稳定车的运行传动系统由液力变矩器、动力换挡变速箱、分动箱、车轴齿轮箱和传动轴等传动部件组成。在运行时为液力传动,两轴驱动,最大牵引力为73.3 kN。运行传动系统如图11-2所示。

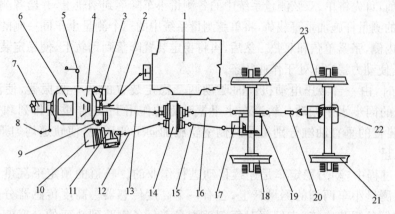

图 11-2 运行传动系统示意图

1—柴油机；2,12,13,15,16,20—传动轴；3—振动驱动液压泵；4—液力变矩器；5—输出轴离合器；
6—动力换挡变速箱；7—作业系统双联泵；8—液压泵离合器；9—走行系统液压泵；10—走行液压电动机；
11—液压电动机离合器；14—分动箱；17,22—车轴齿轮箱；18,21—主动轮对；19—中间支撑；23—主动转向架

动力稳定车在Ⅰ、Ⅱ、Ⅲ挡的运行速度分别为 25 km/h、50 km/h、80 km/h，最高运行速度不允许超过80 km/h。在连挂被牵引时，动力换挡变速箱的输出轴必须由离合器脱开。最高连挂速度为100 km/h。动力稳定车换向运行必须在停车后操纵。

动力稳定车在运行传动时，动力换挡变速箱上的液压泵和走行液压电动机，已经由各自的离合器脱开，处于非工作状态。液力传动路线如图 11-3 所示。

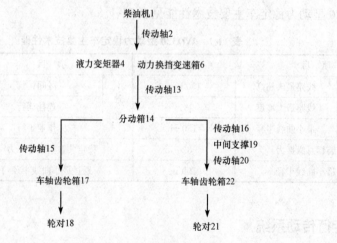

图 11-3 液力传动路线

2. 作业走行

动力稳定车作业走行传动系统由液压泵、液压电动机、液压电动机离合器、分动箱、车轴齿轮箱和传动轴等传动部件组成。作业走行为液压传动，两台转向架的四轴全部驱动。主动转向架两轴由液压电动机10(图 11-2)经传动轴驱动，另一转向架两轴，分别由各自车轴齿轮箱上电动机驱动，如图11-4 所示。作业走行速度在 0~2.5 km/h 范围内无级变速。在动力稳定车作业走行之前，首先合上各液压泵的离合器，再启动柴油机，并使走行液压电动机的离

合器接合后，就可以进行作业走行。作业走行传动路线如图11-5所示。

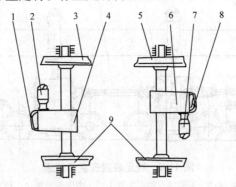

图11-4 作业走行传动示意图

1,8—液压电动机离合器；2,7—走行液压电动机；
3,5—从动轮对；4,6—车轴齿轮箱；9—从动转向架

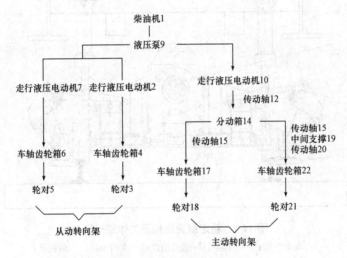

图11-5 作业走行传动路线

第二节 稳定装置

一、稳定装置组成

稳定装置由液压电动机、传动轴、稳定装置Ⅰ、稳定装置Ⅱ和四杆机构等部分组成，其结构安装如图11-6所示。

稳定装置Ⅰ和Ⅱ组成如图11-7所示，各由两只垂直油缸、一个激振器、两个夹钳轮、四只夹钳油缸、两只水平油缸和四个走行轮等部分组成。两稳定装置位于车架中部的下方，通过带有橡胶减振器的纵向四杆机构和垂直油缸柔性地连接在车架上，两激振器之间用中间传动轴连接。在作业时，由一台液压电动机通过传动轴同时驱动两个激振器，使其产生同步水平振动。调节液压电动机的转速，可以改变激振器的振动频率。振动频率和振幅分别由安装在稳定装置上的频率传感器和加速度传感器检测。在作业过程中，一旦作业走行突然停止，振动也自动停止。

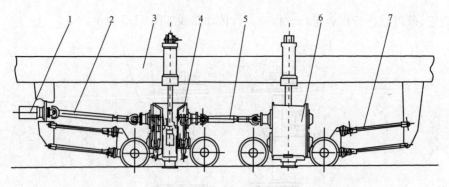

图 11-6 稳定装置安装示意图

1—液压电动机;2—传动轴;3—车架;4—稳定装置Ⅰ;5—中间传动轴;6—稳定装置Ⅱ;7—四杆机构

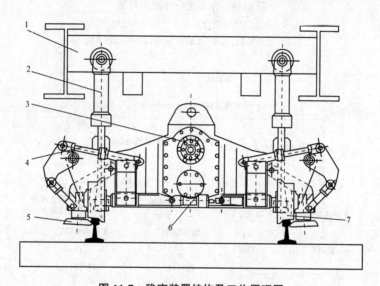

图 11-7 稳定装置结构及工作原理图

1—车架主梁;2—悬挂梁;3—垂直油缸;4—夹钳油缸;5—激振器;
6—夹钳轮;7—道砟

为了保证动力稳定车运行安全,作业结束后,必须将稳定装置提起,并用锁定机构牢固地锁定在车架上。

二、结构特点

1. 激振器

激振器是将液压电动机的转矩转换为激振力的能量转换装置,是稳定装置的关键部件。它由传动轴(7 和 9)、齿轮 2、轴承 8、偏心块 4、箱体 3 等零部件组成,如图 11-8 所示。

激振器为全封闭、两轴平行的结构。主、从动轴通过轴承座内的轴承支承在箱体上,在每根轴的两端靠近轴承座的地方,安装着两个偏心块,两轴上的偏心块对称安装。在每根轴的中间位置,安装着一个直齿圆柱齿轮。激振器工作时,液压电动机带动主动轴旋转,由啮合齿轮驱动从动轴同时旋转,并产生水平振动。

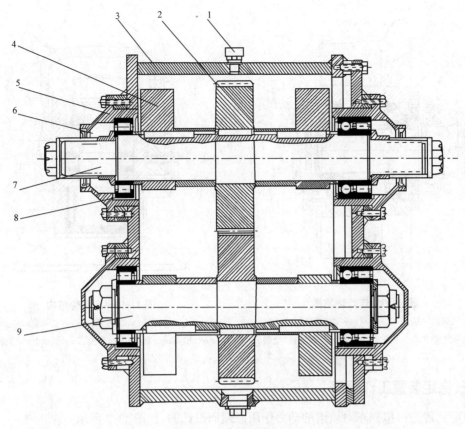

图 11-8 激振器示意图
1—螺塞；2—齿轮；3—箱体；4—偏心块；5—轴承座；6—密封件；7—主动轴；8—轴承；9—从动轴

2. 走行轮

走行轮由车轮7、车轴9、轴承8、端盖10、调节螺母4和调整垫片6等零部件组成，其结构如图11-9所示。

在走行轮内相向安装两个圆锥滚子轴承，主要用于承受径向和轴向负荷，轴承的游隙通过调节螺母和调整垫片来调节。走行轮的车轴在激振器枕梁的安装轴套中有一定的伸缩量，作业时，以便利用水平油缸消除走行轮与轨道之间的间隙。走行轮的作用是：一方面在轨道上走行，另一方面把激振器的激振力和垂直油缸的下压力传递给轨道。

3. 夹钳轮

夹钳轮由滚轮1、套筒2、轴承(3、4、6)、支承套5、轮体8、键11和防护板12等零部件组成，其结构如图11-10所示。

在滚轮轴和支承套与套筒之间各安装一个滚针轴承3、6，主要用于承受径向负荷，滚轮在套筒内可以自由转动。在支承套与套筒之间，安装着一个推力滚子轴承4，主要用于承受较大的轴向负荷并限制滚轮的单向轴向移动。防护板的作用是防止套筒在轮体内转动。拆卸防护板的固定螺栓后，转动套筒可以调整滚轮的伸出量，以适应不同轨型的作业需要。

夹钳轮的作用是：在作业时与走行轮一起夹紧钢轨，使稳定装置与轨排形成一体。

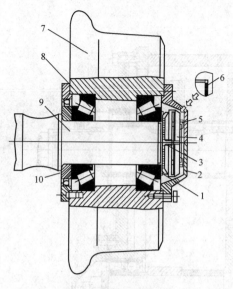
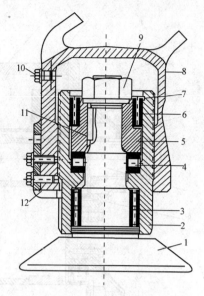

图 11-9　走行轮结构　　　　　　　　图 11-10　夹钳轮结构
1—挡圈;2—端盖;3—垫圈;4—调节螺母;5—螺栓;　　1—滚轮;2—套筒;3,4,6—轴承;5—支承套;7—挡圈;
6—调整垫片;7—车轮;8—轴承;9—车轴;10—端盖　　　8—轮体;9—螺母;10—螺塞;11—键;12—防护板

三、稳定装置工作原理

稳定装置是模拟列车对轨道的动力作用原理而设计的,如图 11-7 所示。

在稳定装置工作之前,应使两稳定装置与轨排成为一体。将其带轮缘的走行轮,用水平油缸紧靠在两条钢轨的内侧,用夹钳油缸把夹钳轮夹紧在钢轨的外侧,使稳定装置处于工作状态。

工作时,稳定装置在动力稳定车的牵引下低速走行。液压电动机驱动两激振器高速同步旋转,产生水平振动。在水平振动力的作用下,轨排也产生水平振动,并把振动力直接传递给道砟。道砟在此力的作用下受迫振动,相互移动、充填和密实。与此同时,位于每条钢轨同侧的两只垂直油缸,自动地对每条钢轨施加所需要的垂直下压力,使轨道均匀下沉。稳定装置的工作原理就是,在水平振动力和垂直下压力的联合作用下,轨道均匀下沉,达到预定的下沉量,从而提高线路的横向阻力值和稳定性,保证行车安全。

经试验表明,因稳定装置作业所加给钢轨扣件的负荷,仅比正常行车载荷提高 3% 左右,可认为稳定装置的作业对钢轨和扣件等没有损害。

测量系统是指单弦、双弦、电子摆等三套相互独立的测量系统的总称。这三套测量系统又分别称为单弦测量系统、双弦测量系统和电子摆。作业时,它们分别测量线路的方向、高低和水平。线路方向和横向水平的检测系统是测量作业后曲线曲率和横向水平的变化,作为对线路进行修理作业后的最终参数。从理论上讲,线路的几何形状并不会因动力稳定车的作业而改变,只是使轨道均匀下沉,道砟排列密实,增加线路的稳定性。线路高低的检测系统又称双弦测量系统。它是检测在线路延长方向上每股钢轨的高度偏差的,由两套独立的测量系统构成,分别位于动力稳定车的两侧。

动力稳定车是在捣固作业后对线路进行稳定作业的,由于在捣固作业中给予了线路一定的起道量,道砟仍处于不稳定状态,还不密实。动力稳定车的作用是:除使道砟密实外,还要使轨道产生一定的下沉量。下沉量是根据线路的实际情况预先给定的。轨道均匀的下沉量是由稳定装置的振动和两侧的垂直油缸施加一定的下压力产生的,下沉量的大小由下压力的大小来决定。即线路高低检测系统检测出的偏差信号通过电液比例阀控制垂直油缸施加的下压力,直到偏差消失。其检测原理和系统装置与捣固车的检测系统基本相同,不再重复介绍。

第三节　SPZ-200型配砟整形车概述

SPZ-200型配砟整形车采用了许多先进技术和先进工艺。它具有技术新颖、结构合理、操作控制简单且安全可靠等特点。本机走行系统采用20世纪80年代新发展起来的静液压传动技术。其传动是由发动机输出功率经分动箱带动两个A_4V泵,两个CBY泵,与前后车轴齿轮箱的A_6V电动机等组成静液压回路。由压力先导阀控制A_4V和A_6V的输出、输入流量,整机在0~80 km/h内无级调速。中犁和侧犁、清扫装置升降油缸由分动箱带动的液压泵建立起压力和流量,通过换向阀操纵油缸的伸缩,实现工作装置的动作。清扫装置的滚刷和输送带,由分动箱带动的双联液压泵输出液压功率分别驱动滚刷液压电动机和输送带液压电动机,以实现工作要求。

1. 配砟整形车组成

配砟整形车是集机、电、液、气于一体的自行式大型线路机械。SPZ-200型配砟整形车外形简图如图11-11所示。它主要由发动机、传动装置、制动系统、走行装置、走行和作业液压系统、清扫装置、中犁、侧犁、车架、牵引缓冲装置、电气操纵系统及驾驶室等组成。

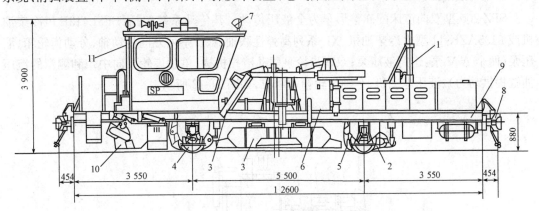

图11-11　SPZ—200型配砟整形车外形简图

1—发动机;2—传动装置;3—作业装置;4—走行装置;5—制动系统;6—液压系统;
7—电气系统;8—牵引装置;9—车架;10—清扫装置;11—驾驶室

配砟整形车的工作装置由中犁、侧犁和清扫装置组成,其工作原理就是由中犁和侧犁完成道床的配砟及整形作业,使作业后的道床布砟均匀,并按线路的技术要求使道床断面成形。清扫装置将作业过程中残留于轨枕及扣件上的道砟清扫干净,并收集后通过输送带移向道床边坡,使线路外观整齐、美观。

配砟整形车的主要功能如下。

(1)根据捣固作业的要求将卸在线路两侧的道砟通过侧犁分配到钢轨外侧。

(2)通过侧犁构成门字形,可将道床边坡上的多余道砟按需要做近距离搬移。

(3)通过侧犁和中犁的配合使用可将道砟按需要进行搬移。如道砟从线路的左侧移运到线路右侧;从线路的右侧移运到线路的左侧。

(4)通过中犁将线路中心的道砟移运到线路两侧或往前推移。

(5)通过中犁将轨枕端部的道砟移运到轨枕内侧。

(6)位于机器后部的滚刷和横向运输皮带装置可将残留在轨枕面和扣件上的道砟收集并提升送到皮带上,再通过改变皮带的输送方向,将皮带上的道砟送到线路的左右边坡上。

(7)通过适当调整侧犁的转角,可按工务维修规则的要求,使道床断面按 1∶1.75 成形。

2. 技术性能

配砟整形车的技术性能见表 11-2。

表 11-2 配砟整形车的技术性能

项	目	参 数	项	目	参 数
作业条件	线路最大超高	150 mm	速度	区间自行	80 km/h
	线路最大坡度	33‰		连挂运行	≤100 km/h
	最小曲线半径	120 m		作业走行	0~12 km/h
每侧最大作业宽度		3.3 m(由轨道中心起)	通过最小曲线半径		100 m
最大配砟宽度		3 620 mm	最大整形宽度		6 600 mm
最大清扫宽度		2 450 mm	整形道床边坡		任意

3. 传动路线

SPZ-200 型双向道床配砟整形车为全液压传动。其传动系统包括:BF8L413F 风冷柴油机或 6135AZK-11 型水冷柴油机、XL 系列高弹性联轴器、B 系列万向传动轴、分动齿轮箱、液压泵(两个 A_4V 泵:走行液压泵;双联齿轮泵驱动清扫机构;单联齿轮泵向中犁和侧犁的液压油缸提供动力)、液压电动机、车轴齿轮箱等组成,如图 11-12 所示。

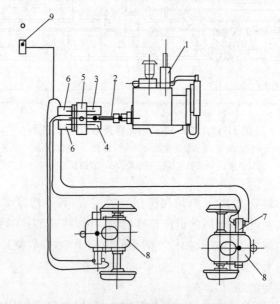

图 11-12 SPZ-200 型配砟整形车动力传动系统图

1—柴油机;2—万向轴;3,4,6—液压泵;5—分动箱;7—液压电动机;8—车轴齿轮箱;9—速度操纵杆

第四节　SPZ-200型配砟整形车工作装置及功能

工作装置是完成配砟整形作业功能的执行机构,由中犁、侧犁和清扫装置组成。中犁和侧犁的主要功能是完成道床的配砟及整形作业,使作业后的道床布砟均匀,并按线路的技术要求使道床断面成型。清扫装置的作用是将作业过程中残留于轨枕及扣件上的道砟清扫干净,并移至边坡和砟肩,使线路外观整齐、美观。

一、中犁

中犁装置的结构如图11-13所示。

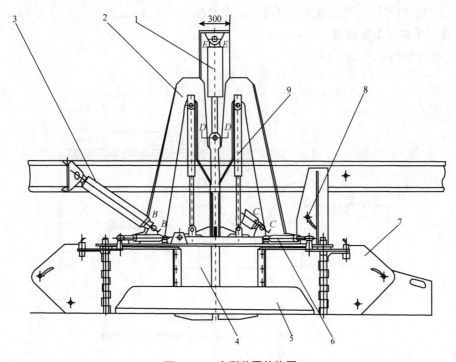

图11-13　中犁装置结构图

1—升降油缸；2—主架；3—连杆；4—中犁板；5—护轨罩；6—翼犁板油缸；7—翼犁板；8—机械锁；9—中犁油缸

1. 主架与升降油缸

主架是中犁装置的基础,它是由底板、吊板及中心轴组焊在一起的焊接结构件,底板上焊接一用槽钢制成的正方形"圈梁",以保证主架具有足够的刚度。主架上部通过升降油缸悬吊在机体的门架上,下部底板上用四根相互平行的连杆悬挂于车架上,这种典型的"平行四连杆机构"能保证中犁装置在升降过程中始终平行于轨面。同时连杆机构承受了中犁装置在作业时的外界阻力。升降油缸则是中犁装置升降的执行元件,在油缸小腔进油口处装有可调式节流阀,以使中犁装置升降平稳,到位准确。在底板前端两侧垂直焊接两块导向板,其间距比车架外侧宽度约大5 mm,导向板的作用是限制中犁装置的横动量。

2. 中犁板与中犁板油缸

四块中犁板与线路中心线呈 45°角 X 形对称布置,用中犁板油缸悬吊在主架的吊板上,中犁板沿主架中心轴和护轨罩上导流板的导槽上下移动,最大行程为 450 mm,中犁板像个"闸",通过四块板不同的开闭组合来实现道砟的不同方向的流向,因此中犁板是道床配砟作业的主要执行元件之一。

3. 护轨罩与导流板

两个护轨罩对称布置在两股钢轨的正上方,每个护罩上焊接两块导流板,导流板与轨道呈 45°夹角,且与中犁板在同一截面内,用螺栓连接于主架底板下方,导流板的作用一方面为流动的道砟导向,另一方面为中犁板提供导向。而护轨罩的作用则在于当进行道床配砟作业时,不使道砟堆积于钢轨两侧的扣件之上,甚至掩埋住钢轨,以保证机械在线路上正常施工。SPZ-200型配砟整形车护轨罩可适用于任意轨型,操纵升降油缸可使护轨罩准确地置于任意高度,作业时护轨罩底边距轨枕面的高度一般控制在 20~30 mm。

4. 翼犁板与翼犁板油缸

翼犁板的结构如图 11-14 所示。

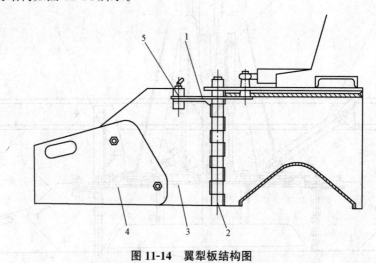

图 11-14 翼犁板结构图
1—扇形板;2—铰轴;3—固定犁板;4—可调犁板;5—活动销

扇形板和固定犁板用铰轴铰接于护轨罩的导流板上,而它们之间由活动销固定。扇形板沿圆周方向布置了 3 个销孔,当活动销将固定犁板与扇形板在不同位置上锁定时可改变翼犁板的初始角度。翼犁油缸的活塞杆端与扇形板上油缸座连接,操纵翼犁油缸,通过扇形板带动整个翼犁板绕铰轴旋转,从而实现不同作业功能的要求。可调犁板一般固定不动,保持下底边与轨面平行,除非道床作业时对砟肩整形有特殊要求或底边磨耗后才调整。

5. 气锁与机械锁

气锁是中犁的安全装置之一。当配砟整形车作业完毕后,将中犁收起,并锁定于车体上,从而保证配砟整形车在区间运行的安全。机械锁是辅助安全装置,机械锁实际上为机械销。当司机确认气锁锁定可靠后,再用机械销将主架上的导向板与车体销接固定。这样实现了安全运行的双保险。

结合其结构分析,中犁主要用于道床的配砟作业,还可以配合侧犁进行道床的整形作业。

具体作业功能如下。

(1)在铁路新线建设和线路大修作业时,往往卸砟不均匀,这样就会出现边坡或枕木盒内道砟过多或过少的情况,中犁可进行八种不同工况的配砟作业,使道床布砟均匀。

(2)线路进行捣固作业时,要求钢轨两侧枕木盒内有足够的道砟,中犁的配砟作业可以向捣固作业区内补足道砟。

(3)在对道床进行整形作业时,中犁可以配合侧犁作业,使道床断面形状符合技术要求。

二、侧犁

1. 侧犁的结构与特点

两个侧犁装置左右对称地布置在车体两侧,其结构如图 11-15 所示。

(1)滑板与翻转油缸。滑板为钢板焊接而成的矩形箱形结构,其一端与车体铰接,用翻转油缸悬挂于车体的左右两侧,滑板既可以起支承侧犁装置的作用,又可以作为侧犁板伸缩滑动的导向机构。操纵翻转油缸可将侧犁置于作业所需的任意高度。由于翻转油缸小腔进油口处装有节流阀,可保证侧犁下落平稳。当配砟整形车处于区间运行位时,翻转油缸复位,将侧犁翻起,并锁定于车体门架处的保险钩上。

(2)滑套与滑套油缸。滑套为断面呈矩形的方套结构,两端焊有加强钢带,以增加滑套的强度,滑套在滑板内伸缩移动。主侧犁板铰接在其下方,与滑套连成一体,主侧犁板由犁板角度调节油缸定位。当滑套油缸伸缩时,滑套带动犁板沿滑板滑动,最大位移量为 660 mm,操纵滑套油缸,调节滑套的伸距,即可以达到侧犁所要求的作业宽度。当在路肩处有障碍物时(如电杆、信号标等),可以不必升起侧犁,只要调节滑套伸距及(侧犁)翼犁板角度,即可不碰撞障碍物。由于不必升起犁板,因此可以避免道砟的堆积,使侧犁通过后的道床边坡保持平顺的断面形状。

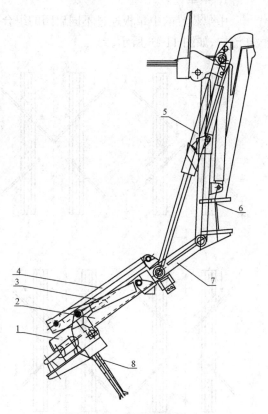

图 11-15 侧犁结构图

1—滑板;2—滑套;3—调节油缸;4—滑套油缸;
5—翻转油缸;6—主犁板;7—翼犁油缸;8—翼犁板

(3)主侧犁板与翼犁板。主侧犁板与两块翼犁板组成侧犁板,它是完成侧犁作业功能的主要执行元件。翼犁板铰接于主侧犁板两侧,通过翼犁油缸的作用改变翼板与主侧犁板的夹角,从而实现道砟在边坡上的不同流向。犁板角度油缸用于调整侧犁板与滑套轴线的夹角,可使道床边坡成型为给定坡度。侧犁板在作业时要承受很大的载荷,有时还会遇到意外的冲撞,必须具有足够的强度和刚度,为此在主侧犁板和翼犁板外侧焊有加强筋板,保证犁板不会变形。为提高侧犁的使用寿命,在主侧犁板下端两侧及翼犁板下端外侧装有耐磨钢制成的刃口,磨损到限后可以更换,一般情况下可使用 150～200 km。

2. 侧犁的功能

侧犁主要用于道床边坡的整形作业,配合中犁可进行道砟的配砟作业,具体作业功能如下。

(1)将道床边坡道砟沿轨道方向运送,使道床边坡道砟分布均匀。

(2)按道床断面的技术要求最终完成对道床的整形作业。

三、组合分配道砟功能

SPZ-200 型配砟整形车具有双向配砟及整形功能,操作人员在驾驶室内操纵中犁、侧犁,无论是前进还是后退,均可使道床达到令人满意的配砟整形效果。

1. 中犁

中犁装置的中犁板通过不同启闭的组合可以完成八种工况的配砟作业,八种工况下的道砟流向,如图 11-16 所示。

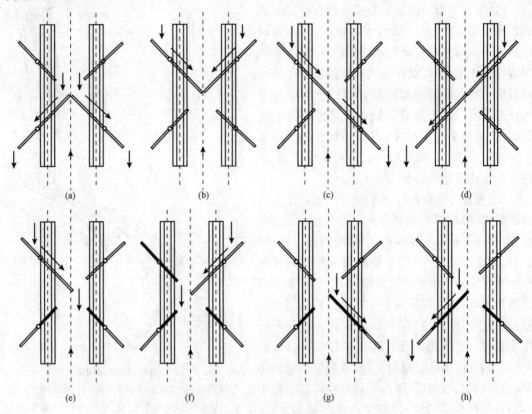

图 11-16 道砟流向图

(a)移动道砟从轨道中心至砟肩;(b)移动道砟从砟肩至轨道中心;
(c)移动道砟从轨道的左侧至右侧;(d)移动道砟从轨道的右侧至左侧;
(e)将左侧砟肩道砟回填至右股钢轨内侧;(f)将右侧砟肩道砟回填至左股钢轨内侧;
(g)将右股钢轨内侧道砟移至砟肩;(h)将左股钢轨内侧道砟移至砟肩

2. 侧犁

通过改变侧犁装置的翼犁板角度,可以完成四种工况的运砟及道床整形作业,如图 11-17 所示。

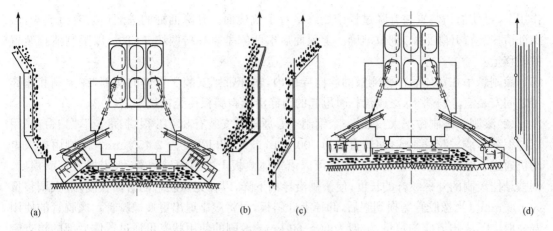

图 11-17 侧犁工况图

(a)将道砟从边坡移至枕端;(b)将道砟沿线路方向运送;
(c)将道砟从枕端移至边坡;(d)整平路肩面

除此以外,侧犁与中犁一起配合使用可在无缝线路地段完成砟肩堆高作业,以提高无缝线路道床横向阻力。

四、清扫装置

1. 清扫装置的结构与特点

清扫装置安装于机器的后部,由罩体、滚刷、输砟带、安全装置等组成。采用平行四连杆式悬挂升降方式,结构简单,加工和安装精度低。其结构简图如图 11-18 所示。

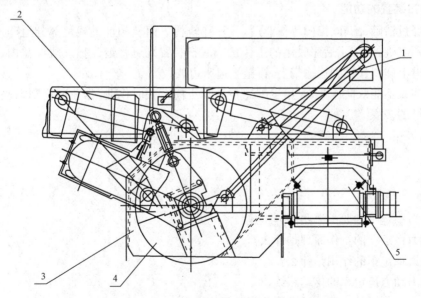

图 11-18 平行四杆机构悬挂式清扫装置结构简图

1—升降油缸;2—连杆;3—罩体;4—滚刷;5—输砟带

(1)罩体。罩体是整个清扫装置的支承骨架,是由钢板焊接而成的整体框架结构,具有足够的强度和刚度。在上顶面用升降油缸和四根相互平行的连杆悬挂于车架上,在平行连杆的作用下，可使清扫装置在升降过程中始终平行于轨枕面。升降油缸的进油口装有节流阀，以保证清扫装置升降平稳，到位准确。上顶面后端两侧垂直焊接两块导向板，以限制清扫装置的横移量。

滚刷悬吊在罩体后部两侧板的斜向导槽内，输砟带则安装于罩体的前部，在滚刷和输砟带之间安装有上料斜板，滚刷清扫时甩起的道砟沿上料斜板传至输送带上。

（2）滚刷。滚刷像把大扫帚，一个钢制空心通轴上安装有 8×18 根"扫帚苗"，"扫帚苗"用三层编织麻线橡胶管制成，回转直径为 700 mm，最大清扫宽度为 2 450 mm。滚刷由摆线电动机通过一级双排滚子链驱动。滚刷可以沿罩体侧板上的斜向导槽滑动，当橡胶管磨损后，调整悬挂滚刷的外螺纹杆的长度，使滚刷沿导槽下降，以补充橡胶管的磨损长度，最大调整量为 100 mm。当橡胶管磨损到限后，卸掉上砟斜板，可将滚刷退出更换橡胶管。橡胶管的使用寿命取决于清扫道砟的数量，一般为 50～60 km。滚刷的使用状态可通过罩体后部的检查窗观察，打开检查窗上的盖板，便一目了然。如若有个别橡胶管损坏或丢失，也可以通过检查窗进行更换。

（3）输砟带。输砟带安装在清扫装置的前部，由主动滚筒、从动滚筒、上下托辊、运输带、张紧装置、构架等组成。运输带构架是整个机构的基础，用螺栓固定于罩体上；主动滚筒通过双向摆线电动机直接驱动，可以实现道砟的双向输送；运输带选用尼龙强力型，强度大，耐磨性好，带宽 500 mm，可以保证将道砟抛至道床边坡上，运输带的张紧力和跑偏问题可通过张紧装置调整。

（4）安全装置。清扫装置的安全锁定装置由气锁和机械锁组成，其结构与性能和中犁的基本相同，不再重复。当配砟整形车作业完毕收起清扫装置后，用气锁和机械锁将其牢固地锁定于车架上，以保证行车安全。

2. 清扫装置的功能

道床经过清筛、配砟、捣固等作业后，往往在轨枕表面及扣件上残留部分道砟，使作业后的道床很不美观，增加了后序收尾的工作量。清扫装置既可将道砟扫入轨枕盒内，又可将多余的道砟沿上砟斜板抛到运输带上，再抛至道床边坡。

清扫装置不能双向作业，仅用于配砟整形车正向行驶时作业，作业速度则取决于轨枕面残留道砟量的多少。

习题十一

1. 动力稳定车主要由哪些部分组成？
2. 动力稳定车的工作原理是什么？
3. 动力稳定车的作用是什么？
4. 画出动力稳定车的传动路线。
5. 动力稳定车的作业装置由哪些部分组成？
6. 稳定装置由哪些部分组成？工作原理是什么？
7. 激振器由哪些部分组成？其特点是什么？
8. 配砟整形车主要由哪些部分组成？
9. 配砟整形车的工作原理是什么？其作用是什么？

10. 配砟整形车运行系统由哪些部分组成？其传动路线如何？
11. 配砟整形车的作业装置由哪些部分组成？
12. 中犁的结构特点及功用是什么？
13. 侧犁的结构特点及功用是什么？
14. 清扫装置的结构特点及功用是什么？

第十二章 养路机械作业管理

我国铁路经过六次提速后,行车速度和密度都已大幅度提高,主要干线的列车间隔已减少到 5~6 min,利用列车间隔进行线路修理作业的传统方式已经非常困难。为了充分发挥大型养路机械的工作效率,保证运行列车及施工人员的安全,养路机械作业时必须满足如下条件:开"天窗"作业,并保证有尽可能长的线路封锁时间;施工作业区段所属的工务段要提供详尽线路技术资料并做好前期的辅助准备工作;大型机械化段要保证施工作业人员技术熟练和配备合理完好的机械设备;要有一套组织严密的指挥协调系统;做好大型养路机械的量化考核及收尾验收工作。

第一节 施工管理

一、开"天窗"作业

开"天窗"作业是大型养路机械修理线路的先决条件。"天窗"时间的长短直接影响作业效率和作业进度。"天窗"时间越长或作业时间越长,作业效率越高。"天窗"时间少于 3 h,纯作业时间不足 2 h,就不能充分发挥大型养路机械的工作效率,合理的"天窗"时间,应不少于 3 h。

为了提高"天窗"利用率,必须尽量减少辅助作业时间,如运行时间、收放车时间、联控时间;操作人员必须熟练操作;设备状态良好等。

使用大型机械开"天窗"修理线路,不仅解决了繁忙干线由于上道作业困难造成的线路欠修、失修问题,杜绝了人员挡道或撞机事故,增大了安全可靠性,而且明显地提高了生产效率和线路质量,保证了轨道的平顺性和稳定性。

二、工务部门密切配合

大型养路机械作业时,工务配合是最重要的环节,不仅关系到修理进度,而且关系到线路修理质量。工务段必须提供准确的各项技术数据,同时应配合做好有关作业。

(1)工务段负责向机械段提供有关技术资料,如起拨道量、曲线要素、道床原始状态(有无板结)等,对比较大的线路整正,工务段要拿出完整可行的实施方案,会同机械段的技术人员做好各项前期准备工作,以利于顺利施工作业。

(2)负责做好施工区间的有关配合作业,包括拆除道口铺面和护轨,拆除桥上护轮轨;拆除轨距杆和防爬支撑,撤板捣固,紧扣件打浮钉,补充均匀石砟等,以保证大型机械的正常作业。

(3)跟随作业封锁点,派出得力人员,负责施工区间大型机械两端远方防护工作。

(4)提前做好施工地段的起道量标写工作,在每隔五六根轨枕面上标写出该处的起道高度(mm),确保机械起道量准确无误。

(5)按时提供当日施工里程内的曲线起止里程、曲线半径、缓和曲线长度、设置超高值等有关曲线要素,以保证输入计算机内的曲线要素准确无误。

(6)提前做好工务段分工负责的配合作业,及当日施工结束后的线路恢复和加强作业。

(7)派专人负责大型机械作业后的质量检查和验收工作。

(8)向上级指挥组报告线路开通情况,及施工后线路恢复和加强作业情况。

三、强化大型机械化段的管理

大型养路机械的作业效率和作业效果直接关系到经济效益和行车安全,它和大型机械化段的管理密不可分,主要涉及人员管理和设备运用及管理两部分。

1. 人员管理

大型养路机械的特点是体积大、功能多、效率高,结构复杂,机、电、液一体化,因此机组配置的人员必须具备相应的技术业务素质,经过专业技术培训和考试合格,方可上机操作。

所有的操作人员必须按操作规程实施作业标准化,并制定切实可行的岗位责任制,做到分工明确,责任分明。对操作人员必须加强技术培训,提高技术业务素质,其中部分能掌握比较复杂机械的拆检、调整和故障排除等项工作。

大型养路机械作业时,要充分利用"天窗"内的时间,按照作业计划完成作业进度,同时还要保证作业质量和设备寿命,如果一个环节出了问题,就要影响到整个施工进度,因此,必须保证操纵人员技术熟练和设备的完好。

2. 设备运用及管理

大型养路机械作业是一种多类型、多台机械的综合作业,其编组是否合理将直接影响到作业效率。对不同线路条件和不同起道量的区段应有不同的编组,同时,还要考虑到不同机械的作业速度,如何编组这些机械设备,是充分发挥大型养路机械的工作效率的关键之一。

(1)作业机械的编组。大型养路机械通常都是编组作业,但在特殊情况下,也可以分开单独使用。

所谓编组作业,即清筛车、捣固车、动力稳定车、配砟整形车等多种机械按照作业条件、作业量和作业速度组成不同辆数和作业次序的联合作业机组,一般称为 MDZ 机组。

机组在实际作业中,具体的编组方法要根据线路修理作业的要求决定。例如,当线路起道量在 50 mm 及其以下时,依照作业前进方向其编组作业顺序一般是:最前面为捣固车,中间为动力稳定车,最后是配砟整形车,依次进行跟踪作业。

当线路起道量为 50~150 mm 时,机组作业编组顺序一般是:前面为配砟整形车,中间为捣固车,最后为动力稳定车。这是因为线路起道量大,需要把预卸起道捣固用的石砟提前回填到道床上来,以保证起道捣固时有足够的石砟,并有利于夯拍和稳定道床。

(2)大型养路机械的维修。大型养路机械是多种技术组成的高科技产品,目前,许多关键部件还需要进口,如果操作、保养或维修不当,不仅直接关系工作效率、作业质量、涉及行车和人身安全,而且还会使作业成本大幅提高,直接降低了经济效益。因此,加强机械的检修保养十分重要。

大型养路机械修程可以划分为保养、检修、整机大修三类。

大型养路机械的保养分日常保养、定期保养和对策保养。各种保养均有不同的内容和目的,其中最重要的是日常保养。日常保养做得好,可以大大减少机械故障率,及时发现和预防隐患。日常保养可以列入岗位责任制,定人、定位、定时、定责,及时做好清洗、检查、紧固和调整等工作。

检修一般是每年一次,可在大型机械集中在基地时,根据日常掌握的各总成部件的技术状况,确定不同的修理规模。

整机大修要在定点厂进行,这样可降低成本,通过专业化维修来保证质量。

四、组织指挥系统

大型养路机械开"天窗"作业,整个作业过程涉及运输、电务、工务、车务、供电等诸多单位,需要各有关单位的协同配合,如果某一个环节不畅,会影响整个作业的顺利进行。因此,必须有一套有效的组织指挥系统,才能充分发挥大型养路机械的工作效率。

大型养路机械的作业计划经铁路局审查批准后,由各铁路局组织实施。

当铁路局下达年度生产任务后,运输和工务部门负责运输方案和施工组织的制定,下设现场指挥组,具体组织施工计划的实施和指挥。现场指挥组应建立定期的联席会议制度,由车务、电务、工务、供电、机械各段派员参加,及时协调解决施工作业中存在的有关问题,以保证施工作业计划的实施。在大型机械施工期间应着重抓好信息反馈,通过交班会、现场联席会议、月度工程总结等掌握工程进度和安全生产情况。

第二节 质量控制

大型养路机械作业项目全、程序细、标准高、要求严、作业质量均衡,从而大大提高了线路质量和轨道承载能力。由于其作业效率高、作业质量巩固时效长,可以从总量上减少线路修理及整治施工占用线路的时间,有效地挖掘了线路的运输潜力。另外,大型养路机械具有良好的机动性,在承担需缩短工期的突击性施工及完成人力、小型机械难以胜任的线路整治工作中更能显示其优越性。大型养路机械已经成为高速铁路不可缺少的作业手段。

轨道检查车、钢轨探伤车等工务专用设备的使用,使轨道几何状态和钢轨状态处于随时可控之中,从而保证了行车安全,特别是高速线路的安全。

一、大机作业技术规定

1. 线路修理作业技术规定

(1)捣固作业时应设置不少于 10 mm 的基本起道量。当起道量为 10~50 mm 时捣固一遍,起道量超过 50 mm 时捣固两遍,接头处应增加捣固遍数。

(2)在需变更曲线超高地段,当里股起道量大于 20 mm 时,应分两次进行起道。

(3)线路方向的整正可采用四点式近似法,用 GVA 自动拨道或查表输入修正值用手动拨道。当线路每隔 2.5 m 有准确的拨道量时,可按精确法进行拨道。在长大直线地段,应采用激光准直系统进行拨道。

(4)一次最大拨道量按表 12-1 规定进行。

表 12-1　一次最大拨道量

曲线半径 R/m	圆曲线正矢连续差/mm	圆曲线正矢最大最小差值/mm	一次最大拨道量/mm	
			四点式	三点式
$R \leq 250$	14	21	84	43
$250 < R \leq 350$	12	18	72	36
$350 < R \leq 450$	10	15	60	30
$450 < R \leq 650$	8	12	48	24
$R > 650$	6	9	36	18

对拨道量大于一次最大拨道量的地段应分多次拨道；对线路方向严重不良的地段，应按《普速铁路工务安全规则》的有关规定先进行一次荒拨道。

(5)捣固作业结束前，应在作业终点画上标记，并以此开始按不大于 2.5‰坡度递减顺坡，达到安全放行列车的要求。一般情况下不在圆曲线上顺坡，严禁在缓和曲线上顺坡结束作业。

(6)在有砟桥上，枕下道砟厚度不足 150 mm 时不能进行捣固作业。

(7)线路道床严重板结地段（一次下插镐头不能进入枕底面以下可视为严重板结道床），禁止使用大型养路机械进行捣固作业。

(8)站区内作业时，线路起道后的钢轨顶面至接触网距离不得小于 5 700 mm。

(9)大型养路机械修理后的线路几何状态应达到《普速铁路线路修理规则》所规定的要求。

2. 线路大修作业技术规定

(1)使用清筛机清筛道床，其清筛深度一般不小于 300 mm。

(2)清筛机枕下导槽在作业时应按 1:50 的坡度向道床排水侧倾斜。

(3)被清筛线路两侧的建筑物（包括埋设在道床中的固定物）至线路中心的距离应不小于 2 100 mm。

(4)在翻浆冒泥地段作业时，若砂垫层尚完好，可应用机械进行抛砟换道床作业；若线路翻浆严重，砂垫层功能丧失，应合并进行换道床和垫砂作业。

(5)清筛机回填道砟要均匀，曲线外股要适当多配道砟。

(6)捣固车、动力稳定车和配砟整形车作业的技术要求参照《大型养路机械使用管理规则》第 4.1.4 条有关规定执行。配砟整形车配砟不能超出轨面，不能妨碍捣固车作业。

(7)线路大修作业应经过三遍捣固后验交。整细捣固应采用精确法严格按照线路大修设计技术资料进行作业，其他捣固作业可采用近似法。

(8)整细捣固顺坡率不得大于 2.5‰。当作业终点有拨道量时均应输入拨道递减量，以便将线路拨顺，达到安全放行列车的要求。

(9)大型养路机械大修作业后的线路质量应达到《普速铁路线路修理规则》所规定的标准。

二、大机作业配合

1. 大型养路机械施工作业特点

大型养路机械作业能够减少线路临修工作量，延长线路修理周期，减少施工封锁天数，缩短或取消施工后慢行等,为实施干线提速创造了条件。大型养路机械作业具有以下显著特点。

(1)大型养路机械施工是一项系统工程,需要有关部门的协调配合。

(2)同时参加作业的大型养路机械多,实际作业前的准备工作量大、时间长,作业慢行距离长,作业程序多,单次作业需要时间多。

(3)为配合大型养路机械施工,需要开行专门的路用列车,因而在施工地点附近需要有一个技术站进行解体和编组作业。

2. 大型养路机械施工对运输组织的影响

(1)施工需要大量的路料运输,每天要开行路料列车,这些路料到技术站后可能长时间积压。

(2)施工路用列车大量的解编、运行作业及存放,对技术站运输组织干扰很大。如施工期间,大型机械作业车组的存放、整备、上油;宿营车组的存放;道砟专列、轨枕车的到达及排空;路用列车的到达、解体、编组等,每天都要占用多条股道,为了及时完成这些作业,需要指定专门调车机负责这些任务,每次作业时间达 2~3 h,甚至达到 4 h。

(3)路用列车需要在施工区段所涉及的中间站进行机车转线、甩挂或装卸等作业,对这些站的正常运输造成干扰。

(4)每天施工时间要满足 180 min,施工前的限速和施工后的慢行,造成线路通过能力的紧张。

3. 运输组织配合中应解决的关键问题

(1)"天窗"给点时间问题。目前许多线路的图定"天窗"时间少于 180 min,甚至只有 90 min,而运输组织方面,如机车运用、施工慢行、旅客列车晚点、夏季图定"天窗"时间内轨温超温等,经常影响封锁点时间,造成实际给点时间减少,在行车密度大的干线更为突出。

(2)安全压力问题。大型养路机械施工时,非正常情况接发列车多,同一区间同方向要同时进入多列路用列车,并且带有车辆。进入区间后各自分开作业,作业区域长达 3 000~4 000 m,作业人员多达 400~500 人,作业场地狭窄,邻线还不断有列车高速通过,作业要求高,组织协调和安全防护难度大,给行车和人身安全带来双重压力。

(3)因地制宜问题。施工地点不同则作业方式也不同。在区间内、车站内、道岔区等关键地点作业时,施工条件、运行组织方式是不相同的,必须因地制宜,制定周密而详细的施工组织方案。

(4)路用列车的开行组织问题。确保路用列车的开行安全是一个十分重要的问题,根据不同的施工条件必须及时制定临时行车组织办法。对于关键地段和作业环节,更要在组织方式上有所突破,才能更好地提高施工效率。

(5)大型养路机械作业时间问题。由于各部门准备工作不足,会对大型养路机械施工造成影响,从而使大型养路机械施工的纯作业时间不足,影响施工的质量和进度。

三、大机作业标准

1. 无缝线路地段维修作业要求

(1)安排无缝线路地段维修封锁"天窗"应避开高温时间。

(2)施工前,由工务段将该段线路实际锁定轨温及安全起、拨道量等技术数据送交机械段(公司),并备足道砟,调直钢轨。拧紧螺栓,使钢轨接头螺栓扭力矩达到 900 N·m,扣件螺栓扭力矩达到 80~120 N·m。

(3)作业时,工务段应指派专人在施工地段测量轨温,在实际锁定轨温增减 10 ℃范围内允许作业。

(4)捣固车、动力稳定车、配砟整形车应紧密配合,形成流水作业,确保作业后的线路迅速得到稳定。

(5)为保证作业安全和作业质量,起道量一次不宜超过 50 mm,拨道量一次不宜超过 80 mm,曲线地段上挑下压量应尽量接近。作业后,直线地段道床肩宽应不小于 400 mm,曲线地段应按标准加宽。

(6)作业中,机组人员应随时监测线路变化,发现胀轨迹象,要立即停止作业,由工务段迅速组织抢修队伍进行处理,并使大型养路机械安全退出胀轨现场。

(7)作业后三日内,工务段应派有经验的巡检人员巡回检查线路状况,发现胀轨预兆及时处理。

2. 无缝线路地段大修作业

(1)无缝线路地段大修作业时的轨温应严格控制在锁定轨温上、下允许偏差范围内,否则需放散应力后再进行清筛作业。

(2)作业中应严格执行时钢轨的测温制度,在实际锁定轨温增减 10 ℃范围内允许作业。

(3)作业前应根据清筛深度和道床的不洁率备足道砟。

(4)作业前应调直钢轨,不允许在 1 m 范围内出现 0.5 mm 以上的原始不平顺;检查钢轨接头螺栓和扣件的紧固状态,确保钢轨接头螺栓扭力矩达到 900 N·m,扣件螺栓扭力矩达到 80~120 N·m。

(5)作业中,清筛机、配砟整形车、捣固车、动力稳定车应采取紧密流水作业方法,使道床在清筛后能及时得到补砟、捣固,尽快恢复稳定。

(6)为保证大型养路机械大修作业的安全和质量,清筛机起道高度不应超过 30 mm;轨向应尽量保持平顺,两侧边坡道砟回填要均匀。在曲线地段外股道砟应略多于内股。作业后,直线地段道床肩宽应不小于 400 mm,曲线地段应按标准加宽。

(7)作业中,大型养路机械机组人员应随时监测线路变化,发现胀轨迹象要立即停止作业,由工务段迅速组织抢修处理,并使大型养路机械安全退出胀轨现场。

3. 一般清筛作业

(1)一般清筛作业前,利用封锁前的慢行时间,进行如下准备工作:第一,拆除清筛地段内影响机械作业的障碍,包括宽 2.75 m 以下的人行道口;第二,在当日清筛施工的起点沿轨道方向开挖长度 1 000 mm,宽度大于计划清筛宽度 300 mm,深度等于计划清筛深度的导槽坑,导槽坑下方的道砟堆积角度要小于 30°;第三,各台大型养路机械的操纵人员均应掌握当日作业地段的清筛深度、设计标高、线路平纵断面几何尺寸的大修设计要求以及当日作业的其他要求。

(2)封锁命令下达后,大型养路机械大修机组连挂进入封锁区间,立即解体并按要求分别就位。

(3)清筛机在确认邻线无来车时,联结导槽和挖掘链。

(4)清筛机在初始清筛阶段不宜起道过高,以免线路形成高包。

(5)清筛机清筛后,施工负责人应立即组织配砟车上砟以及捣固车起拨道捣固作业和稳定车稳定作业,使线路尽快达到安全放行列车的条件。

(6)大修机组各车型进行施工作业时,应注意相互间的联系,各车的作业间隔距离不得少于 10 m。邻线来车时要加强防护,不得进行可能侵入邻线限界的作业。

(7)施工完毕后,各车连挂,由施工负责人通过驻站联络员与车站联系,使大修机组尽快返回车站。

4. 换道床作业

(1)换道床作业前,利用封锁前的慢行时间,进行如下准备工作:第一,在计划换道床地段,将枕木盒表面及枕木头外 2/3 可筛分道砟进行人工清筛处理,并装入笋筐,堆放在线路两侧不侵入限界处待用;第二,在清筛机后应编入风动卸砟车,卸砟车数量视换道床所需新砟数量而定;第三,其他准备工作同一般清筛作业。

(2)封锁命令下达后,大修机组连挂进入封锁区间,立即解体并按要求分别就位。

(3)放下清筛机上导槽抽板,使挖掘出的石砟不经过振动筛,直接落入污土输送带抛出线路外。

(4)清筛机换道床作业的挖掘和推进速度应由污土输送带的运送能力来确定。

(5)当道床道砟被抛弃后,应迅速将事先堆放于线路两侧的清砟倒入道床,每隔四根轨枕应垫实两根轨枕,做到枕底石砟厚度不少于 200 mm,使线路不至于下沉量过大。

(6)风动卸砟车应紧随清筛机后及时均匀补砟,以满足机械起道、捣固用砟。

(7)其他作业要求同一般清筛作业。

5. 换道床和垫砂作业

(1)换道床和垫砂作业前,利用封锁前的慢行时间进行如下准备工作:第一,根据垫砂用量,预卸黄砂并装筐待用;第二,其他准备工作,如清筛边坡、石砟装筐、清除障碍等项均与换道床作业相同。

(2)封锁命令下达后,大型养路机械大修机组按换道床的要求组织作业。

(3)当道床道砟(包括砂层)被抛弃后,应迅速将堆放于线路两侧的黄砂先倒入路基面,并刮平拍实;确保黄砂宽度为 4 m,厚度为 200 mm。

(4)在砂层上再倒入清砟,并按换道床作业要求串实、补砟。

(5)垫砂地段因挖掘比较深,轨面下沉量大,应分层多次进行起、捣作业,以尽快恢复线路,使之达到放行列车的要求。

6. 清筛后线路的起道整理作业

(1)大型清筛机清筛后的线路,必须进行起道整理作业。起道整理作业由配砟整形车、捣固车、动力稳定车联合完成。

(2)起道整理后的线路应达到《普速铁路线路修理规则》所规定的验收标准。

四、大型养路机械施工组织

1. 大型养路机械运用方式

大型养路机械维修线路作业,由捣固车、稳定车和整形车各一台组成联合机组进行。由捣固车进行线路起拨道和抄平,稳定车担当线路夯实稳定,整形车负责线路清整。联合机组作业效率为 900~1 000 m/h。

大型养路机械修理线路施工方式,可分为单套、双套和多套机组同时进行等不同形式,应择优选用。研究表明:

(1)同一区间内采用两套机组同时进行线路修理作业,效率较高,施工占用区间通过能力较少。

（2）同一"天窗"内，以两个区间同时进行线路修理的方式所需工期较短，可减少施工对运输生产的影响。由于铁路运输连续性很强，即使是单个区间施工，也会影响整个线路区段正常运输。因此，在同一"天窗"内可适当增加区段内施工区间数量。

同时进行线路修理施工的区间愈多，当日对区间通过能力的影响就愈大，完成全区段线路修理任务所需要的施工天数就减少。因此总的来看，采用一个以上区间同时进行线路修理施工方式，可减少线路修理施工对运输生产的影响。但在同一时间内线路修理施工区间数量愈多，对客货列车旅行速度、机车车辆周转时间、列车运行秩序的干扰则愈大，而且运输不安全因素也大大增加。所以，同时进行线路修理的区间数量不宜太多，以1～2个区间为宜。

同一"天窗"内同时进行线路修理施工区间的分布不同，对区间通过能力的影响也不同。以相间隔的两个区间同时施工，对区间通过能力的影响较小，即在同一区段内相邻的两个奇数或相邻的两个偶数区间同时进行施工最为有利。因为相邻区间同时施工会形成单线大区间分布状态，而相间隔的两个区间同时施工则形成单双线分布状态，较单线大区间分布状态有利于行车组织和扩大区间通过能力。

2. 影响大型养路机械作业效率和作业质量的因素

影响大型养路机械作业效率和作业质量的因素是多方面的，既有人的因素，也有机械状态的因素；既有管理因素，也有环境因素。

（1）合理配置机组，提高综合效益。线路修理与铁路运输在某种意义上是一对矛盾。以最短的时间对线路进行高质量的修理，是采用大型养路机械的出发点和目的。如果只以少量的机械占用很长时间维修一条线路，就体现不出大型机械高效的优越性。

机组的组合应考虑以下情况：综合作业效率力求最高；各种作业车的单车效能能够得到充分发挥；对每台作业车能够进行灵活有效的指挥；辅助作业时间不能过长；工务段具备地面配合工作的能力；站内具备停放全部施工车辆（包括生活后勤车辆）的条件。

当机组按2台捣固车、1台整形车和1台稳定车组合时，其辅助作业时间分别为：第一台捣固车50 min，第二台捣固车54 min。如按封锁线路150 min测算，机组日进度为2.640 km，单台效率为1.320 km。这种组合的编组为稳定车——整形车——1号捣固车——2号捣固车。稳定车编到一端，是为了让其担当牵引任务，以尽量减少捣固车的磨损。由于整形车与稳定车在作业中无法越过捣固车，因此，对当日捣固后的线路只能完成1台捣固车的整形和稳定任务。有条件时次日（在同一个区间作业）再进行一遍整形和稳定作业。

当机组按3台捣固车、2台整形车、2台稳定车组合时，其编组顺序为1号稳定车——1号整形车——1号捣固车——2号捣固车——3号捣固车——2号整形车——2号稳定车。各台捣固车的辅助作业时间分别为：1号车50 min，2号车54 min，3号车58 min，机组日进度为3.880 km，单台效率1.300 km，可对三分之二捣固完的线路进行整形和稳定，作业组织指挥基本能够适应。如果一个机组的作业车超过7台，组织指挥就比较困难。

上述两种机组形式，在完成一条线路的修理任务时，后者比前者少占用线路时间1/3。在机械设备数量较多的条件下，还可组织两个机组在同一条线路的不同区间进行作业，综合效益更佳。

（2）合理确定线路封锁时间。提供一定的线路封锁时间，是保证作业效率的重要条件之一。封锁时间过短，大部分时间被辅助作业所占用，而人员及设备的间接消耗量是固定的，因此在经济上是不合理的，有时甚至产生负效应。一般情况下区间封锁点少于2 h就几乎无法作业,但如要求封锁点时间过长,停运的主要列车在一日内难以调整,对运输将造成一定影响,实现不了"施工与运输兼顾"的要求,这对发挥综合效益也是不利的。权衡得失,大机作业封锁线路的时间最好为 3 h,确有困难时也不应少于 2.5 h。表 12-2 为不同的封锁时间内,有效时间的利用率、单机效率的对照情况。

表 12-2　不同封锁时间作业效率对照表

封锁时间/min	辅助时间/min	纯作业时间/min	单机效率/(km·h^{-1})	时间利用率/%	效率增减/%
120	50	70	0.471	58.3	−19.3
150	50	100	0.539	66.7	−7.8
180	50	130	0.584	72.2	0
240	50	190	0.640	79.2	+9.6

(3)优化各道工序的每一个环节。大型养路机械修理线路的一般作业工序是:办理封锁线路手续;运行到作业地点;摘解作业车;作业准备;线路修理作业;机械整理;机组连挂;返回站内;办理开通线路手续。

具体优化措施如下。

①努力压缩办理封锁线路手续的时间。

②往返运行方式不同,占用的时间也不同,大型机械的停留站最好是作业区间的相邻站。如果从停留站到作业区间需跨区间运行,应在封锁点之前将作业车先行至作业区间的相邻站待发,以减少封锁点之内的运行时间。

③站内正线修理尽量不占用区间封锁点,列车通过站内时一般均有绕行条件,封锁点相对容易解决,特别是在大型机械的停留站,可采取临时要点的办法安排作业,以减少封锁区间的次数和时间。

④明确各道工序的职责,避免质量返工。在机组内部,从运行、摘解、准备,到机械整理、连挂,每道工序的每一项作业,都要分工明确、职责分明、配合紧密、紧张有序,在确保作业质量的基础上力争高效率。工务段的良好配合,也是取得优质高效的重要条件。根据经验,造成质量返工的大部分原因是数据输入不准或有误。造成返工,不仅影响当日进度,有时会打乱整个计划,有的不得不放弃某段线路的修理以保证按既定的封锁点计划进行。

⑤选定合理的工作参数精心操作。工作参数(如镐头下插深度、夹持时间、稳定工作速度、振动频率等)的选定,应根据不同的道床状态,在保证质量的前提下力争高效率。道床的清洁饱满是保证修理质量的前提条件。新线道床的捣固应保证最大的下插深度和进行全面稳定,有条件时应增加捣固和稳定次数。既有线道床最好在大修清筛后两三年内安排大机修理。板结严重的道床不仅达不到满意的修理效果,而且对机械的损害也十分严重。对于线路的有缝接头、桥头、道口及个别起道量超过 50 mm 的地段,应进行两次捣固。捣固车的起拨捣作业在当日计划地段内尽可能连续完成,尽量减少"接茬"处所,特别是在曲线地段,更应避免"接茬"。各种机械车的每一位操作人员,都要精心对待每一项操作,在有限的封锁点内,充分发挥大型机械的效能。

⑥根据线路的不同特点,合理安排作业季节。北方地区冬季气候寒冷,线路冻结,作业车无法正常工作,所以不能从事线路维修作业。在夏季的 6~8 月因温度较高,无缝线路不能作业。根据这些情况,在制订全年工作计划时,就必须把大型机械的修理工作安排到冬季进行,力求修理得完全彻底,以保证线路修理作业开始后,不再占用很多时间从事机械修理工作。在

考虑线路维修任务时,要将无缝线路与短轨线路相搭配。春秋季在无缝线路地段作业,夏季在短轨地段作业,春季由南往北推进,秋季由北往南收尾,达到任务饱满均衡、自然环境与人机要求相适应的目的。

⑦加强对机械的检修保养,减少机械故障。大型机械的性能状况直接关系到线路维修的效率与质量,同时涉及安全问题,因此,除在冬季检修中进行全面检修外,加强日常的检查保养,也是保证正常使用的重要环节。要坚持"定期、定时、定人、定位"的检查保养制度。车队应具备必要的修复能力,车组应备有常用的易损配件,确保安全与质量的同时,最大限度地减少停机时间。

3. 大型养路机械在繁忙干线上作业的施工组织

(1)大型养路机械作业的车辆编组。进入区间的大型养路机械按作业程序划分为四个专业组,即清筛换砟车组、卸砟车组、抬道捣固车组和整细验交车组。

①清筛换砟车组。编组顺序为整形车、清筛机、捣固车。其中整形车主要进行分砟作业,即将道床砟肩部位的道砟尽可能切分到清筛机扒链范围以外,减少每米道床实际通过清筛机的道砟数量,从而达到加快在封锁时间内清筛换砟进度的目的;捣固车的作用是对挖去"面"砟后的"荒"道进行起、拨、捣作业,确保卸砟车作业的安全。施工中大型清筛机配置的数量,应根据机械保有量状况和日进度的要求决定。

②卸砟车组。卸砟采用风动卸砟车。每日卸砟数量依据日换砟进度和阶梯提速抬道长度、抬道量计算结果确定。一般在换砟日进度为 1.2 km 及阶梯提速进度正常稳定进行的情况下,日卸砟应在 2 400~2 800 m³ 左右,但考虑到卸砟车组需每日返场装车,现场还应配备必要的周转卸砟车组。

③抬道捣固车组。卸砟车组后面的作业,由整形车、捣固车和动力稳定车来完成。各种车的数量和型号依据日换砟进度和本单位的设备保有量确定,一般情况下按整形车、捣固车、捣固车、整形车、捣固车、动力稳定车的顺序编组。

④整细验交车组。在列车速度为 120 km/h 的条件下,线路经 24 h 的运营使用后,再进行一次加强捣固和稳定作业,以确保作业后客车按运行图规定的 160 km/h 的速度安全运行。本次作业完毕,经施工、监理和设备管理单位共同检查、签认后,该施工段的维修、保养和安全的责任就移交给设备管理单位。但经过相当长的一段时间运行后,全线按设计要求提速到 200 km/h 之前,线路还应再安排一次大机整细和钢轨打磨作业。

(2)区间施工作业程序。在线路封锁前一天需对施工段进行测量,埋设标桩,标注设计标高、起道量、拨道量并处理障碍物。在现场实际操作时,大于 150 m 的地段一般采用大机进行换砟施工,小于 150 m 的地段采用人工作业。

施工程序如下。

①线路封锁前 1 h,列车限速 45 km/h,在清筛机作业地点进行线路开槽,为埋扒链做准备。

②清筛换砟作业车组连挂进入区间,到达各车预定的作业地点后解体作业,可采用人工清筛换砟车组切分到扒链以外的污砟,整细车组连挂进入整细地段作业。

③清筛作业完成后,区间所有车辆退回安全区待避,卸砟车组进入区间在当日换砟地段和整细地段进行第一次卸砟,卸后回场装车。

④整细车组进入区间作业,完毕后退出。

⑤卸砟车第二次进入区间卸砟并退出。

⑥整细车组进入区间进行第二次起、拨、捣作业,作业完毕后所有车辆连挂退出。

⑦施工负责人检查线路并确认达到放行列车条件后，撤除线路封锁标志，按阶梯提速的要求设好慢行防护，妥善安排好巡检，经监理和监护单位主管人员检查确认后开通线路。

第三节　养路机械作业安全

一、大型养路机械作业安全规则

依据铁道部《普速铁路工务安全规则》，在大型养路机械运用的过程中，制定了明确安全条令，并要求在实际运用中严格遵守。

各机械车驾驶员及操作人员，必须经过技术培训、考试合格并持有驾驶证和操作证，按所取得的相应岗位资格持证上岗。

各机械车驾驶员及操作人员应按分工对车辆的走行、制动、油路、电路、工作装置、锁定装置及车内备品、信号用具等进行全面检查，确认齐全、完好后方准出车。

大型养路机械作业前，施工负责人应掌握施工地段的线路设备状态，作业前对员工进行有针对性的安全教育，制定出相应的安全措施及注意事项，下达各机械车执行。

大型养路机械编组挂运或进行施工作业时，必须指派一名施工负责人统一指挥。各机械车按规定排列顺序解体作业时，必须保持不小于 10 m 的安全间距。各工作装置放下或收起必须准确到位；清筛车、配砟车在双线地段放下工作装置时，应和驻站联络员取得联系，确认邻线无来车时方准放下；在线间距不足 4.2 m 的双线区段作业时，配砟车靠邻线一侧的犁板严禁作业。大型养路机械无火回送或远距离转移施工地点时，应编挂在列车尾部。严禁大型养路机械溜放、通过驼峰和作为动力对货物列车进行调车作业。大型养路机械押车人员在列车运行时，必须在驾驶室内关好车门。身体不得探出车外。并注意倾听走行系统有无异响，动车时观察是否缓解，发现问题时应用无线电话及时通知押车负责人，以便采取应急措施。

在电气化铁路区段，押车人员不得登上车顶，停车检查时应避免与接触网支柱及其附近金属结构物接触。遇接触网断线或其他接触网附件损坏时，所有人员不得接近，并与其保持 10 m 以上的距离。

大型养路机械作业时，应按《普速铁路工务安全规则》有关规定做好施工防护。施工封锁前的准备作业和线路开通后的整理作业应根据需要办理施工慢行手续。在无人值乘停留时，必须采取防溜措施，并在两端各 50m 处设置移动停车信号。

大型养路机械在施工作业中，应注意下列事项。

（1）各机械车在封锁区段独自运行时，续行间隔不得小于 300 m，速度不得超过 40 km/h，并应做好随时停车的准备。

（2）清筛机在作业中应注意接触网支柱、信号机及其附属设备等障碍物，以防刮碰。

（3）捣固车在圬工桥面作业时，必须事先拆除护轨，测定轨枕底下道砟厚度，如厚度不足 150 mm 时，严禁进行捣固。

（4）配砟整形车在作业中应注意信号机及其附属设备等障碍物，以防刮碰；在电气化区段作业，接近接触网支柱、信号机及其附属设备等障碍物时，应提前收回侧犁，通过后再作业；在道心内有障碍物时，应及时提起中心犁。

(5)稳定车在线路水平严重不良地段严禁进行稳定作业。

(6)桥梁上的稳定作业应严格控制,必须在桥梁上进行稳定作业时,应制定安全措施。稳定装置应在桥台外起振、停振;作业中设备管理单位应随时观测桥梁状态,遇异常时,应通知稳定车停止作业,在技术状态不良的桥梁上严禁进行稳定作业。

在夜间施工作业时,大型养路机械及施工现场必须有充足的照明。

大型养路机械应配备车载列车无线调度电话、无线电话等通信设施及灭火器具、防护信号用品。作为本务机运行的大型养路机械还应配备机车信号、运行监控装置等行车设备。按机组配备复轨器和捣固装置顶升设备,并经常保持完好,缺少或损坏时,应及时补充或修复。

机组人员对油箱和油路部位应经常进行检查,防止漏油,在车上和车下检修作业中严禁吸烟。

大型清筛机作业时,为防止挖砟导槽、筛箱和污土输送带堵塞,应保证清筛作业的连续性,避免中途停机,即使在双线并行地段,邻线有车通过时,也不宜停止。由于挖掘导槽附件的石砟处于不稳定状态,邻线高速列车产生的气流冲击会造成石砟飞迸,危及行车和人身安全,大型机械在线间距小于 6.5 m 地段进行清筛、铺轨排作业,邻线通过列车速度不应超过 120 km/h。

二、大型养路机械修理规则

采用大型养路机械进行线路综合维修作业时,应拆除所有调高垫板,全面起道,全面捣固。采用小型养路机械时,可根据线路状态重点起道,全面捣固。

大型养路机械维修作业要求如下。

(1)使用大型养路机械作业,有关部门应密切协作,确保施工安全,正点开通。使用大型养路机械进行线路维修作业时,应组织捣固车、动力稳定车、配砟整形车联合施工。在无缝线路地段作业时,封锁线路应避开高温时段。

(2)捣固车一次起道量不宜超过 50 mm,起道量超过 50 mm 时应分两次起道捣固;一次拨道量不宜超过 80 mm,曲线地段上调、下压量应尽量接近。每次作业后应进行道床动力稳定。

(3)使用大型养路机械进行线路维修前,工务段应向施工单位提供有关线路技术资料。大型养路机械作业中应根据上述资料做好起道、拨道、捣固、夯拍工作。大型养路机械作业前,工务段应做好补充石砟、更换伤损胶垫和撤除作业地段调高垫板、道口铺面、有砟桥上护轨等工作。

(4)为保证捣固作业质量,步进式捣固车捣固频率每分钟不得超过 18 次,连续式捣固车捣固频率不得超过 22 次。对桥头、道口、钢轨接头 4 根轨枕等薄弱处所,应按照工务段标记增加捣固次数。

(5)大型养路机械在无缝路线地段作业时,作业轨温条件为:一次起道量小于 30 mm,一次拨道量小于 10 mm 时,作业轨温不得超过实际锁定轨温±20 ℃;一次起道量在 31～50 mm,一次拨道量在 11～20 mm 时,作业轨温不得超过实际锁定轨温-20 ℃～+15 ℃;在高温季节作业时,作业中机组人员应监视线路状况,发现胀轨迹象应立即停止作业。

三、小型养路机械、机具作业安全

1. 小型养路机械作业安全

凡上道使用涉及行车安全的小型养路机械,必须经过铁路产品认证。小型养路机械、机具及防护设备应专管专用,加强日常检修和定期检查,经常保持良好状态。未设置安全装置、未经产品认证和状态不良,严禁上道使用。

在线路上使用小型养路机械作业时,应由线路工长担任施工负责人。各种小型养路机械的操作人员,必须经技术业务培训并考试合格获得批准后方可上岗。

小型养路机械上道作业时,施工负责人应确认设置好防护;防护设备应采用自动报警器或无线通信等装置。

使用小型机械作业时,其下道架应由专人负责,并随主机移动,距离不得大于15 m。

小型养路机械、机具、防护电话和自动报警器等必须性能良好方可上道;如在作业中发生故障,应停机下道进行检修。采用成组机械作业时,应由施工负责人统一指挥送、断电工作。

结束作业时,下道后的小型养路机械必须放置稳固,不准侵入限界,采取防溜措施,并加锁固定。下道架不得向线路方向倾斜。

2. 机具使用安全

上道使用的机具,必须经过产品认证,否则不得上道。

机具使用前应确认油、水、电、连接件是否符合使用要求,防护装置是否齐全可靠,显示仪表是否正常,整机是否符合现行的安全使用办法。使用中发现故障需紧急处理时,应先停机、切断电路、风路、动力油路等,撤离线路建筑限界以外进行处理,在未确认故障已得到处理的情况下,不得继续使用。

机具应由专业组或专业人员负责使用、检修、保养、登记工作日志。

皮带轮、皮带、链轮、链条、齿轮、砂轮、砂轮切割片和风扇等露出机体的传动和转动部件,应有符合设计图纸规定的防护设施。转动部件应标有旋转方向指示标志,只允许一个方向旋转的设备,应设置有反转自锁装置。

切轨机、打磨机等机具操作人员应按规定穿戴劳动保护用品。机具应按规定安装漏电保护装置。用切轨机切割钢轨时,其他人员应远离锯轨机两侧和前方,防止锯片破碎伤人;钢轨打磨时,其他人员应远离打磨前方。

多台机械配合作业时,应明确施工负责人与安全负责人之间、机械与机械之间的联系方式,并由施工负责人负责现场指挥。在时间允许的情况下,任何一台机械的启动或停机,都应提前通知施工负责人和安全负责人,并及时通知相关机械的操作人员。

在无人行道栏杆的桥梁上操纵动力机械时,应设置有安全栅栏。

四、大型工程机械作业安全

挖掘机、装载机、推土机等大型工程机械在铁路安全保护区内进行有碍行车安全的施工时,应取得电务、通信等部门对电缆埋设位置的确认,应与相关部门签订安全协议,并现场配合,方准施工。施工时应设置一机一人专人防护,列车接近前应停止作业。停工时机械停放安全地点后,防护员方可离开现场。

习题十二

1. 简述"天窗"作业的作用及合理时间。
2. 大型养路机械作业时,工务段应提供的技术数据有哪些?

3. 简述大型养路机械作业特点。
4. 影响大型养路机械作业效率和质量的因素有哪些？
5. 大型养路机械在无缝线路地段作业时，对轨温条件有哪些要求？
6. 简述工程机械在铁路安全保护区内的作业安全。

第四篇　土方工程机械

第十三章　推　土　机

第一节　概　述

一、推土机的用途

推土机是用来对土壤、矿石等散状物料进行刮削或推运的自行式铲土运输机械。在土方施工中,推土机主要用于铲土、平整、回填、堆积和压实等工作。可用来开挖路堑、构筑路堤、回填基坑、铲除障碍等施工作业。有时根据作业要求,推土机还可配置多种作业装置,如配置松土器,可以破碎三、四级土壤;配置除根器,可以拔除直径在 450 mm 以下的树根,并能清除直径在 400~2 500 mm 的石块;配置除荆器,可以切断直径在 300 mm 以下的树木。在工程中,推土机主要用来铲土和运土,一般在 100 m 距离以内铲和运一、二级土和松散物料,推土机的最大运距一般不应超过 150 m,50~80 m 为推土机的最佳运距。

二、推土机的分类

(1)按发动机功率大小推土机可分为以下三种。
①小型推土机。功率 37 kW 以下。
②中型推土机。功率在 37~250 kW。
③大型推土机。功率在 250 kW 以上。
(2)按行走方式,推土机可分为以下两种。
①履带式推土机。如图 13-1 所示,附着性能好,牵引力大,接地比压小,爬坡能力强,能适应恶劣的工作环境,作业性能优越,是多用的机种。
②轮胎式推土机。如图 13-2 所示,行驶速度快,机动性好,作业循环时间短,转移方便、迅速,不损坏路面,特别适合城市建设和道路维修工程中使用。因其制造成本较低,维修方便,近年来有较大的发展。但附着性能远不如履带式推土机,在松软、潮湿的场地施工时容易引起驱动轮滑转,降低生产效率,严重时还可能造成车辆沉陷;在开采矿山时,因岩石坚硬、锐利,容易引起轮胎急剧磨损,因此,轮胎式推土机的使用范围受到一定的限制。

图 13-1 履带式推土机

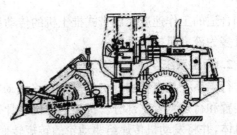
图 13-2 轮胎式推土机

(3)按推土板安装形式,推土机可分为以下两种。

①固定式铲刀推土机。推土机的推土铲刀与主机纵向轴线固定为直角,也称直铲式推土机。它机构简单,但只能正对前进方向推土,作业灵活性差,仅用于中小型推土机。

②回转式铲刀推土机。推土机的推土铲刀在水平面内能回转一定角度,与主机纵向轴线可以安装成固定直角或非直角,也称为角铲式推土机。这种推土机作业范围较广,便于向一侧移土和开挖边沟。

三、工作过程

推土机的基本作业过程如图 13-3 所示。将铲刀下降至地面一定深度,机械向前行驶,此过程为铲土作业,铲土深度可通过调整铲刀的升降量来调整。铲土作业完成后,铲刀略升,使其贴近地面,机械继续向前行驶,此过程为运土作业。当运土至卸土地点时,提升铲刀,机械慢速前行,此过程为卸土作业。卸土作业完成后,机械倒退或掉头快速行驶至铲土地点重新开始铲土作业。推土机经过铲土、运土和卸土作业及空驶回程三个过程完成一个工作循环,故推土机属于循环作业式的土方工程机械。

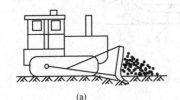
(a)

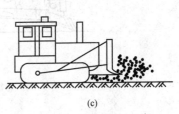
(b)　　　　　　　　　　(c)

图 13-3 直铲式推土机的作业过程
(a)铲土作业;(b)运土作业;(c)卸土作业

第二节　推土机的构造

不论是履带式推土机还是轮胎式推土机,都由发动机、传动系统、行走系统、工作装置和操纵控制系统等几部分组成。

一、传动系统与行走装置

1. 传动系统

传动系统的作用是将发动机的动力减速增扭后传给行走装置,使推土机具有足够的牵引力和合适的工作速度。履带式推土机的传动系统多采用机械传动或液力机械传动；轮胎式推土机多为液力机械传动。

2. 行走系统

行走系统是直接实现机械行驶和将发动机动力转化成机械牵引力的系统，包括机架、悬挂装置和行走装置三部分。机架是全机的骨架，用来安装所有总成和部件。行走装置用来支承机体，并将发动机传递给驱动轮的转矩转变成推土机所需的驱动力。机架与行走装置通过悬挂装置连接起来。履带式推土机行走装置由驱动轮、支重轮、托轮、引导轮、履带（统称为"四轮一带"）、张紧装置等组成，如图13-4所示。履带围绕驱动轮、托轮、引导轮、支重轮呈环状安装，驱动轮转动时通过轮齿驱动履带使之运动，推土机就能行驶。支重轮用于支承整机，将整机的荷载传给履带。支重轮在履带上滚动，同时夹持履带，防止其横向滑出；转向时，可迫使履带在地面上横向滑移。托轮用来承托履带，防止履带过度下垂，以减小履带运动中的上下跳振，并防止履带横向脱落。引导轮是引导履带卷绕的，使履带铺设在支重轮的前方。张紧装置可使履带保持一定的张紧度，以防跳振和滑落，还可缓和履带对台车架的冲击。

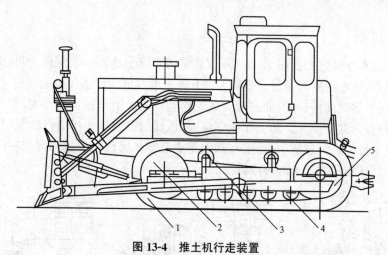

图 13-4 推土机行走装置
1—履带；2—引导轮；3—托轮；4—支重轮；5—驱动轮

轮胎式推土机的行走系统包括前桥和后桥。推土机的行驶速度低，车桥与机架一般采用刚性连接（即刚性悬架）。为保证在地面不平时四个车轮都能与地面接触，将一个驱动桥与机架采用铰连接，以使车桥左右两端能随地面不平而上下摆动。

二、推土机工作装置

1. 推土装置

推土机的推土装置简称铲刀，是推土机的主要工作装置，安装在推土机的前端，安装形式有固定式和回转式两种。回转式铲刀可在水平面内回转一定的角度安装，以实现斜铲作业，一般最大回转角为25°；还可使铲刀在垂直平面内倾斜一个角度以实现侧铲作业，侧倾角一般为0～9°，如图13-5所示。回转式铲刀以0°回转角安装时，同样可实现直铲作业。因此，回转铲刀的作业适应范围更广，大、中型推土机多安装回转式铲刀。在运输工况时，推土装置被提升油缸提起，悬挂在推土机前方；推土机进入作业工况时，则降下推土装置，将铲刀置于地面，向前可以推土,后退可以平地。当推土机作牵引车作业时,可将推土装置拆除。通常,向前推挖土石方、平整场地或堆积松散物料时,广泛采用直铲作业;傍山铲土或单侧弃土,常采用斜铲作业;在斜坡上铲削硬土或挖边沟,采用侧铲作业。

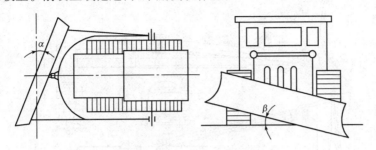

图 13-5　回转式铲刀安装示意图
α—铲刀回转角;β—铲刀侧倾角

2. 固定式推土装置

固定式推土装置如图 13-6 所示,由推土板、顶推梁、斜撑杆、拉杆和倾斜油缸等组成。顶推梁铰接在履带式底盘的台车架上,推土板可绕其铰接支承摆动,以实现铲刀的提升或下降。推土板、顶推梁、斜撑杆、倾斜油缸和横拉杆等组成一个刚性构架,整体刚度大,可承受重载作业负荷。在推土板的背面有两个铰座,用以安装铲刀升降油缸。升降油缸铰接于机架的前上方。

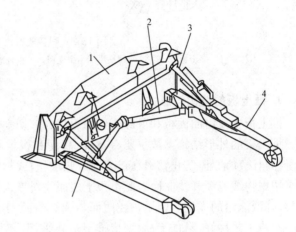

图 13-6　固定式推土装置
1—推土板;2—横拉杆;3—倾斜油缸;4—顶推梁;5—斜撑杆

通过等量伸长或等量缩短斜撑杆和倾斜油缸的长度,可以调整推土板的切削角(刀片与地面的夹角),以适应不同土质的作业要求。

3. 回转式推土装置

回转式推土装置构造如图 13-7 所示,由推土板、顶推门架、推土板推杆和斜撑杆等组成,可根据施工作业需要,调整铲刀在水平和垂直平面的倾斜角度。当两侧的螺旋推杆分别铰装在顶推门架的中间耳座上时,铲刀呈直铲状态;当一侧推杆铰装在顶推门架的后耳座上,而另一侧推杆铰装在顶推门架的前耳座上时,呈斜铲状态;铲刀水平斜置后,可在直线行驶状态实现单侧排土,回填沟渠,提高作业效率。

为扩大作业范围,提高工作效率,现代推土机多采用侧铲可调式结构,即反向调节倾斜油缸和斜撑杆的长度,可在一定范围内改变铲刀的侧倾角,实现侧铲作业。铲刀侧倾调整时,先用提升油缸将推土板提起。当倾斜油缸收缩时,安装倾斜油缸一侧的推土板升高,伸长斜撑杆一端的推土板则下降;反之,倾斜油缸伸长,倾斜油缸一侧的推土板下降,收缩斜撑杆一端的推土板则升高,从而实现铲刀左、右侧倾。铲刀处于侧倾状态下,可在横坡上进行推土作业,或平整坡面,也可用铲尖开挖浅沟。

为避免铲刀由于升降或倾斜运动导致各构件之间发生运动干涉,引起附加应力,铲刀与顶推门架前端采用球铰连接；铲刀与推杆、铲刀与斜撑杆之间，也采用球铰或万向联轴器连接。顶推门架铰接在台车架的球状支承上，整个推土装置可绕其铰接支承摆动升降。

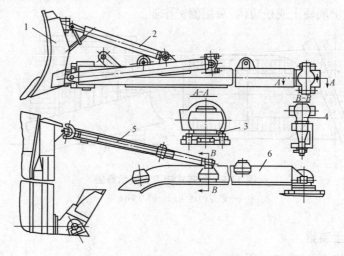

图 13-7　回转式推土装置
1—推土板；2—斜撑杆；3—顶推门架支座；4—推杆球状铰销；5—推杆；6—顶推门架

4. 推土板的结构与形式

推土板主要由曲面板和可卸式切削刃组成。切削刃用高强度耐磨材料制造，磨损后可更换。推土板的外形结构参数主要有宽度、高度和积土面（正面）曲率半径。为减少积土阻力，利于物料滚动前翻，防止物料在铲刀前散胀堆积，或越过铲刀向后溢漏，推土板的积土面形状常采用抛物线或渐开线曲面。此类积土表面物料贯入性好，可提高物料的积聚能力和铲刀的容量，降低能量的损耗。因抛物线曲面与圆弧曲面的形状及其积土特性十分相近，且圆弧曲面的制造工艺性好，易加工，故现代推土板多采用圆弧曲面。推土板的外形结构常用的有直线形和 U 形两种。

直线形推土板属窄型推土板，宽高比较小，比切力大（即切削刃单位宽度上的顶推力大），但铲刀前的积土容易从两侧流失，切土和推运距离过长，会降低推土机的生产率。

U 形推土板两侧略前伸呈 U 字形，在运土过程中，U 形铲刀中部的土壤上升，卷起前翻，两侧的土壤则在翻的同时向铲刀内侧翻滚，提高了铲刀的充盈程度，有效地减少了土粒或物料的侧漏，因而运距稍长的推土作业宜采用 U 形推土板。

5. 气流润滑式铲刀推土装置

气流润滑式铲刀推土装置用螺栓固定在轮胎式底盘的前车架上，由铲刀、推架、上拉杆、横梁、铲刀升降油缸、铲刀垂直倾斜油缸等组成。在轮胎式底盘的后部安装大容量的空气压缩机，从两侧的输入钢管向推土板下部提供高压气流，在铲刀表面与土壤之间从下向上形成"气垫"。这层"气垫"在铲刀和土壤之间起隔离和润滑作用，降低推土板的切削阻力，提高了推土机的生产率和经济性能。推土板、推架、上拉杆和横梁组成一个平行四连杆机构，具有平行运动的特点。因此，推土板升降时始终保持垂直平稳运动，不会随铲刀浮动而改变预先确定的切削角，使铲刀始终在最小阻力工况下稳定作业。同时，铲刀垂直升降还有利于减小铲刀在土壤中的升降阻力。铲刀垂直倾斜油缸可改变铲刀的入土切削角，即将垂直状态的铲刀向前或向后倾斜一定的角度（倾斜幅度为±8°），以适应不同土质的作业要求。

6. 松土装置

松土装置简称松土器或裂土器,悬挂在推土机基础车的尾部,是推土机的一种主要附属工作装置,广泛用于硬土、黏土、页岩、黏结砾石的预松作业,也可替代传统的爆破施工方法,用以凿裂层理发达的岩石,开挖露天矿山,提高施工的安全性,降低生产成本。松土器结构分为铰链式、平行四边形式、可调平行四边形式和径向可调式四种基本形式。

按松土齿的数量,可分为单齿式(图13-8)和多齿式松土器。多齿松土器通常安装3~5个松土齿,用于预松硬土和冻土层,配合推土机和铲运机作业。单齿松土器切削力大,用于松裂岩石作业。

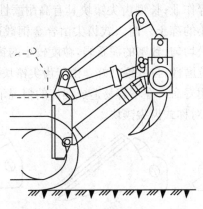

图 13-8 单齿松土器

如图13-9所示为三齿松土器,松土器主要由安装架、上拉杆(倾斜油缸)、松土器臂、横梁、提升油缸及松土齿等组成,整个松土装置悬挂在推土机后桥箱体的安装架上。松土齿用销轴固定在横梁松土齿架的啮合套内,松土齿杆上设有多个销孔,改变齿杆的销孔固定位置,即可改变松土齿杆的工作长度,调节松土器的松土深度。

齿杆形状有直齿形、曲齿形和折齿形三种基本结构,如图13-10所示。齿杆是主要的受力件,承受巨大的切削载荷。直齿形齿杆在松裂致密分层的土壤时,具有良好的剥离表层的能力,同时具有凿裂块状和板状岩层的效能。曲齿形齿杆提高了齿杆的抗弯能力,裂土阻力较小,适合松裂非匀质性的土壤。块状物料先被齿尖掘起,并在齿杆垂直部分通过之前即被凿碎,松裂效果较好,但块状物料易被卡阻在弯曲处。折齿形齿杆形状比曲齿形齿杆简单一些,性能介于直齿和曲齿之间。

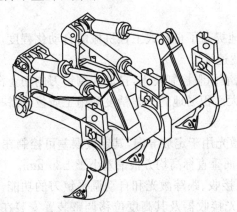

图 13-9 三齿松土器

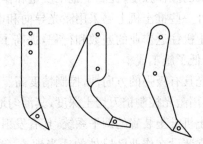

图 13-10 松土齿形式

松土齿护套板用以保护齿杆,防止磨损,延长其使用寿命。齿尖镶块和护套板是直接松土、裂土的零件,工作条件恶劣,容易磨损,使用寿命短,需经常更换,应采用高耐磨性材料,在结构上应尽可能拆装方便,连接可靠。

齿尖镶块的结构按其长度,可分为短型、中型和长型三种;按其对称性,可分凿入式和对称式两种,如图 13-11 所示。齿尖镶块的结构不同,其凿入性、凿裂性和抗磨性也不同,可适应不同土质和岩层的使用要求。松土时,应根据作业条件和地质结构合理选用松土齿。短型齿尖镶块刚度大,耐冲击,适合凿裂岩石,但耐磨性较差;中型齿尖镶块抗冲击能力中等,耐磨性较好,适合一般硬土的破碎作业;长型齿尖镶块具有高耐磨性,但抗冲击能力较低,齿尖容易崩裂,适合耙裂动载荷较小的冻土。凿入式齿尖由合金钢锻造成形,具有良好的自磨锐性能和凿入能力,特别适合凿松均匀、致密的泥石岩,粒度较小的钙质岩和紧密黏结的砾岩类土质;对称式齿尖镶块具有高抗磨性,自磨锐性好。由于齿尖镶块的结构具有对称性,故可反复翻边安装使用,延长齿尖使用寿命。在不容易造成崩齿的情况下,为提高齿尖镶块的寿命,应尽量选用长型凿入式或长型对称式齿尖镶块。

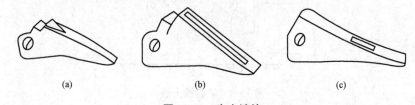

图 13-11　齿尖镶块
(a)短型(凿入式);(b)中型(凿入式);(c)长型(对称式)

三、推土机操纵控制系统

1. 工作装置液压操纵系统

现代工程机械广泛采用液压系统来操纵工作装置。液压系统回路有开式和闭式之分。开式系统设有油箱,结构简单,散热性能好,油中杂质可在油箱中沉淀;但机构运行平稳性较差,能量损失较大。闭式系统的液压油在系统的封闭油路中循环,结构紧凑,传动效率高,且空气不易进入,传动平稳性好;但闭式系统结构复杂,散热性能差。工程机械工作装置操纵系统的执行元件以间歇式工作为主,对传动效率的要求不苛刻,故普遍选用开式系统。

2. 推土板自动调平装置

机电一体化现代控制技术的应用,极大地提高了自行式工程机械的自动化程度,减轻了驾驶人员的操作强度,提高了施工质量和作业速度。

国外一些推土机上已采用激光导向和电液伺服控制技术,自动控制铲刀的切土深度,减少了推土机往返作业的遍数和行程,提高了大面积场地的平整精度和施工质量,加快了工程进度,降低了施工成本。

激光具有极强的方向性,控制精度高。激光用于定坡导向,其定坡误差可控制在 0.01% 以内;利用激光控制铲刀切土深度,其混匀地面垂直标高均方根偏差小于±30 mm。

推土机推土装置的调平系统,具有发射、接收、跟踪激光和自动调平铲刀的功能,激光发射装置常装设在作业区以外的适当地方,激光接收器及其高度位移调整装置安装在铲刀上方,用来搜索激光,检测铲刀的相对高度,以实现自动调平。

第三节 推土机的运用

推土机是一种循环作业机械,它具有机动性强、动作灵活、能在较小的工作面上作业、短距离运土效率高的特点,因此是土方工程施工中常用的机械设备。

一、作业循环

推土机的作业循环是:切土—推土—卸土—倒退(或折回)回空。切土时用Ⅰ挡速度(土质松软时也可用Ⅱ挡),以最大的切土深度(100~200 mm)在最短距离(6~8 m)内推成满刀,开始下刀及提刀的操作要平稳。推土时用Ⅱ挡或Ⅲ挡,为保持满刀土推送,应随时调整推土刀的高低,使其刀刃与地面保持接触。卸土时按照施工要求,分层铺卸或堆卸。往边坡卸土时要特别注意安全,其措施一般是在卸土时筑成向边坡方向一段缓坡,并在边上留一小堆土,如此逐步向前推移。卸土后在多数情况下是倒退回空,回空时尽可能用高速挡。

1. 直铲作业

直铲作业是推土机最常用的作业方法,用于将土和石碴向前推送和场地平整作业。其经济作业距离为:小型推土机一般在 50 m 以内;中型推土机为 50~100 m,最远不超过 120 m;大型推土机为 50~100 m,最远不超过 150 m;轮胎式推土机为 50~80 m,最远不超过 150 m。

2. 侧铲作业

侧铲作业主要用于傍山作业、单侧弃土。此时推土板的水平回转角一般为左右 25°。作业时能一边切削土壤,一边将土壤移至另一侧。侧铲作业的经济运距一般较直铲作业时短,作业效率低。

3. 斜铲作业

斜铲作业主要应用在坡度不大的斜坡上铲运硬土及挖沟作业,推土板可在垂直面上下各倾斜 9°。工作时,场地的纵向坡度不应大于 30°,横向坡度不应大于 25°。

4. 松土作业

一般,大、中型推土机的后部都可悬挂液压松土器。松土器有多齿和单齿两种。多齿松土器挖凿力较小,主要用于疏松较薄的硬土、冻土层等。单齿松土器具有较大的挖凿力,除了能疏松硬土、冻土层外,还可以劈裂风化岩和有裂缝或节理发达的岩石,并可拔除树根。用重型单齿松土器劈松岩石的效率比钻孔爆破法高。为了提高劈松岩石的能力,也可用推土机助推。

二、合理使用

推土机的合理使用,是提高工效的有效途径。推土机的机型一经确定,影响效率的主要因素是人为因素。推土机的合理使用,主要是解决人为因素的影响,它与施工方法、施工组织以及操作技能有关。

1. 减少土壤散失,提高载荷系数

推土机在推运土壤时,土壤散失较多,它与运距和施工方法有关。减少土壤的散失、提高载荷系数,是提高推土机生产率的重要措施之一。保持推土机的经济运距(35~

45 m),因地制宜地选择最佳的施工方法,是提高载荷系数的有效途径。下面介绍几种常用的施工方法。

(1)沟槽推土法。沟槽推土法如图 13-12 所示,推土机从铲土区的前段开始,沿原行驶路线重复推运,使其形成一条土垄或沟槽,利用土垄或沟槽来减少运送土壤的漏失。此法适用于运距在 40 m 以内的土壤运送,工效能提高 15%～20%。

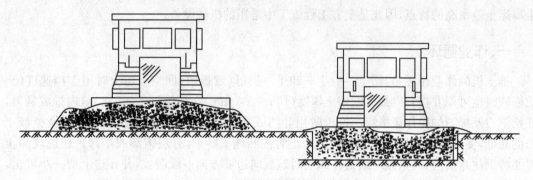

图 13-12　沟槽推土法

(2)分段(接力)推土法。当运距较远且土质较硬时,采取分段推土法效果较好。作业时先自近而远分段将土推运成堆,当估计能推满一铲刀时,再由远而近将各段土堆一次推运至卸土处。此法虽能提高运土工效,但增加了机械前进、后退、变速和升降铲刀的次数,且分段越多,损失时间也越多。因此,只在 50～70 m 运距范围内,才能显著提高工效。

(3)并列推土法。并列推土法是用两台或两台以上同类型的推土机同步推土前进,如图 13-13 所示,这样可减少运土损失。但铲刀的间隔不能太小或过大,一般为 15～20 cm。采用这种方法要求操作人员技术熟练,注意行进速度和方向。由于推土机在排列时消耗时间较多,故运距不能过小(不能小于 50 m)。另外,对一些松散材料的推运效果较差。

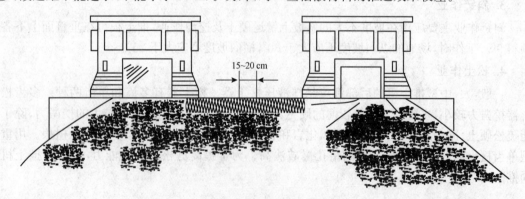

图 13-13　多级并列推土法

(4)加翼板推土法。若堆运松散材料而铲土深度又较浅时,可将推土机铲刀的两侧加装两块翼板,如图 13-14 所示,以增加铲刀的容量。为不增加翼板的推土阻力,翼板的下缘不能与刀片平齐,应离刀刃 10～15 cm。一般下宽约 40 cm,上宽 20～30 cm,高度 60～70 cm 较为适宜。翼板可用螺栓固定。铲刀加翼板推运松土,既提高了载土量,又可使运距提高到 100 m 左右。对黏着力较大的土壤,可拆除翼板后使用,这样大大增加了推土机的适用范围。

(5)下坡推土法。下坡推土法是利用下坡时推土机重力的分力,加速铲土过程,增大运土量,以提高作业效率。一般坡度不宜超过20°;否则,空车后退爬坡困难,反而降低效率。

以上几种施工方法,可根据现场的具体情况选择单独或综合使用。

2. 合理选定作业路线,减少作业循环时间

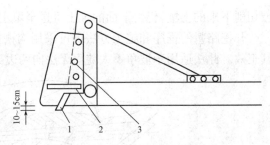

图 13-14　铲刀加翼板示意图
1—刀片;2—肋条;3—翼板

合理选定推土机作业路线,对提高工效十分重要。选择路线时要遵循铲土、运土、空返三个主要过程的行程最短原则。铲土路线应为直线,否则会增加铲土路程和土壤失散。运土路线应尽量直线推运,以缩短路程,减少土方失散。空返路线,要从空返时间最短考虑。铲土、运土路线应力求一致;如有曲线相接时,应力求平顺,避免出现大转弯而造成大量土壤失散情况。常用的作业路线如下。

(1)穿梭作业。穿梭作业常用于两边取土填筑高度低于 1 m 的路堤或开挖向两边弃土、深度小于 1 m 的路堑、河渠等工程。如图 13-15 所示为利用两台推土机穿梭作业填筑路堤的示意图。在施工中,推土机铲土后,向路堤直送至坡角,卸土后按原路线退回到铲土始点。这样在同一运行路线中,用沟槽法推送二、三刀就可挖到 0.70～0.80 m 的深度。此后,推土机做小转弯倒退,以便向另一侧移位,用同样的方法推运邻侧的土壤,直到一段路堤完工。然后推土机反向侧移,推平取土坑上遗留的各条土埂。由于推土机的作业路线如穿梭,故称穿梭作业法。路堤两侧的两台推土机都可按此法施工,但双方一定要推过路堤的中心线,并注意路堤中心线的压实。若只有一台推土机,只能填好一边后再转到另一边推填。

(2)环形作业。对上述的路堤或路堑还可采用环形作业的运行路线,如图 13-16 所示。

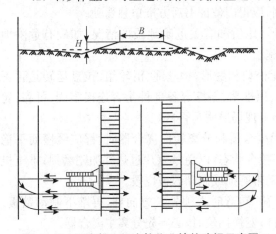

图 13-15　两台推土机穿梭作业填筑路堤示意图

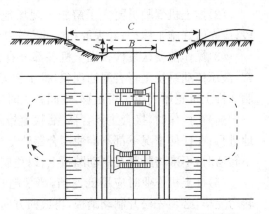

图 13-16　推土机环形作业挖掘路堑示意图

这时推土机可沿作业地段横向按椭圆路线运行,其填挖方式与穿梭作业相同。此法对填土层可进行分层初步压实。

(3)多机协助作业。在丘陵地区修筑路基,经常要用挖掘路堑的土壤去填筑路堤,这时可采用多台推土机联合作业,即多机协助作业。

在开挖时,用 1～2 台推土机沿路中心线的平行线纵向推填,如图 13-17(a)所示。等路堑挖至其深度的一半时,再用 1～2 台推土机横向分层切削路堑斜坡,如图 13-17(b)所示。从斜坡切削下来的土壤,仍由下面的推土机送至填土区,这样挖到路堑和路堤全部完成为止。

开挖路堑的程序和施工方法仍可采用沟槽推土法,并可利用地形进行下坡作业,以提高其工效。此法适用于坡角不太陡而无法向两边弃土的路堑挖掘工程。

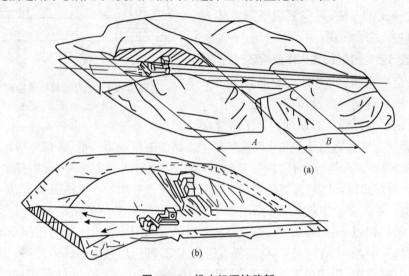

图 13-17　推土机深挖路堑
(a)纵向挖填;(b)纵向横向协作挖填
A—挖方;B—填方

三、安全操作规程

(1)推土机驾驶员必须经过正规技术培训,取得岗位证书后方准单独驾驶。

(2)推土机驾驶员要先了解施工现场地形、地质和有关危险地段的情况;如确有危险地段,应先做好施工标记,并采取相应的安全措施。

(3)操作前要认真检查推土机各部分有无松动和变形,钢丝绳、滑轮组、铰盘运转是否正常,液压传动系统是否有漏油现象,推土铲刀、顶推架、斜撑等各部件是否连接牢固、可靠,轮胎式推土机轮胎气压是否足够,夜间施工时施工现场照明是否良好。

(4)在操作时,接合主离合器、后铰盘锥形离合器和分离转向离合器时,都应缓慢而平稳地进行;在任何情况下都不准使离合器处于半接合状态,以免摩擦片过热并加剧磨损;推土机不转弯时,不准将脚踏在制动踏板上,以免制动带磨损或制动毂被烧毁。

(5)推土机作业时应用低速挡,严禁超负荷,转弯时必须先拉方向杆,再踏下制动踏板。转弯完毕,必须先松开制动踏板,再放回方向杆;变换挡位时,必须先分离主离合器。

(6)推土机在陡坡上工作,禁止急转弯;下坡时,禁止挂空挡或分开主离合器;拖动或牵引其他机械时,不得急转弯。

(7)推土机不准在25°以上的坡道上横向行驶;当坡度超过30°时,推土机不得在坡上作业。上、下坡作业时,应尽量少换挡位。长时间在坡道上作业,应周期性地在平地上停机2～5 min,以保证推土机各传动件润滑良好,减少磨损。

(8)推土机列队行进时,前后车应保持20 m的距离。检查、调整、润滑推土机时,应将推土铲刀落地、发动机停止运转后进行。

习题十三

1. 推土机的用途有哪些？
2. 简述推土机的工作过程及要求。
3. 推土机的施工方法有哪些？
4. 推土机施工的作业路线有哪些？
5. 简述推土机的安全操作规程。

第十四章 挖 掘 机

第一节 概 述

一、挖掘机的用途

挖掘机械是用来进行土石方开挖的一种工程机械,按作业特点分为周期性作业式和连续性作业式两种,前者为单斗挖掘机,后者为多斗挖掘机。由于单斗挖掘机是挖掘机械的一个主要机种,也是各类工程施工中普遍采用的机械,可以挖掘Ⅵ级以下的土层和爆破后的岩石,因此,本章着重介绍单斗挖掘机。

单斗挖掘机的主要用途是:在筑路工程中用来开挖堑壕,在建筑工程中用来开挖基础,在水利工程中用来开挖沟渠、运河和疏通河道,在采石场、露天采矿等工程中用于矿石的剥离和挖掘等。此外,还可对碎石、煤等松散物料进行装载作业;更换工作装置后还可进行起重、浇筑、安装、打桩、夯土和拔桩等工作。

二、挖掘机的分类

单斗挖掘机可以按以下几个方面来分类:按动力装置,分为电驱动式、内燃机驱动式、复合驱动式等;按铲斗容积,分为轻型($0.25\sim0.35$ m^3)、中型($0.35\sim1.5$ m^3)和重型(1.5 m^3以上);按传动装置,分为机械传动式、半液压传动式和全液压传动式。

机械式挖掘机工作装置的动作依靠机械传动机构和钢丝绳的牵拉,目前仅在矿用等大型挖掘机上采用。半液压式挖掘机的工作装置的动作由液压元件来完成,而行走机构依靠机械传动,目前已逐渐被淘汰。全液压式挖掘机的全部动作都由液压元件来完成,是目前广泛采用的类型。单斗挖掘机按行走方式分为履带式、轮胎式两种。履带式挖掘机由于履带与地面的附着面积大、压强小,不需要支腿即可作业,工作适应性强,允许在相对潮湿或软土层上作业,因而在工地上被广泛应用。轮胎式挖掘机行驶速度快、机动性好,允许在城市一般道路上行驶,但由于行走传动系统为机械式,作业时需用支腿,适应性比履带式差。单斗挖掘机根据性能、用途不同分为通用型和专用型两类。通用型具有正铲、反铲、拉铲、抓铲、起重、装载等多种可更换的作业装置。专用型挖掘机只有一种作业装置,用来完成某种专门的作业,如隧道挖掘机等。

单斗挖掘机按铲斗可分为正铲、反铲、拉铲和抓铲四种类型,如图 14-1 所示。

反铲是中、小型液压挖掘机的主要工作装置,主要用于基坑开挖等停机面以下的土方工程,也可以挖停机面以上的土方工程。液压挖掘机的挖土动作,主要靠挖掘机动臂、斗杆、铲斗的自重和各工作液压缸的推动力,因此,它的切削力较大。

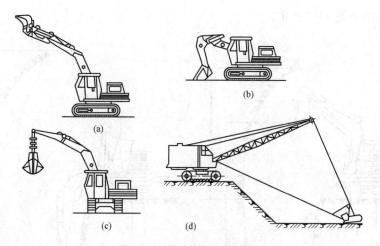

图 14-1　单斗挖掘机的类型
(a)反铲；(b)正铲或装载；(c)抓铲；(d)拉铲

正铲挖掘机主要用于停机面以上的土方工程。由于液压挖掘机正铲的动臂摆幅能够变化，因此也能挖掘停机面以下的土壤。正铲卸土方式分为前卸式和底卸式两种。底卸式铲斗靠液压缸打开斗底卸土，以降低卸土高度，减少土对运输车辆的冲击。在挖掘比较松散的物料或装载散状物料时，正铲斗可更换成装载斗。在整机重量不变的情况下，可大幅提高作业效率。

拉铲挖掘机是铲斗做挠性连接最常用的一种形式。拉铲作业时，如果附近有弃土场，则无须运输工具，效率更高。拉铲挖掘机适用于停机面以下的工作面施工，并适合水下作业。拉铲挖掘能力受铲斗自重的限制，一般只能挖掘Ⅰ～Ⅳ级土壤。

抓铲挖掘机也称抓斗挖掘机，是铲斗做挠性连接常用的一种形式，抓斗挖掘机可在提升高度和挖掘深度范围内用来挖掘停机面以上或以下的工作面，特别适合挖掘深而边坡陡直的基坑或深井，也可进行水下作业，其挖掘深度一般比拉铲大 20%～40%。抓斗的挖掘能力因自重限制，只能挖掘一般土料、砂砾和松散物料。液压抓斗的抓取力比钢丝绳式抓斗大得多，其生产率较高，作业质量好，但其挖掘深度受斗杆和动臂的限制，因此挖掘深度较浅。为了增大挖掘深度，可在斗杆端部和抓斗间加几节加长杆。

三、工作过程

单斗挖掘机属于循环作业式机械。每一个工作循环包括挖掘、回转、卸料和返回四个工作过程。下面对液压单斗挖掘机正铲和反铲类型分别作一介绍。

正铲的工作过程如下。

(1)挖掘过程。先将铲斗下放到工作面底部，然后提升铲斗，同时使铲斗向前推压，完成挖掘。

(2)回转过程。先将铲斗向后退出工作面，然后回转，使动臂带着铲斗转到卸料位置。同时，可适当调整斗的伸出度和高度适应卸料要求，以提高工效。

(3)卸料过程。铲斗油缸活塞伸出，卸料。

(4)返回过程。回转挖掘机转台，使动臂带着空斗返回挖掘面，同时放下铲斗，准备挖掘。

反铲与正铲只是挖掘过程有所不同，反铲挖掘先将铲斗向前伸出，让动臂带着铲斗落在工作面上，将铲斗向着挖掘机方向拉转，于是它就在动臂和铲斗等重力作用下完成挖掘。

其作业范围如图 14-2 所示。

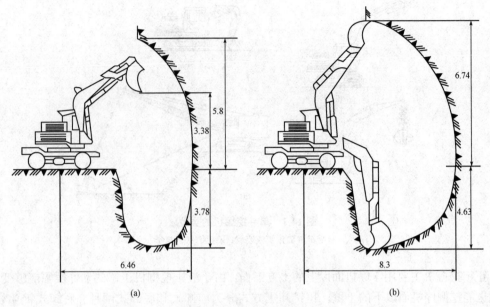

图 14-2 液压传动式单斗挖掘机工况示意图(单位:m)
(a)正铲;(b)反铲

第二节 单斗挖掘机构造

一、工作原理与总体构造

单斗挖掘机主要由发动机、机架、传动系统、行走装置、工作装置、回转装置、操纵控制系统和驾驶室等部分组成。

机架是整机的骨架,它支承在行走装置上。除行走装置外,发动机、变速器和工作装置等零部件均安装在机架上。传动系统将发动机的动力传递给工作装置、回转机构和行走装置,可分为机械传动和液压传动。机械传动广泛应用于老式挖掘机,而现代挖掘机主要采用液压传动传递动力。单斗液压挖掘机由液压泵、液压电动机、液压油缸、控制阀以及液压管路等液压元件组成。工作装置可以根据施工要求和作业对象的不同进行更换。如图 14-3 所示,为单斗液压挖掘机的总体结构简图。工作装置主要由动臂、斗杆、铲斗、连杆、摇杆、动臂油缸、斗杆油缸和铲斗油缸等组成。各构件之间的连接以及工作装置与回转平台的连接全部采用铰接,通过三个油缸的伸缩配合,实现挖掘机的挖掘、提升和卸土等作业过程。

二、传动系统

挖掘机的传动类型主要有机械传动式、半液压传动式和全液压传动式。在此仅对全液压传动式挖掘机作一说明。如图 14-4 所示,为单斗挖掘机液压传动示意图。柴油机驱动两个油泵,把压力油输送到两个分配阀中。操纵分配阀将压力油再送往有关液压执行元件,这样就可驱动相应的机构工作,以完成所需要的动作。

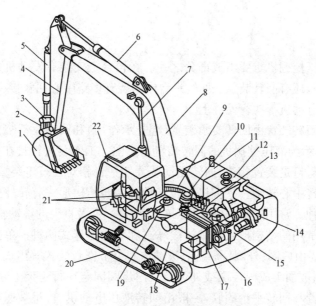

图 14-3　单斗挖掘机的总体结构简图

1—铲斗；2—连杆；3—摇杆；4—斗杆；5—铲斗油缸；6—斗杆油缸；7—动臂油缸；8—动臂；9—回转支承；
10—回转驱动装置；11—燃油箱；12—液压油箱；13—控制阀；14—液压泵；15—发动机；16—水箱；
17—液压油冷却器；18—回转平台；19—回转接头；20—行走装置；21—操作装置；22—驾驶室

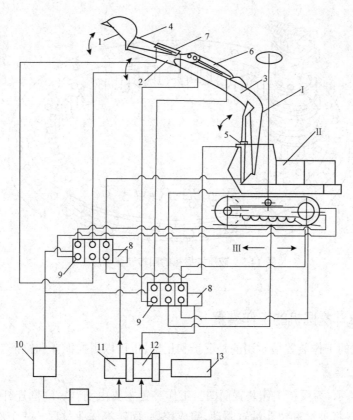

图 14-4　单斗挖掘机液压传动示意图

1—铲斗；2—斗杆；3—动臂；4—连杆；5,6,7—油缸；8—安全阀；9—分配阀；10—油箱；11,12—油泵；13—发动机
Ⅰ—挖掘装置；Ⅱ—回转装置；Ⅲ—行走装置

三、回转装置

回转平台是液压挖掘机重要组成部分之一。在转台上安装有发动机、液压系统、操纵系统和驾驶室等,另外,还有回转装置。回转平台中间装有多路中心回转接头,可将液压油传至底座上的行走液压电动机等执行元件上。

液压挖掘机的回转装置由回转支承装置(起支承作用)和回转驱动装置(驱动转台回转)组成。如图 14-5 所示为液压挖掘机的回转装置示意图。工作装置铰接在平台的前端。回转平台通过回转支承与行走装置相连,回转驱动装置使平台相对于行走装置作回转运动,并带动工作装置绕其回转中心转动。挖掘机回转支承的主要结构形式有转柱式回转支承和滚动轴承式回转支承两种。常用的滚动轴承式回转支承是一个大直径的滚动轴承,与普通轴承相比,它的转速很慢,常用的结构形式有单排滚球式和双排滚球式两种。单排滚球式回转支承如图 14-5 所示,主要由内圈、外圈、隔离体、滚动体和上下密封装置等组成。钢球之间由滚动体隔开,内圈或外圈被加工成内齿圈或外齿圈。内齿圈固定在行走架上,外齿圈与回转平台固联。回转驱动装置与回转平台固联,一般由回转液压电动机、行星减速器和回转驱动小齿轮等组成。通过驱动小齿轮自转的同时绕内齿圈做公转运动,从而带动平台做转动。

行走装置是挖掘机的支承部分,它承载整机重量和工作载荷并完成行走任务,一般有履带式和轮胎式两种,常用的是履带式行走底盘。单斗液压挖掘机的履带式行走装置都采用液压传动。

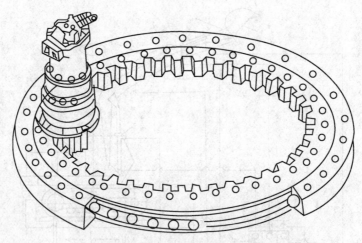

图 14-5　液压挖掘机的回转装置示意图

四、液压单斗挖掘机的工作装置

液压挖掘机的工作装置最常用的是反铲和正铲,也可以更换抓斗和拉铲工作装置。

1. 反铲工作装置

如图 14-6 所示,为反铲工作装置简图。工作装置主要由动臂、斗杆、连杆和铲斗组成,分别由动臂油缸、斗杆油缸和铲斗油缸驱动,完成挖掘、回转等作业过程。三个液压油缸配合工作,可以使铲斗在不同的位置挖掘,组合成许多铲斗挖掘位置。动臂和斗杆是工作装置的主要构件,由高强度钢板焊接而成,多采用整体式结构。另外,工作装置的结构尺寸决定了挖掘机的工作尺寸,并影响整机的工作性能和稳定性。

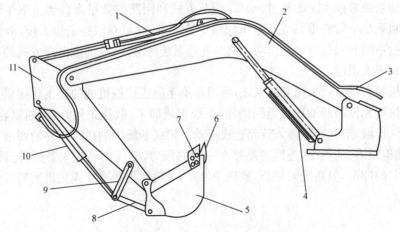

图 14-6　液压反铲工作装置

1—斗杆油缸;2—动臂;3—液压油管;4—动臂油缸;5—铲斗;6—斗齿;7—侧齿;8—连杆;9—摇杆;10—铲斗油缸;11—斗杆

铲斗的结构如图 14-7 所示,它的形状和大小与作业对象有很大关系,在同一台挖掘机上可以装配不同形式的铲斗。常用的反铲斗的斗齿结构普遍采用橡胶卡销式和螺栓连接式。

2. 正铲工作装置

单斗液压挖掘机的正铲结构,如图 14-8 所示,主要由动臂、动臂油缸、铲斗、斗底油缸等组成。铲斗的斗底利用液压缸来开启,斗杆铰接在动臂的顶端,由双作用的斗杆油缸使其转动。斗杆油缸的一端铰接在动臂上,另一端铰接在斗杆上。其铰接形式有两种:一种是铰接在斗杆的前端;另一种是铰接在斗杆的尾端。其铲斗的结构与反铲挖掘机的相似。为了换装方便,正反铲斗常做成通用的。

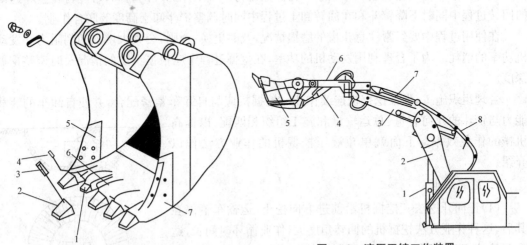

图 14-7　反铲常用铲斗结构

1—齿座;2—斗齿;3—橡胶卡销;4—卡销;5,6,7—斗齿板

图 14-8　液压正铲工作装置

1—动臂油缸;2—动臂;3—加长臂;4—斗底油缸;5—铲斗;6—斗杆;7—斗杆油缸;8—液压软管

五、液压控制系统

单斗液压挖掘机的传动系统将柴油机的动力传递给工作装置、回转装置和行走装置等机

构进行工作,它的多种动作都是由各种不同液压元件所组成的液压传动系统来实现的。

液压传动系统常按主泵的数量、功率、调节方式和回路的数量来分类。单斗液压挖掘机上的液压控制系统一般有单泵或双泵单回路定量系统、双泵双回路定量系统、双泵双回路分功率调节变量系统和双泵双回路全功率调节变量系统等形式,按油液循环方式的不同还可分为开式系统和闭式系统。

单斗液压挖掘机一般采用开式系统,原因是单斗液压挖掘机的油缸工作频繁,发热量大。该系统的各执行元件的回油直接返回油箱,系统组成简单,散热条件好,但油箱容量大,使低压油路与空气接触,空气容易渗入管路造成振动。闭式系统中的执行元件的回油直接返回油泵,该系统结构紧凑、油箱小,进回油路都有一定的压力,空气不易进入管路,运转比较平稳,避免了换向时的冲击,但系统较复杂,散热条件差,一般应用在液压挖掘机回转机构等局部系统中。

第三节　挖掘机的运用

单斗液压挖掘机是一种以铲斗为工作装置进行间隙循环作业的挖掘、装载施工机械,其特点是:挖掘能力强、结构通用性好,可适应多种作业要求;缺点是机动性差。其主要用途是:开挖路堑、沟渠,挖装矿石,剥土,转载松散物料等。挖掘机的一个作业工作循环可分为四个步骤:挖土装载、满载回转、卸土、空斗转回至工作面。

一、合理使用

决定挖掘机的每一个工作循环所耗费的时间的因素很多,它取决于机械本身的性能、操作人员的技术水平和施工组织等因素。为了缩短每一个工作循环的时间,可进行在空斗返回的回转过程中同时下降铲斗和在回转卸土过程中同时调整铲斗卸土高度等联合作业。

在使用过程中要经常注意斗齿的磨损情况,及时更换;否则,会大大增加切削阻力和发动机功率的消耗。为了合理利用发动机的功率,在挖掘过程中应根据土质的情况及时调整挖掘深度。

合理组织施工,保证挖掘机连续作业。挖掘机应与自卸车紧密配合,并使自卸车的装载能力与铲斗的几何容量、总运输量和施工组织相匹配,以提高机械的作业效率。下面就单斗液压挖掘机的作业方法作以介绍。

1. 正铲作业

(1)正向开挖法。挖掘机沿前进方向挖土,运输车辆停在其后,这种作业方法挖掘机的回转角度大,作业循环时间长,适合开挖施工区域的入口、场地狭小的路堑沟槽等,如图14-9所示。

(2)侧面开挖法。挖掘机沿前进方向挖土,运输车辆位于侧面,其行驶方向与挖掘路线平行。这种作业方法挖掘机的回转角度一般小于90°,运输车辆的行驶较方便,作业工效好,但

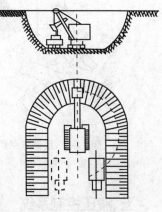

图14-9　正向开挖法

应注意避免铲斗与运输车辆相碰,如图 14-10 所示。

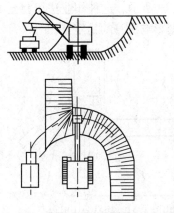

图 14-10 侧面开挖法

(3)中心开挖法。这个方法是先从挖土区宽度的中心开始挖掘,如图 14-11(a)所示。当向前挖至转角超过 90°时,就转向两侧开挖,如图 14-11(b)所示。运输车辆按"八"字形停车待装。这种方法挖掘机移位方便,平均转角保持在 90°以内,而且两侧均可装车,有利于提高作业效率。如果土方量较集中,取土场工作面很宽,可以把这个方法稍加变化,布置成多台挖掘机在这个宽度的工作面上同时向前掘进。

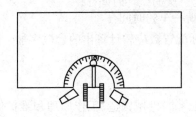 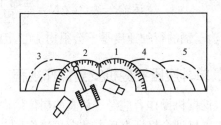

图 14-11 中心开挖法

2. 反铲作业

(1)沟端开挖法。挖掘机从沟端开始倒退挖土,如图 14-12 所示。当开挖宽度小于有效挖掘半径的 2 倍时,运输车辆可停在沟侧,装车时动臂的回转角度较小,约为 45°;当开挖宽度大于有效挖掘半径的 2 倍时,运输车辆需停在挖掘机的两侧,装车时动臂的回转角度仅为 90°。这种作业方法便于运输车辆的行驶,可连续工作,其工效较高。

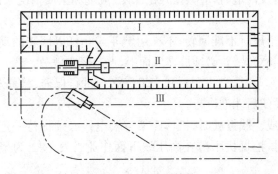

图 14-12 沟端开挖法

(2)沟侧开挖法。挖掘机沿沟槽一侧直线行驶挖掘,运输车辆停于挖掘机侧前方和侧面,回转角度一般小于90°,如图14-13所示。这种作业法可将土弃于距沟槽较远处,且循环时间较短,但沟槽宽度不可太宽,否则影响机身的稳定性。

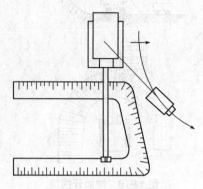

图 14-13　沟侧开挖法

3. 运输车辆配置

挖掘机挖土装车时,要合理配置运输车辆的容量和台数。汽车的容量不要小于铲斗容量的3~4倍,否则由于装满一车的时间太短,汽车不容易配合及时;同时,运输车辆承载量过小时,也容易受到损坏。汽车的台数应保证挖掘机能连续地进行挖装,即:

$$运输车辆台数 N = \frac{运输车辆装运一次的循环时间 T_q}{挖掘机装满一车的时间 T_z}$$

运输车辆的行驶速度是不会很均衡的,因此,实际配置数应较计算出的台数多加一两台。

二、单斗液压挖掘机安全操作规程

(1)挖掘机操作者应经过认真的岗位培训,熟练地掌握机械构造、工作原理和维护保养要求,并取得培训合格证书后方准上机操作。

(2)挖掘机作业的停机面,必须坚实、平整,承载能力足够,作业前要将行走机构制动牢固。

(3)挖掘机在斜坡或超高位置作业时,要预先做好安全防护工作,防止挖掘机下滑、倾翻事故发生。

(4)不准直接用挖掘机的铲斗去破碎冻土层或石块等。在埋有地下电缆区附近作业时,要先查清电缆线的走向,并在地面上做出明显的标记,开挖时要保持1 m以上的距离。在埋地管线附近作业时,同样要这样做。

(5)挖掘基坑、沟槽及河道时,应根据开挖深度、坡度和土质情况来确定停机地点,防止因边坡坍塌而造成事故。

(6)铲斗未离开挖土层时不准回转,不准用铲斗或斗杆以回转的动作去拨动重物。司机离开挖掘机,不论时间长短,铲斗必须放在地面上,严禁悬空停放。

(7)挖掘机在正常作业时,禁止调整和润滑。必须进行保养、检修和排除故障时,应首先落下动臂并在发动机关闭后才准进行。

(8)挖掘机在作业或空载行驶时,机体距架空输电线必须保持一定的安全距离。遇有大风、雷雨、大雾等天气时,挖掘机不准在高压线下面作业。表14-1为架空线下挖掘机作业安全距离。

表 14-1　架空线下挖掘机作业安全距离

电压等级	1 kV 以下	1~20 kV	35~110 kV	154 kV	220 kV
垂直安全距离/m	1.5	1.5	2.5	2.5	2.5
水平安全距离/m	1.5	2.0	4.0	5.0	6.0

（9）挖掘机作业时，工作装置回转范围内不准有人通过或停留。在任何情况下，铲斗内不准坐人。

（10）配合挖掘机作业，进行清底、平地、修坡的人员，不允许在挖掘机回转半径以内工作；若必须在挖掘机回转半径内工作时，挖掘机必须停转，并将回转机构刹住后，方可进行工作。同时，机上机下人员要彼此照顾、密切配合，确保安全。

（11）挖掘机装载活动范围内，不得停留车辆和行人。若往汽车上卸料时，应等汽车停稳，驾驶员离开驾驶室后，方可回转铲斗，向车上卸料。挖掘机回转时，应尽量避免铲斗从驾驶室顶部越过。卸料时铲斗应尽量放低，但又注意不得碰撞汽车的任何部位。

习题十四

1. 单斗挖掘机的主要用途有哪些？
2. 按铲斗类型的不同，单斗挖掘机有哪些类型？
3. 简述单斗挖掘机的工作过程。
4. 简述正铲作业的工作方法。
5. 简述反铲作业的工作方法。
6. 简述单斗挖掘机安全操作规程。

第十五章 铲运机

第一节 概述

一、铲运机的用途

铲运机是以带铲刀的铲斗为工作部件的铲土运输机械,兼有铲装、运输、铺卸土方的功能,铺卸厚度能够控制,主要用于大规模的土方调配和平土作业。铲运机可自行铲装Ⅰ~Ⅲ级土壤,但不宜在混有大石块和树桩的土壤中作业。在Ⅳ级土壤和冻土中作业时,要用松土机预先松土。

铲运机是一种适合中距离铲土运输的施工机械,根据机型的不同,其经济运距范围较大(100~2 000 m)。由于铲运机一机就能实现铲装、运输,还能以一定的层厚进行均匀铺卸,比其他铲土机械配合运输车作业具有较高的生产效率和经济性,广泛用于公路、铁路、港口、建筑、矿山采掘等土方作业,如平整土地、填筑路堤、开挖路堑以及浮土剥离等工作。此外,在石油开发、军事工程等领域也得到广泛的应用。

二、铲运机的分类

铲运机主要根据行走方式、行走装置、装载方式、卸土方式、铲斗容量、操纵方式等进行分类。

(1)按行走方式不同,铲运机可分为拖式和自行式两种(图15-1)。

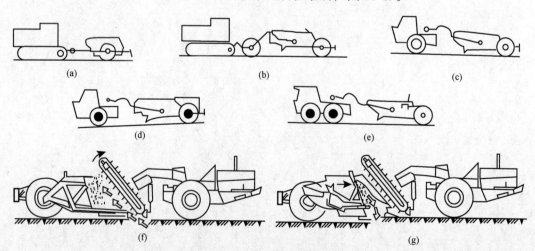

图15-1 铲运机类型

(a)单轴拖式;(b)双轴拖式;(c)单发动机自行式;(d)双发动机自行式;(e)三轴自行式;(f),(g)链板装载式

①拖式铲运机。工作时常由履带式拖拉机牵引,具有接地比压小、附着能力大和爬坡能力强等优点,在短运距和松软、潮湿地带工程中普遍使用。

②自行式铲运机。本身具有行走动力,行走装置有履带式和轮胎式两种。履带式自行铲运机又称铲运推土机,它的铲斗直接装在两条履带的中间,适用于运距不长、场地狭窄和松软潮湿地带工作。轮胎式自行铲运机,按发动机台数又可分为单发动机、双发动机和多发动机三种,按轴数分为双轴式和三轴式,如图 15-1(c)、(d)、(e)所示。轮胎式自行铲运机由牵引车和铲运斗两部分组成,大多采用铰接式连接,铲运斗不能独立工作。轮胎式自行铲运机结构紧凑、行驶速度快、机动性好,在中距离的土方转移施工中应用较多。

(2)按装载方式,铲运机分为升运式与普通式两种。

①升运式。也称链板装载式,在铲斗铲刀上方装有链板运土机构,把铲刀切削下的土升运到铲斗内,如图 15-1(f)、(g)所示,从而加速装土过程,减小装土阻力,可有效地利用本身动力实现自装,不用助铲机械即可装至堆尖容量,可单机作业。土壤中含有较大石块时不宜使用,其经济运距在 1 000 m 之内。

②普通式。也称开斗铲装式,靠牵引机的牵引力和助铲机的推力,使用铲刀将土铲切起,在行进中将土屑装入铲斗,其铲装阻力较大。

(3)按卸土方式不同,铲运机分为自由卸土式、半强制卸土式和强制卸土式(图 15-2)。

①自由卸土式,如图 15-2(a)所示。当铲斗倾斜(有向前、向后两种)时,土壤靠其自重卸出。这种卸土方式所需功率小,但土壤不易卸净(特别是黏附在铲斗侧壁上和斗底上的土),一般只用于小容量铲运机。

②半强制卸土式,如图 15-2(b)所示。利用铲斗倾斜时土壤自重和斗底后壁沿侧壁运动时对土壤的推挤作用共同将土卸出。这种卸土方式仍不能使黏附在铲斗侧壁上和斗底上的土卸除干净。

③强制卸土式,如图 15-2(c)所示。利用可移动的后斗壁(也称卸土板)将土壤从铲斗中自后向前强制推出,卸土效果好,但移动后壁所消耗的功率较大,通常大中型铲运机采用这种卸土方式。

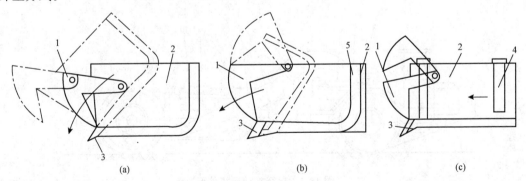

图 15-2 铲运机卸土方式

(a)自由卸土式;(b)半强制卸土式;(c)强制卸土式

1—斗门;2—铲斗;3—刀刃;4—后斗壁;5—斗底后壁

升运式铲运机因前方斜置着链板运土机构,只能从底部卸土。卸土时将斗底后抽,再将后斗壁前推,将土卸出。有的普通式大中型铲运机也采用这种抽底板和强制卸土相结合的方法,效果较好。

另外,铲运机按铲斗几何容量分为小型(斗容量在 5 m³ 以下)、中型(斗容量在 5~15 m³)、大型(斗容量在 15~30 m³)、特大型(斗容量在 30 m³ 以上)。

三、作业过程

铲运机的作业包括铲土、运土、卸土(图 15-3)和回程四道工序。

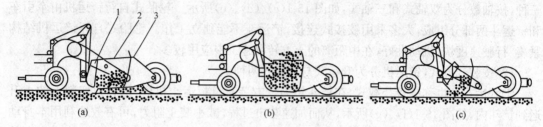

图 15-3 铲运机的作业过程
(a)铲土作业;(b)运土作业;(c)卸土作业
1—斗门;2—铲斗;3—卸土板

铲运机前驶,斗门升起,铲斗放下,刀片切削土壤,并将土装入斗内,如图 15-3(a)所示,这是铲土作业;待土装满后,关闭斗门,升起铲斗,机械重载运行,如图 15-3(b)所示,这是运土作业;当土运至卸土处,打开斗门,放下铲斗并使斗口距地面一定距离,卸土板前移,机械在慢行中卸土,如图 15-3(c)所示,并利用铲刀将卸下的土壤推平,这个过程为卸土作业;卸土作业完成后,铲斗升起,机械快速空驶回铲土处,准备下一个作业循环,这是回程过程。

第二节 自行式铲运机结构

自行式铲运机多为轮胎式,一般由单轴牵引车(前车)和单轴铲运车(后车)组成,如图 15-4 所示。

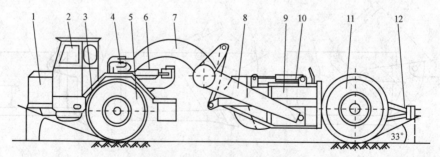

图 15-4 自行式铲运机外形
1—发动机;2—驾驶室;3—传动装置;4—中央枢架;5—前轮;6—转向油缸;7—曲梁;
8—辕架;9—铲斗;10—斗门油缸;11—后轮;12—尾架

有的铲运机在后车上也装有一台发动机,称为双发动机铲运机,如图 15-5 所示。它利用其前后发动机驱动前、后轮,提高附着牵引力,在铲装土方过程中能克服较大的铲土阻力,增加爬坡能力,适用于路面条件不好、铲装阻力和行驶阻力较大的场合。

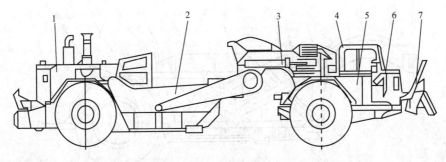

图 15-5　双发动机式铲运机外形
1—铲运发动机；2—铲斗；3—转向油缸；4—驾驶室；5—液压油箱；6—牵引发动机；7—推拉装置

单轴牵引车是自行式铲运机的动力部分，由发动机、传动系统、转向系统、制动系统、悬挂装置、车架等组成；铲运车是工作装置，由辕架、铲斗、尾架及卸土装置等组成。

一、传动系统与转向系统

自行式铲运机大多采用液力机械式传动或全液压传动。在液力机械式传动中，广泛采用变矩器、动力换挡变速器、最终行星齿轮传动等元件。在铲运机作业过程中，采用液力变矩器能更好地适应外界载荷的变化，自动有载换挡和无级变速，从而改变输出轴的速度和牵引力，使机械工作平稳，可靠地防止发动机熄火及传动系统过载，提高了铲运机的动力性能和作业性能。

现代轮胎自行式铲运机多采用铰接式双作用双油缸动力转向，有带换向阀非随动式和四杆机构随动式两类。随动式又有机械反馈和液压反馈之分。牵引车和铲运车的连接由转向枢架来实现，如图15-6所示。转向枢架是一个牵引铰接装置，起传递牵引力和实现机械转向的作用。转向枢架以纵向水平销铰接在牵引车架上，上部以转向立销与辕架铰接。双作用双油缸（转向油缸）铰接在辕架的左右耳座和转向枢架油缸支座上，通过油缸的推拉，使铲斗与牵引车绕立销偏转而实现转向。

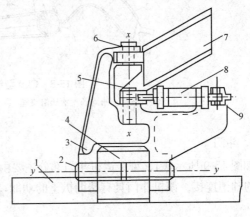

图 15-6　转向枢架
1—牵引车架；2—纵向水平销；3—转向枢架；4—牵引车水平销座；5,6—转向立销；7—辕架；8—转向油缸；9—转向枢架油缸支座

二、工作装置(开斗铲装式)

开斗铲装式工作装置由辕架、斗门及其操纵装置、斗体、尾架、行走机构等组成。工作时，铲斗前端的刀刃在牵引力的作用下切入土中，铲斗装满后，提斗并关闭斗门，运送到卸土地点时打开斗门，在卸土板的强制作用下将土卸出。CL9型铲运机工作装置与一般的铲斗有所不同，其斗门可帮助向铲斗中扒土，其结构如图15-7所示。

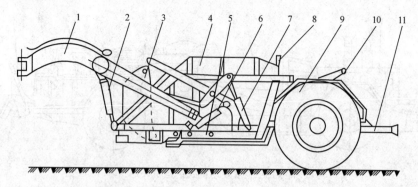

图 15-7 CL9 型铲运机工作装置
1—辕架；2—铲斗升降油缸；3—斗门；4—铲斗；5—斗底门；6—斗门升降油缸；7—斗门扒土油缸；
8—后斗门；9—后轮；10—卸土油缸及推拉杆；11—尾架

1. 辕架

辕架为铲运车的牵引构件，主要由曲梁和门形架两部分组成，如图 15-8 所示。辕架由钢板卷制或弯曲成形后焊接而成。曲梁前端焊有牵引座，与转向枢架相连，后端焊在横梁的中部。横梁两端焊有铲运斗液压缸支座，与铲斗液压缸相连。壁杆前部焊在横梁两端，后端有球销铰座，与铲斗相连。

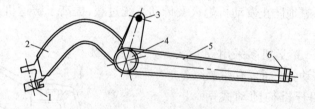

图 15-8 CL9 型铲运机辕架
1—牵引座；2—曲梁；3—液压缸支座；4—横梁；5—臂杆；6—铲斗球销铰座

2. 斗门

如图 15-9 所示，CL9 型铲运机斗门部分主要由斗门、拉杆、斗门臂及摇臂组成。轴孔与铲斗板上的轴销连接。该机斗门具有帮助扒土的功能，其运动由 A、B 两油缸完成，如图 15-10 所示。

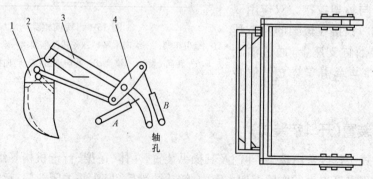

图 15-9 CL9 型铲运机斗门及斗门拉杆
1—斗门；2—拉杆；3—斗门臂；4—摇臂

A 缸活塞杆伸缩使斗门绕轴孔转动而升降。B 缸活塞杆缩进,通过摇臂和拉杆使斗门张开;反之,活塞杆伸出,斗门收拢。其动作过程分四步,当斗门在最下位置时,斗门张开。第一步,油缸 B 下端进油,斗门收拢,扒土[图 15-10(a)];第二步,油缸 A 下端进油,斗门上升[图 15-10(b)];第三步,斗门上升到顶后,油缸 B 上端进油,斗门张开[图 15-10(c)];第四步,油缸 A 上端进油,斗门下降[图 15-10(d)]。在斗门上升过程中,斗门保持收拢状态;下降过程中,斗门保持张开状态。斗门收拢与上升是通过顺序阀控制连续完成的,而斗门张开与下降通过压力阀控制而连续完成。

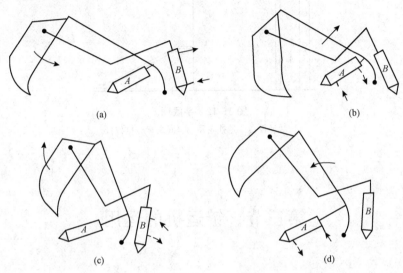

图 15-10 斗门工作原理
(a)斗门收拢;(b)斗门上升;(c)斗门张开;(d)斗门下降

3. 斗体

斗体为工作装置的主体部分,结构如图 15-11 所示,由左右侧壁和前后斗底板及后横梁组焊而成。斗体两侧对称地焊有辕架连接球轴、斗门升降臂连接轴座、斗门升降油缸连接轴座和斗门扒土油缸连接轴座、铲斗升降油缸连接吊耳。铲斗前端的铲刀片、斗齿和侧刀片为可拆式,磨损后可以更换。撞块的作用是斗底活动门向前推动时,活动门两侧的杠杆碰到撞块后关闭;反之,斗底门后退,活动板就打开。

4. 卸料机构

卸料机构由斗底门和卸土板(后斗门)组成。斗门自装式铲运机的斗底门是活动部件,如图 15-12 所示。它由四个悬挂轮系挂在铲斗两侧的槽子内。轮轴是偏心的,可调整与铲斗底板的间隙。斗底门的前部是一个活动板,可以转动。推拉杆与铲运机后面的推拉杠杆连

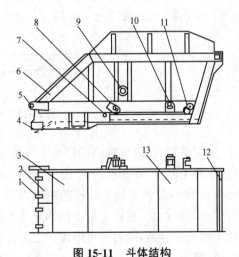

图 15-11 斗体结构

1—斗齿;2—铲刀片;3—前斗底板;4—侧刀片;
5—铲斗升降油缸连接吊耳;6—侧壁;7—斗底门撞块;
8—斗门升降油缸连接轴座;9—辕架连接球轴;
10—斗门升降臂连接轴座;11—斗门扒土油缸连接轴座;
12—后横梁;13—后斗底板

接。斗底门的主要作用是卸土,活动板在卸土时可以刮平卸下的土。

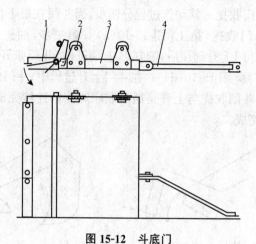

图 15-12 斗底门
1—活动板;2—悬挂轮系;3—底板;4—推拉杆

第三节 铲运机的运用

一、铲运机的作业组织

1. 铲装作业

铲装作业方法有以下几种。

(1)一次铲土法,如图 15-13 所示。铲刀一次切入土中并完成铲土行程,装满铲斗。

图 15-13 一次铲土法示意图

(2)交替铲装法(也称跨铲铲土法),如图 15-14 所示。作业时,先在取土场第一排(1、2、3区)铲土道上取土,在相邻两铲土道间留出 1/2 铲刀宽的土不铲;然后,再从第二排铲土道上铲起(4、5 区),且铲土起点后移的距离为铲土道长度的一半;随后,依次交替进行铲土作业。这种作业的特点是,在铲土后半段因切土宽度减小而使铲土阻力降低,从而使铲运机有足够的功率使铲斗装满,同时又可缩短铲土道长度和铲土时间,提高铲装工效。

(3)波浪式铲土法。这种方法适用于较硬的土质。开始铲土时,铲刀以最大深度切入土中,随着负荷增加,车速降低,相应地减小切土深度,依次反复进行,直到铲斗装满为止,如图 15-15 所示。

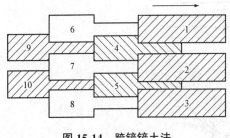

图 15-14 跨铲铲土法

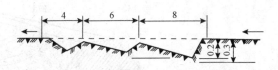

图 15-15 波浪式铲土法示意图(单位:m)

(4)下坡铲土法。在平地铲土时,应先铲挖前一段,然后逐渐向后延伸铲土道,以便形成前低后高的自然坡道。当铲土区为一小土丘时,先从四周斜向铲起,然后逐渐向后延伸,以创造下坡取土的有利地形。不应从坡顶开始水平铲土。

(5)顶推铲土法,如图 15-16 所示。在土质较坚硬、普通大斗容铲运机作业或牵引力不足等情况下,可采用推土机顶推铲土法。

图 15-16 顶推铲土法示意图

也可采用双机串联作业,如图 15-17 所示。在两台自行式铲运机的前后端加装一套牵引顶推装置,以实现串联作业。当前机铲土作业时,后机为助铲机,后机铲土作业时,前机可给后机强大的牵引力,从而使铲土时间大大缩短,降低土方成本。

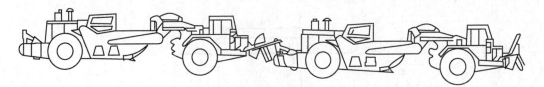

图 15-17 串联作业的自行式铲运机

2. 施工组织

施工组织的主要任务是,根据施工对象合理地选择机械运行路线和安排好铲土及卸土方式,在整个循环作业中,尽可能减小转向和空载回程次数,以便在最短时间内完成工作循环,并使两循环间无间断时间,或在一个循环中完成两次装卸作业,从而达到提高生产率的目的。铲运机的运行路线有以下四种。

(1)椭圆形运行路线,如图 15-18 所示。此运行路线形式简单,容易布置,适用于地段狭小、运距短、高度不大的填筑路堤或开挖路堑作业。

(2)"8"形运行路线,如图 15-19 所示。此运行路线在一个循环中可完成两次装卸作业,工效高,适用于宽大的施工场地。

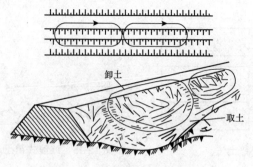

图 15-18　铲运机椭圆形运行路线

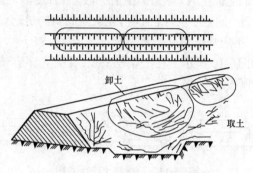

图 15-19　铲运机"8"形运行路线

(3)"之"字形运行路线,如图 15-20 所示。此运行路线由多个"8"形路线连接而成,适合于地段较长的施工现场。施工时,各机列队依次进行填挖直到场地尽头,然后 180°转弯后反向运行。

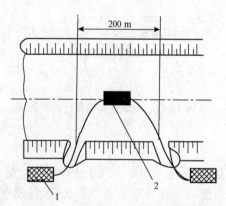

图 15-20　铲运机"之"字运行路线

(4)穿梭形和螺旋形运行路线,如图 15-21 所示。此运行路线适合于较宽的路堤或路堑施工。其运距短,每循环有两次装卸作业,工效较高。

3. 施工作业

(1)平整场地。平整作业应先在挖填区高差大的地段进行,铲高填洼。待整个区域标高与设计标高差在 20～30 mm 内,先从平整区域中部(或一侧)平整出一条标准带,然后由此向外逐步扩展,直到整个区域达标为止。施工作业面较大时,可分块进行平整。

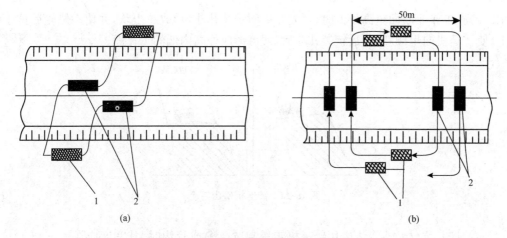

图 15-21 铲运机穿梭形和螺旋形运行路线
(a)穿梭形运行路线；(b)螺旋形运行路线
1—铲土；2—卸土

(2)填筑路堤。填筑路堤的施工范围是：取土坑离路中线在 100 m 以上，路堤填土高度要求在 2 m 以上。填筑路堤有纵向填筑路堤和横向填筑路堤两种施工方法。

纵向填筑应从路堤两侧开始，如图 15-22 所示，铺卸成层，逐渐向路堤中线靠近，并经常保持两侧高于中部，以保证作业质量和安全。当填堤高度在 2 m 以下时，采用椭圆形运行路线。若运行路段较长，也可采用"之"字形运行路线；当填堤高度 2 m 以上时，应采用"8"形作业路线，这样可使进出口的坡道平缓些。卸土时应将土均匀地分布于路堤上，并使轮胎将所卸土均压到，以保证路基的压实质量。当路基填筑到 1 m 以上时，应修筑进、出口上下坡道。进、出口间距一般在 100 m 以下。一般上坡道坡度为 1∶6～1∶5，下坡道极限坡度为 1∶2，宽度不小于 3.5～4 m。

横向填筑路堤可选用螺旋形运行路线施工，作业方法同纵向填筑路堤。

(3)开挖路堑。开挖路堑的作业方式有移挖作填、挖土弃掉式综合施工等。如图 15-23 所示为综合作业运行路线。铲运机开挖路堑，应从路堑两边开始，以保证边坡的质量，防止超挖和欠挖；否则，将增加边坡修整作业量。

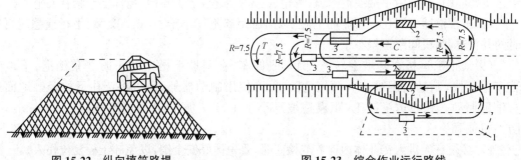

图 15-22 纵向填筑路堤　　图 15-23 综合作业运行路线
1—弃土堆；2—铲土；3—卸土

(4)傍山挖土。这是修筑山区道路的挖土方法。挖土前先用推土机将坡顶线推出，并修出铲运机作业的上下坡道。作业应按边坡线分层进行，保持里低外高的作业断面，如图 15-24

所示。若施工作业断面里高外低时,可先在里面铲装几斗,形成一土坎,并使一侧轮胎位于土坎上,使铲运机向里倾斜,然后铲装几斗后,便可形成外高内低的工作面。

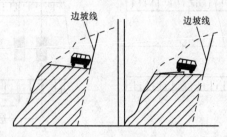

图 15-24 铲运机傍山挖土

(5)铲挖基坑(槽)或管沟。用铲运机铲挖基坑(槽)或管沟时,其宽度应在 4 m 以上。作业场地足够大时,可放外坡道;若施工场地比较狭窄,则可设置内坡道。待中段土方挖完后,再用人工清除坡道。施工中应注意挖边,使其保持两边低、中间高。操作方法与傍山挖土基本相同。

(6)铲运砂子。用普通铲运机装运砂子及松散砂土时,应保证刃口锋利。铲装开始时,油门要加大,铲入要深,斗门开启要大。

铲运砂料时,最好用升运式铲运机作业。升运式铲运机可容易地将砂料装满铲斗,操作方便,生产效率高。但因砂子的松散性和流动性较强,对机械和轮胎的磨损较大,因而在施工中要加强保养。

二、铲运机安全操作规程

(1)铲运Ⅲ级以上土壤时,应先用推土机疏松,每次铲土深度为 200~400 mm,在铲装前应清除树根、杂草、石块等。

(2)确定合理的作业路线,应尽量采取下坡铲土,坡度以 7°~8°为宜。这样易于装满铲斗,同时可以缩短铲装土和卸土的运行时间。

(3)大型土方铲土时,可利用推土机顶推助铲。

(4)操作铲运机前应认真检查钢丝绳、拖杆接头、斗门、卸土板和充气轮胎是否完好。在铲运机作业中,严禁用手触摸钢丝绳、滑轮、绞盘等部位,铲土斗内、拖杆上严禁有人坐立。

(5)多台铲运机同在一作业面上施工,前后距离不得小于 10 m。交叉、平行或超越行驶时的并行时,两机间距不得小于 2 m。

(6)禁止铲运机在陡坡上转弯、倒车或停车,在斜坡上横向卸土时严禁倒退,下坡时若车速较快,制动有困难或有倾倒危险时,除使用制动器外,还可将铲斗下放轻触地面进行辅助制动。在坡边缘卸土,距离边坡不小于 1 m,斗底提升高度不得超过 200 mm,以防整机倾翻。

(7)必须有人进入铲斗体内保养或检修时,要先插好安全销,以免卸土板复位伤人。

(8)铲运机通过桥梁、水坝或排水沟时,要先查清承载能力,避免发生事故。工作结束,不准将铲运机停放在斜坡上。

习题十五

1. 铲运机的用途有哪些?
2. 铲运机按卸土方式可分为几种?
3. 简述铲运机的作业过程。
4. 铲运机铲装作业方法有哪些?
5. 铲运机作业线路有哪些?
6. 简述铲运机安全操作规程。

第十六章 装 载 机

第一节 概 述

一、装载机的用途

装载机是一种广泛用于公路、铁路、矿山、建筑、水电、港口等工程的土石方工程机械。它的作业对象主要是各种土壤、砂石料、灰料及其他筑路用散状物料等,主要完成铲、装、卸、运等作业,也可对岩石、硬土进行轻度铲掘作业。如果换装不同工作装置,还可以扩大其使用范围,完成推土、起重、装卸等工作,如图 16-1 所示。在道路,特别是高等级公路施工中,它主要用于路基工程的填挖,沥青和水泥混凝土料场的集料、装料等作业。由于它具有作业速度快、效率高、操作轻便等优点,因而在国内外得到迅速发展,成为土石方工程施工的主要机种之一。

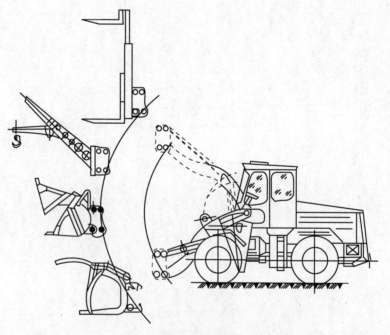

图 16-1 装载机的可换工作装置

二、装载机的分类

装载机根据行走装置的不同,分为轮胎式和履带式两种。

轮胎式装载机具有自重轻、行走速度快、机动性好、作业循环时间短和工作效率高等特点。轮胎式装载机不损伤路面,可以自行转移工地,并能够在较短的运输距离内当运输设备用。所以,在工程量不大、作业点不集中、转移较频繁的情况下,轮胎式装载机的生产率大大高于履带式装载机。因此,轮胎式装载机发展较快。我国铰接车架、轮胎式装载机的生产已形成了系列,定型的斗容量有 0.5~5 m³。轮胎式装载机结构如图 16-2 所示。

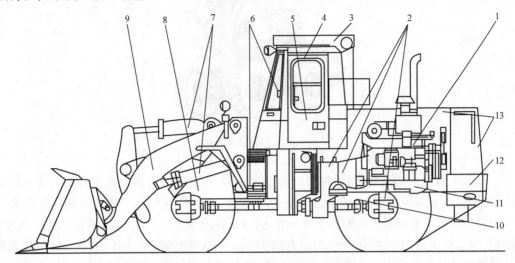

图 16-2　轮胎式装载机结构简图
1—柴油机;2—传动系统;3—防滚翻与落物保护装置;4—驾驶室;5—空调系统;6—转向系统;7—液压系统;
8—前车架;9—工作装置;10—后车架;11—制动系统;12—电器仪表系统;13—覆盖件

履带式装载机结构如图 16-3 所示,履带式装载机具有重心低、稳定性好、接地比压小,在松软的地面附着性能强、通过性好等特点。特别适合在潮湿、松软的地面,工作量集中、不需要经常转移和地形复杂的地区作业。但是当运输距离超过 30 m 时,使用成本将会明显增大,履带式装载机转移工地时需平板拖车拖运。

装载机按卸料方式不同分为前卸式、回转式和后卸式三种。目前,国内外生产的轮胎式装载机大多数为前卸式。因其结构简单,工作安全可靠,视野好,故应用广泛。如图 16-1～图 16-3 所示,均为前卸式装载机。

图 16-4 所示为回转式装载机。回转式装载机的工作装置可以相对车架转动一定角度,使得装载机在工作时可以与运输车辆成任意角度,装载机原地不动依靠回转卸料。回转式装载机可在狭窄的场地作业,侧面卸车不需调车,作业效率高;但其结构复杂,侧向稳定性不好。

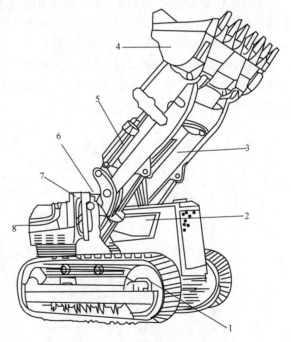

图 16-3　履带式装载机结构简图
1—行走机构;2—发动机;3—动臂;4—铲斗;
5—转斗油缸;6—动臂油缸;7—驾驶室;8—燃油箱

图 16-4　回转式装载机

后卸式装载机前端装料,向后卸料。在作业时不需调头,可直接向停在装载机后面的运输车辆卸载。但卸载时铲斗必须越过驾驶室,不安全,所以应用不广,一般用于井巷里作业。

装载机按铲斗的额定装载重量分为小型(<10 kN)、轻型(10～30 kN)、中型(30～80 kN)、重型(>80 kN)。轻、中型装载机一般配有可更换的多种作业装置,主要用于工程施工和装载作业。装载机型号数字部分表示额定装载量,例如 ZL50 表示其额定装载重量为 50 kN。

三、装载机作业过程

装载机作业是由铲装、转运、卸料和返回四个过程完成一个工作循环的。用动臂将铲斗平放到地面,斗口朝前,如图 16-5(a)所示,装载机慢速前驶,铲斗切入料堆,待铲斗装满后,将斗收起,使斗口朝上,如图 16-5(b)所示,这是铲装过程;再用动臂将铲斗升起,如图 16-5(c)所示,装载机倒退并转驶至卸料处,这是转运过程;将铲斗对正运料车厢的上空,然后使铲斗向前倾翻,如图 16-5(d)所示,物料卸于车厢内,这是卸料过程;卸料后,仍将铲斗回转至水平位置,装载机快速转驶至装料处,这是返回过程。

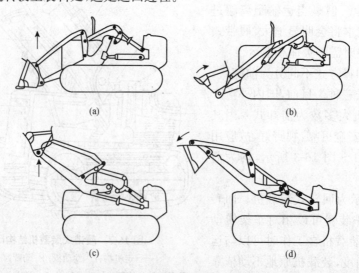

图 16-5　装载机工作过程
(a)铲料过程;(b)装料过程;(c)转运过程;(d)卸料过程

第二节　装载机构造

一、总体构造

装载机以柴油发动机为动力装置，行走装置为轮胎或履带，由工作装置来完成土石方工程的铲挖、装载、卸载及运输作业。如图 16-2 所示，轮胎式装载机是由动力装置、车架、行走装置、传动系统、转向系统、制动系统、液压系统和工作装置等组成。轮胎式装载机采用柴油发动机为动力装置，大多采用液力变矩器、动力换挡变速器的液力机械传动形式（小型装载机有的采用液压传动或机械传动），以及液压操纵、铰接式车架和反转连杆机构的工作装置等。

履带式装载机是以专用底盘或工业拖拉机为基础车，装上工作装置并配装适当的操纵系统而构成的，其结构如图 16-3 所示。履带式装载机也采用柴油机为动力装置，机械传动采用液压助力湿式离合器、湿式双向液压操纵转向离合器和正转连杆工作装置。

二、工作装置

装载机的铲掘和装卸物料作业通过其工作装置的运动来实现，轮胎式装载机的工作装置广泛采用正转八连杆和反转六连杆机构，常用的装载机工作装置连杆机构如图 16-6 所示。美国卡特皮勒公司的轮胎式装载机普遍采用正转八连杆和反转 Z 形六连杆两种形式的工作装置；国产 ZL 系列轮胎式装载机的工作装置一般采用反转 Z 形六连杆机构。

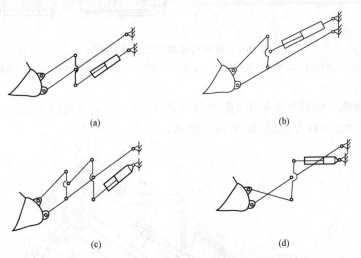

图 16-6　常用的装载机工作装置连杆机构
(a)、(b)正转六连杆机构；(c)正转八连杆机构；(d)反转 Z 型六连杆机构

在装载机工作时，连杆机构应保证铲斗的运动接近平移，以免斗内物料洒落。通常要求铲斗在动臂整个运动过程中（此时铲斗液压缸封闭）角度变化不超过 15°。卸料时，动臂无论在任何位置，铲斗的卸料角度都不得小于 45°。此外，连杆机构还应具有良好的动力传递性能，在运转中不与其他机件发生干涉，使驾驶员视野良好，并且有足够的强度和刚度。

无铲斗托架的工作装置连杆机构的类型按摇臂转向和铰点位置不同,分为反转连杆机构、正转连杆机构和正转双摇臂连杆机构。

反转连杆机构如图16-6(d)所示。反转连杆机构适合于铲装地面以上的物料,而不利于地面以下的挖掘。由于其结构简单,特别对于轮胎式底盘容易布置,因此,广泛应用于轮胎式装载机。正转连杆机构适合于地面以下的挖掘,对于履带底盘容易布置,一般用于履带式装载机。

正转双摇臂连杆机构如图16-6(a)、(b)、(c)所示。由于采用了两个摇臂,因而机构具有较大的传动比,铲起力特性较好且变化平缓,有利于铲、掘配合作业。但机构复杂,应用较少。

国产轮胎式装载机的工作装置如图16-7所示。它由铲斗、动臂、摇臂、连杆及其液压控制系统所组成。整个工作装置铰接在车架上。铲斗通过连杆和摇臂与转斗油缸铰接。动臂与车架、动臂油缸铰接。铲斗的翻转和动臂的升降采用液压操纵。

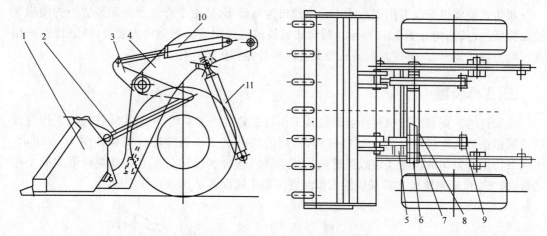

图16-7 轮胎式装载机工作装置结构
1—铲斗;2—连杆;3—摇臂;4—动臂;5—连接板;6—套管;7—铰销;8—贴板;9—销轴;10—转斗油缸;11—动臂油缸

履带式装载机工作装置多采用正转八连杆转斗机构,它主要由铲斗、动臂、摇杆、拉杆、弯臂、转斗油缸和动臂油缸等组成,如图16-8所示。

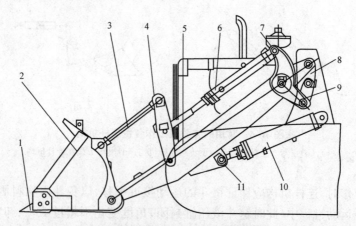

图16-8 履带式装载机工作装置结构
1—斗齿;2—铲斗;3—拉杆;4—摇杆;5—动臂;6—转斗油缸;7—弯臂;8—销臂装置;9—连接板;10—转斗油缸;11—销

· 234 ·

装载机作业时,工作装置应能保证铲斗的举升平移和自动放平性能。当转斗油缸闭锁、动臂油缸举升或降落时,连杆机构使铲斗上下平动或接近平动,以免铲斗倾斜而散落物料;当动臂处于任何位置、铲斗绕与动臂的铰接点转动进行卸料时,铲斗卸载角不小于45°,保证铲斗物料的卸净性;卸料后动臂下降时,又能使铲斗自动放平。

1. 铲斗

装载机的铲斗主要由斗底、后斗壁、侧板、斗齿、上下支承板、主刀板和侧刀板等组成,如图16-9所示。后斗壁和斗底为斗体,呈圆弧形弯板状,圆弧形铲斗有利于铲装物料。斗体两侧与侧板常用低碳、耐磨、高强度钢板焊接制成。斗底前缘焊有主刀板,侧板上缘焊有侧刀板。斗齿用螺栓紧固在主刀板上,可以减小铲掘阻力,减轻主刀板磨损,延长使用寿命。斗齿采用耐磨的中锰合金钢材料,侧齿和加强角板都用高强度耐磨钢材料制成。

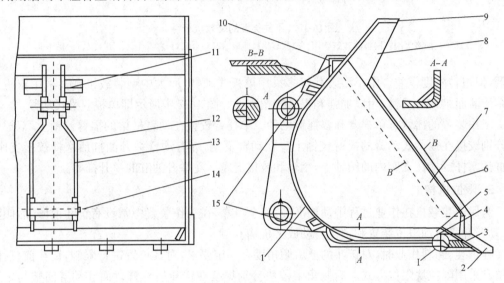

图16-9 装载机铲斗
1—后斗壁;2—斗齿;3—主刀板;4—斗底;5,8—加强板;6—侧刀板;7—侧板;
9—挡板;10—角钢;11—上支承板;12—连接板;13—下支承板;14—销轴;15—限位块

铲斗斗齿分为四种。选择齿形时应考虑其插入阻力、耐磨性和易于更换等因素。齿形分尖齿和钝齿,轮胎式装载机多采用尖齿,而履带式装载机多采用钝齿。斗齿数由斗宽而定,斗齿距一般为150~300 mm。斗齿结构分整体式和分体式两种,中小型装载机多采用整体式,而大型装载机由于作业条件差、斗齿磨损严重,常采用分体式。分体式斗齿分为基本齿和齿套两部分,磨损后只需要更换齿套。

装载机铲斗的类型除了用于铲装砂土类松散物料的标准铲斗外,还有各种不同用途的铲斗和其他作业装置。各种不同类型的铲斗如图16-10所示。

2. 动臂

工作装置的动臂用来安装和支承铲斗,并通过举升油缸实现铲斗升降。动臂的结构按其纵向中心形状可分为曲线形和直线形两种。曲线形动臂常用于反转式连杆机构,其形状容易布置,也容易实现机构优化。直线形动臂的结构和形状简单,容易制造,生产成本低,受力状况好,通常用于正转连杆机构。

动臂的断面有单板、双板和箱形三种结构形式。单板式动臂结构简单,工艺性好,制造成

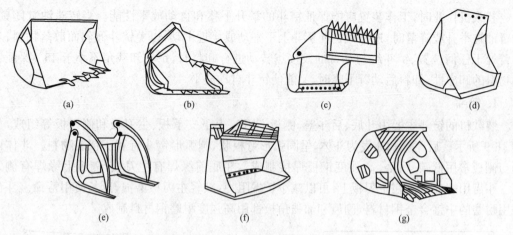

图 16-10　不同类型的装载机铲斗

(a)铲煤、炉渣等用；(b)拆除建筑物用；(c)散装物料抓取、推运；(d),(f)岩石斗；(e)圆木叉；(g)黏土斗

本低,但扭转刚度较差。中小型装载机多采用单板式动臂,而大中型装载机则多采用双板形或箱形断面结构的动臂,用以加强和提高抗扭刚度。图 16-7 中所示即单板双梁式动臂。

工作装置的摇臂有单摇臂和双摇臂两种。单摇臂铰接在动臂横梁的摇臂铰销上,双摇臂则分别铰接在双梁式动臂的摇臂铰销上。在动臂下侧,焊有动臂举升油缸活塞杆铰接支座,油缸活塞杆铰接在支座内的销轴上,销轴和铰接支座承受举升油缸的举升推力。

3. 限位机构

为保证装载机在作业过程中动作准确、安全可靠,在工作装置中常设有铲斗前倾、后倾限位、动臂升降自动限位装置和铲斗自动放平机构。

在铲装、卸料作业时,对铲斗的前后倾角度有一定要求,对其位置进行限制,铲斗前、后倾限位常采用限位块限位方式。后倾角限位块分别焊装在铲斗后斗臂背面和动臂前端与之相对应的位置上；前倾角限位块焊装在铲斗前斗臂背面和动臂前端与之相应的位置上,也可以将限位块安装在动臂中部限制摇臂转动的位置上。这样可以控制前、后倾角度,防止连杆机构超过极限位置而发生干涉。

第三节　装载机的运用

一、铲装作业

装载机是一种循环作业式土方机械,其基本作业过程是装料、转运、卸料及返回。它的铲装作业方法主要有以下几种：

(1)对松散物料的铲装作业。首先,将铲斗置于料堆底部,水平放置,然后以一挡、二挡速度前进,使铲斗斗齿插入料堆中,边前进边收斗,待铲斗装满后,将动臂升到运输位置(离地约 50 cm),再驶离工作面。如遇到硬土铲装阻力较大时,可操纵动臂使铲斗上下颤动。其装载作业过程如图 16-11 所示。

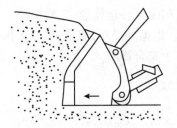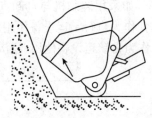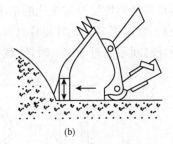

(a)

(b)

图 16-11　装载机铲装松散物料
(a) 边前进边收斗，装载后举升至运输位置；
(b) 操纵铲斗上下颤动

(2) 铲装停机面以下物料作业。宜采用直形斗刃铲斗，铲装时应先放下铲斗并转动，使其与地面成一定的铲土角，下切的铲土角为 10°～30°。然后前进使铲斗切入土中，切土深度一般保持在 150～300 mm，直至铲斗装满后将铲斗举升到运输位置，驶离工作面运至卸料处。对于铲装困难的土壤，可操纵动臂使铲斗颤动，或者稍改变一下铲土角度，以减小土壤的铲装阻力。

(3) 铲装土堆时作业。装载机铲装土堆时，可采用分层铲装或分段铲装法。分层铲装时，装载机向工作面前进，随着铲斗插入工作面，逐渐提升铲斗，随后收斗直至装满，或者装满后收斗，然后驶离工作面。开始作业前，应使铲斗稍稍前倾。这种方法由于插入不深，而且插入后又有提升动作的配合，所以插入阻力小，作业比较平稳。由于铲装面较长，可以得到较高的充满系数。分层铲装法如图 16-12 所示。

如果土壤较硬，也可采取分段铲装法。这种方法的特点是铲斗依次进行插入动作和提升动作。作业过程是铲斗稍稍前倾，从坡底插入，待插入一定深度后，提升铲斗。当发动机转速降低时，切断离合器，使发动机恢复转速。在恢复转速过程中，铲斗将继续上升并装一部分土，转速恢复后，接着进行第二次插入，这样逐段反复，直至装满铲斗或升到高出工作面为止，如图 16-13 所示。

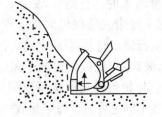

图 16-12　装载机分层铲装法　　**图 16-13　装载机分段铲装法**

二、施工组织

装载机与自卸汽车配合填筑路堤等施工过程中，装载机的转移卸料与车辆位置配合的好坏对装载机生产率影响较大。施工组织原则是根据堆料场的大小和料堆的情况，尽可能做到来回行驶距离短、转弯次数少。

最常用的施工作业有 V 形、穿梭式（图 16-14）和直角形装车运行路线。但在运距不大或运距与道路坡度经常变化的情况下,如采用装载机与自卸汽车配合装运作业,反而会使工效降低、费用提高。此时装载机可单独作为自行铲运设备使用。据国外经验,整个铲、装运作业循环时间不超过 3 min 时,装载机作为自铲运设备使用,经济上是合算的。

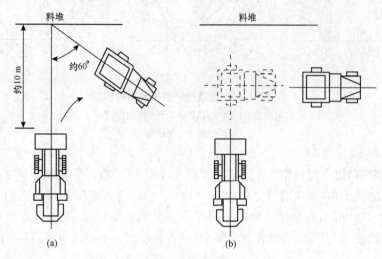

图 16-14 装载机作业方式
(a)V 形作业方式;(b)穿梭式作业方式

V 形作业时汽车停在一个固定的位置,与铲装工作面斜交。装载机装满斗后,倒车驶离工作面的同时转向 30°~45°,然后向前对准汽车卸料。卸料后在驶离汽车时也同样转向 30°~45°,然后对准工作面前进,进行下一次铲装。这种方法对于装载机特别有利,铲斗装满后只需后退 3~5 m 即可转向汽车卸料。有时为了更好地配合运输车辆,也可采用双 V 形,即两台装载机分别从两侧对一台汽车装料,这样可以进一步缩短装车时间。

穿梭式作业方式是装载机只在垂直工作面的方向前进、后退,而汽车则在装载机与工作面之间像穿梭一样来回接装和驶离,汽车待装位置可以平行工作面。当场地较窄时,可采用这种运行路线,装载机进退距离较短,缺点是有相互等待的干扰。

直角装车的运行路线,如图 16-15 所示,适用于履带式装载机的铲运作业。采用这种运行路线时,装载机倒退后再做 90° 转向,行驶卸料,机械倒退的距离短,但转向大。它与轮胎式装载机所使用的 V 形运行路线不同之处在于履带装载机能做原地 90° 转向,而轮胎式装载机需做弧形的转向。因此两者汽车停放的位置不同,一为斜放,一为直放。

总之,装载机与汽车配合装车,必须根据料场的地形、地质以及材料的类别和周围环境的不同来选择不同性能的装载机和作业方法。

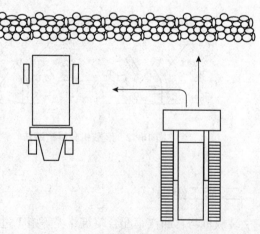

图 16-15 装载机直角形作业方式

三、装载机安全操作规程

(1)装载机的操作者应经过认真的岗位培训,熟练地掌握装载机的构造、技术性能、操作方法及维护、保养的要求,取得岗位培训合格证书才能上机操作。

(2)作业前要对机械各部分进行全面认真检查并进行空载试运转,确认无故障后才能投入正常使用。

(3)不准超载作业,装载机在作业中严禁人员在铲斗、动臂下方通过或停留,除驾驶室内机上任何部位不得有人乘坐。

(4)装载机作业中不准高速行驶和急转弯。下长坡道时,严禁发动机熄火滑行。

(5)作业场地狭小或有较大的障碍物时,应先清除、平整,再进行铲、装作业。当铲装阻力较大,出现机械打滑时应立即停止铲装,切不可强行操作。

(6)铲斗满载通过大坡时,应低速缓行,到达坡顶,机械重心开始转移时,应立即踏制动踏板停车,然后再慢慢松开制动踏板,以减少机械颠簸、冲击。

(7)装载机作业完毕应驶入机棚内停放。坡道上停车应在轮胎一侧垫上止滑物。夏天应将装载机停在阴凉处,防止日光暴晒,造成发动机过热。

习题十六

1. 装载机的用途有哪些?
2. 简述装载机的作业过程。
3. 装载机铲装作业方法有哪些?
4. 装载机作业线路有哪些?
5. 简述装载机安全操作规程。

参考文献

[1] 董殿威. 养路设备[M]. 北京:中国铁道出版社,1996.
[2] 何学科. 机械养路[M]. 北京:中国铁道出版社,2008.
[3] 杜海若. 工程机械概论[M]. 成都:西南交通大学出版社,2006.
[4] 高忠民. 工程机械使用与维修[M]. 北京:金盾出版社,2002.
[5] 寇长清. 铁道工程施工机械[M]. 北京:机械工业出版社,2001.
[6] 周龙宝. 内燃机学[M]. 北京:机械工业出版社,1999.
[7] 肖龙. 液压传动技术[M]. 北京:冶金工业出版社,1999.